Desarrollo web para comercio electrónico

Construyendo tiendas online

Desarrollo web para comercio electrónico

Construyendo tiendas online

Pablo E. Fernandez Casado

La ley prohíbe
fotocopiar este libro

Desarrollo web para comercio electrónico. Construyendo tiendas online
Thema: UGB Gráficos y diseño web
Bisac: COM062000
© Pablo E. Fernandez Casado
© De la edición: Ra-Ma 2024

Editado por:
RA-MA Editorial
Calle Jarama, 3A, Polígono Industrial Igarsa
28860 PARACUELLOS DE JARAMA, Madrid
Teléfono: 91 658 42 80
Fax: 91 662 81 39
Correo electrónico: info@grupoeditorialrama.com
Internet: www.ra-ma.es y www.ra-ma.com
ISBN impreso: 978-84-10181-96-0
ISBN ePub: 978-84-10181-97-7
Depósito legal: M-10452-2024
Maquetación: Antonio García Tomé
Diseño de portada: Antonio García Tomé
Filmación e impresión: Safekat
Impreso en España en abril de 2024

*"Las grandes obras las sueñan los genios locos,
las ejecutan los luchadores natos,
las disfrutan los felices cuerdos
y las critican los inútiles crónicos".*

Santiago Ramón y Cajal (1852-1934)

ÍNDICE

SOBRE EL AUTOR

Ingeniero informático. UX Manager, Full Stack Analyst Developer y formador certificado por el SEPE, con más de 25 años de experiencia en el campo del desarrollo de sistemas y más de 15 en el campo del diseño de aplicaciones y webs, UX, usabilidad web y accesibilidad web.

Especializado en proveer soluciones integrales de bajo coste y consultorías de Usabilidad Web, Accesibilidad Web y Experiencia de Usuario (UX), además de ofrecer asesoramiento en SEO, optimización de sistemas y páginas web.

Experto en JavaScript, Web Components, JSON, JSON-LD, AJAX, HTML, CSS, MySQL, Oracle, PHP, JSP, GIT, Apache, SSI, LMS, CMS, Prestashop, Photoshop, Canva, Cordova.

- **LinkedIn:** www.linkedin.com/in/pefernandezcasado
- **Sitio web:** https://islavisual.com/

GLOSARIO DE TÉRMINOS

A continuación, se explican algunos conceptos previos que se deben tener antes de empezar con el curso.

Concepto	Descripción
Accesibilidad Web	La accesibilidad web es una de las partes que engloba la usabilidad web. Mientras que la usabilidad web, entre otras cosas, se centra en el rendimiento, la semántica y la universalidad, la accesibilidad web, se asegura de que todo tipo de usuario, tenga o no una limitación, discapacidad o incapacidad, puedan usar las páginas y aplicaciones con una experiencia de usuario óptima.
Agente de usuario	Es una programa informático o software que funciona como interfaz de interacción web o cliente de red. Habitualmente, este tipo de software hace referencia a los navegadores web y herramientas de asistencia a la accesibilidad como puedan ser los magnificadores de pantalla, los lectores de pantalla, etc.
Diseño Gráfico	Podría definirse como una disciplina que consiste en presentar información visual y cuyo objetivo es que, los usuarios, capten mensajes específicos sobre un tema o materia determinada.
IDE	IDE es un acrónimo que significa Entorno de Desarrollo Integrado. Su función, es la de mejorar la productividad de los desarrolladores valiéndose de unas herramientas para la edición de código, de construcción automáticas que evitan, entre otras cosas, errores de sintaxis y de estructuración y, un depurador. También pueden contener un compilador y/o intérprete como es el caso de NetBeans o Eclipse.

Lenguaje de marcado	Un lenguaje de marcado es un mecanismo para codificar documentos con todo tipo de objetos, sean textuales o no textuales. Esta codificación, a menudo, permite el uso de etiquetas y atributos para proporcionar información adicional a la estructura del texto o su presentación.
Metadato	Un metadato puede definirse como información adicional acerca de los propios datos. Muchos autores lo definen como datos sobre los datos, que es una forma de decir el contexto de los datos o a que se refieren esos datos. Normalmente, el identificador del metadato ya indica su objetivo y, su valor, indica la explicación o contextualización.
Microdato	Los microdatos son unas marcas adicionales que se emplean para anidar metadatos sobre una información concreta dentro de un documento basado en lenguaje de marcado.
Polyfill	Un polyfill es un componente o fragmento de código que habilita o posibilita una funcionalidad que el agente de usuario no es capaz de proporcionar, ya sea porque es antiguo, ya sea porque utiliza un estándar incompatible.
Mobile First	Mobile First es una disciplina que considera que las páginas se deben diseñar dando prioridad a los dispositivos móviles, es decir, primero se tiene en cuenta el diseño par un dispositivo móvil y, si el escenario lo permite o es diferente, se le aplican una serie de reglas para su adecuado funcionamiento y correcta visualización.
Seguridad Web	La seguridad web se refiere como se debe contemplar o proveer la seguridad de la información en las páginas y aplicaciones, sean del tipo que sean. Su objetivo es evitar ataques de usuarios malintencionados y de softwares diseñados con un propósito no lícito o ético. En otras palabras, es una disciplina que permite proteger contra el acceso, manipulación, destrucción e interrupción de información no autorizado.
Semántica Web	La semántica web es un conjunto de recomendaciones y estándares desarrolladas por la W3C (World Wide Web Consortium) que están pensadas para hacer que los datos se vuelvan más legibles.
Usabilidad Web	En términos generales, la usabilidad se refiere a la facilidad con la que las personas utilizan los programas y máquinas que deben de manejar. En el campo de la informática, la usabilidad se refiere a la facilidad con la que las personas manejan las páginas y aplicaciones, sean web o móviles. Por tanto, un diseño usable es aquel que está centrado en el usuario.

1

MARKETING WEB

1.1 LA VENTA ESTRATÉGICA

La venta estratégica es un enfoque que se planifica y ejecuta con el objetivo de vender productos o servicios alineados con los objetivos y la visión a largo plazo de una empresa. Entre otras cosas, implica un análisis exhaustivo del mercado, la identificación de oportunidades de crecimiento y la implementación de tácticas específicas para alcanzar los objetivos de ventas de manera eficiente y efectiva.

Algunos aspectos clave de la venta estratégica son:

- **Análisis del mercado**: es decir, comprender a fondo el mercado en el que opera la empresa, incluyendo las tendencias del mercado, el comportamiento del consumidor, la competencia y las oportunidades emergentes.

- **Segmentación de clientes**: es decir, dividir el mercado en segmentos más pequeños y específicos para identificar y priorizar los clientes objetivo que tienen más probabilidades de comprar los productos o servicios ofrecidos.

- **Desarrollo de propuestas de valor**: es decir, crear propuestas de valor claras y convincentes que resalten los beneficios y ventajas de los productos o servicios ofrecidos en relación con las necesidades y deseos de los clientes objetivo.

▶ **Selección de canales de distribución**: es decir, determinar los canales de distribución más efectivos y eficientes para llegar a los clientes objetivo y garantizar una entrega oportuna y conveniente de los productos o servicios.

▶ **Estrategias de precios**: es decir, establecer estrategias de precios adecuadas que maximicen los ingresos y la rentabilidad, al tiempo que se mantenga la competitividad en el mercado.

▶ **Implementación de técnicas de ventas**: es decir, usar técnicas de ventas efectivas, como la identificación de necesidades, la creación de relaciones con los clientes y el cierre de ventas, para convertir clientes potenciales en clientes reales.

Veamos un ejemplo para coger una mejor idea:

Imaginemos que una empresa de tecnología está lanzando un nuevo producto de software de gestión empresarial. Para vender estratégicamente este producto, la empresa primero deberá realizar un análisis detallado del mercado para comprender las necesidades y preferencias de los clientes objetivos y, posteriormente, desarrollar una propuesta de valor que destaque las características y beneficios únicos de ese software, como la facilidad de uso, la escalabilidad o el soporte técnico.

Después de identificar los segmentos de clientes más prometedores, la empresa deberá implementar una estrategia de precios competitiva y seleccionar los canales de distribución eficientes, como ventas directas online y las posibles asociaciones con los distribuidores locales.

En resumen, la venta estratégica implica un enfoque holístico (en donde el todo es más que la suma de las partes) y planificado para alcanzar los objetivos de ventas de una empresa, aprovechando eficazmente los recursos y maximizando las oportunidades en el mercado.

1.2 VISIBILIDAD EN BUSCADORES

La visibilidad en buscadores, también conocida como visibilidad en motores de búsqueda (Search Engine Visibility), es un concepto que viene referido a la medida en que un sitio o página web específicos son visibles y están bien posicionados en los resultados de búsqueda de motores de búsqueda como Google, Bing y Yahoo!.

La visibilidad en buscadores es un indicador importante del éxito de una página web, ya que los usuarios tienden a hacer clic en los primeros resultados de búsqueda que aparecen en las SERPs (Paginas de Resultados del Motor de Búsqueda). Cuanto mayor sea la visibilidad de un sitio web en los resultados de búsqueda, más probabilidades tendrá de atraer tráfico orgánico o natural (número de visitantes procedentes de resultados de búsqueda) y potenciales clientes.

Para mejorar la visibilidad en buscadores, los propietarios de sitios web suelen utilizar una variedad de estrategias de optimización para motores de búsqueda (SEO) como son el uso de semántica web, el uso de metadatos o palabras clave, la optimización para dispositivos móviles y la construcción de enlaces.

1.2.1 Uso de semántica web

La semántica web es una de esas cosas que las personas podrían pensar que no tiene nada que ver con la visibilidad en Google u otros motores de búsqueda y, nada más lejos de la realidad.

Por ejemplo, de acuerdo con el W3C, la web Semántica proporciona un valor añadido al usuario para encontrar respuestas a sus preguntas de forma más rápida y sencilla, todo ello, gracias a una información mejor definida. Al dotar a la Web de más significado y, por lo tanto, de más semántica, se pueden obtener soluciones a problemas habituales en la búsqueda de información gracias a la utilización de una infraestructura común, mediante la cual, es posible compartir, procesar y transferir información de forma sencilla.

Como se puede observar, sólo con esta definición, ya se puede afirmar que, si simplifica y facilita el acceso a la información de una forma más rápida y efectiva, la web semántica tiene mucho que ver con la visibilidad en buscadores.

Un ejemplo de página web semántica podría ser:

```html
<!DOCTYPE html>
<html>
    <head>
        <meta charset="UTF-8">
        <title>Título de la página</title>
        <meta name="viewport"
              content="width=device-width,initial-scale=1.0">
    </head>
    <body>
        <header>
```

```
        <h1>Título de nivel 1</h1>
        <nav>
            <ul>
                <li><a href="#">Inicio</a></li>
                <li><a href="#">Artículos</a></li>
                <li><a href="#">Contacto</a></li>
            </ul>
        </nav>
    </header>
    <main>
        <section class="intro">
            <h2>Título de nivel 2</h2>
            <p>Texto o párrafo</p>
        </section>

        <section class="articulos">
            <article>
                <h2>Titulo 2 de nivel 2</h2>
                <p>Texto o párrafo</p>
            </article>
            <article>
                <h2>Titulo 3 de nivel 2</h2>
                <p>Texto o párrafo</p>
            </article>
        </section>
    </main>

    <footer>
        <p>Contacto: info@sitio.com</p>
    </footer>
</body>
</html>
```

1.2.2 Uso de metadatos

Los metadatos no son más que datos sobre los datos, es decir, datos referidos a la información contenida en las páginas o documentos.

En la actualidad, existen gran cantidad de metadatos posibles y cualquiera de ellos puede definirse a través de unos atributos determinados (como NAME, HTTP-EQUIV, CHAR-SET, SCHEME e SCHEME).

Entre los principales metadatos que debe haber en una página web deben estar la codificación de caracteres de la página (generalmente "UTF-8"), el título del documento, la definición del área útil o ventana de visualización y la inclusión de una hoja de estilos y un archivo con los scripts utilizados.

Un ejemplo de ello podría ser:

```html
<!DOCTYPE html>
<html>
    <head>
        <meta charset="UTF-8">
        <title>Título de la página</title>
        <meta name="viewport"
            content="width=device-width,initial-scale=1.0">
    </head>
    <body>
        <!—Contenido del cuerpo de la página -->
        <script src="scripts.js"></script>
    </body>
</html>
```

1.2.3 Uso de JSON-LD

JSON-LD (JavaScript Object Notation for Linked Data) es un formato de serialización de datos estructurados basado en JSON que se utiliza para describir información de forma semántica y enlazada en la web. Funciona de igual manera que los metadatos y es particularmente útil para proporcionar datos estructurados a los motores de búsqueda con el objetivo de mejorar la visibilidad de las páginas.

A continuación, se muestra un ejemplo sencillo de como se vería un fragmento de JSON-LD:

```json
{
    "@context": "https://schema.org",
    "@type": "Person",
    "name": "John Doe",
    "jobTitle": "Software Engineer",
    "email": "john@example.com",
    "telephone": "(123) 456-7890",
    "address": {
        "@type": "PostalAddress",
        "streetAddress": "123 Main St",
```

```
        "addressLocality": "Anytown",
        "addressRegion": "CA",
        "postalCode": "12345",
        "addressCountry": "USA"
    }
}
```

En este ejemplo, se está describiendo una persona utilizando el vocabulario de Schema.org (el esquema usado generalmente por JSON-LD). Si nos fijamos, la declaración del JSON-LD comienza con @context, que especifica el contexto en el que se interpretan los datos (en este caso, Schema.org) y, posteriormente, define @type, que es el tipo de entidad (en este caso una persona). A continuación de estas propiedades, ya se proporcionan otras más como name, jobTitle, email, telephone, y address, que describen aspectos específicos de la persona.

Si se desea validar una página que contiene JSON-LD o se quiere ver si la definición de un fragmento de código como el expuesto es válido y está correctamente descrito, se puede recurrir al Validador de Schema.org, el cual permite comprobar los datos estructurados. La URL es *https://validator.schema.org/*.

El formato JSON-LD facilita la integración de datos estructurados en la web, lo que permite a los motores de búsqueda comprender mejor el contenido y proporcionar resultados más ricos y relevantes a los usuarios.

1.2.4 Optimización para dispositivos móviles y otras consideraciones

La optimización para dispositivos móviles es una parte importante a tener en cuenta en la visibilidad en buscadores puesto que, si no se muestran bien las páginas en estos dispositivos, los sitios web suelen recibir una penalización.

Por ello, se debe asegurar de que el sitio web esté optimizado para todo tipo de dispositivos, incluyendo los móviles, ya que Google y otros motores de búsqueda priorizan los sitios web que ofrecen una experiencia de usuario móvil satisfactoria.

Sin embargo, no hay que olvidar que, además de todo lo anterior, también debemos tener en cuenta:

▸ Es importante construir bien los enlaces y conseguir que otros sitios o páginas web de alta calidad y autoridad apunten a nuestro objetivo, y así aumentar la credibilidad y visibilidad en los motores de búsqueda.

 ▶ Si se trata de empresas locales, suele ser una buena idea asegurarse de
    que la información de la empresa esté correctamente configurada en los
    listados de directorios locales y en Google My Business para aparecer en
    los resultados de búsqueda locales.

 ▶ Los contenidos no deben ser demasiado largos ni demasiado cortos
    para que no penalice en los motores de búsqueda. Pensemos que, un
    artículo o contenido muy largo suele incluir un rendimiento y tiempo de
    respuesta mayor, por lo que será castigado por los motores de búsqueda.
    No obstante, un contenido muy corto, puede ser interpretado como no
    detallado o confiable, por lo que también puede ser penalizado.

1.3 PRESENTACIÓN DE LA INFORMACIÓN

La presentación de la información es un factor clave para la visibilidad
en buscadores y el marketing web. En este sentido, es importante considerar la
organización de elementos para su adecuada lectura y así garantizar tener una lectura
fluida y entendible. Organizarlos a modo de diapositivas, a modo de mapas de calor,
diagramas de flujo, listas jerarquizadas, etc.

Esto es, por ejemplo:

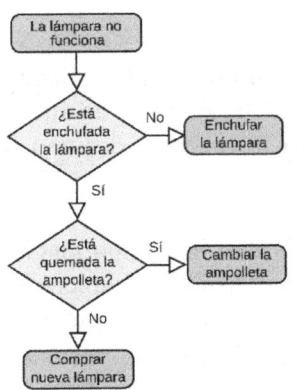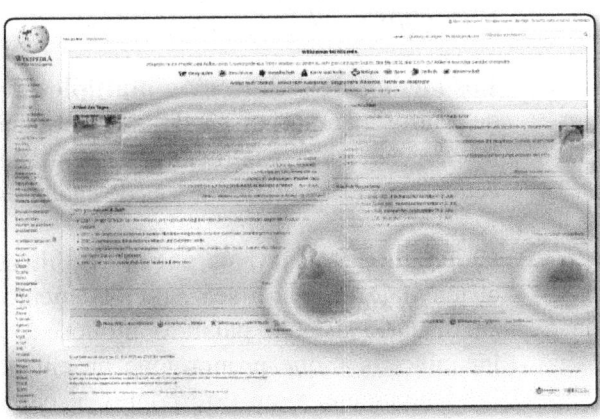

Un diagrama de flujo para arreglar una lámpara que no funciona por Booyabazooka y
original de Wapcaplet y representación de mapas de calor de datos de seguimiento ocular
en la página de inicio de Wikipedia by Tschneidr. Ambas extraídas de Wikipedia

No obstante, también será muy importante tener en cuenta otros aspectos o características como son:

▶ **La arquitectura de la información**. La función principal de este punto es proporcionar orden y estructura al contenido. Esto es, definir bien donde va cada cosa, como el título, la cabecera del documento o página, la información principal, los menús principales y secundarios, las acciones, la información relacionada con el contenido principal, el pie de página, etc.

▶ **Las tipografías y el diseño gráfico**. Aquí es donde se debe elegir como organizar y articular la información, considerando las necesidades de usuarios y circunstancias particulares de uso, colores, tipos de letra (serif, sans-serif, handwriting, etcétera), las formas, etc. Para las fuentes o tipos de letra, por ejemplo, se puede recurrir a Google Fonts.

▶ **La legibilidad**: es importante que el texto sea claro y esté bien diferenciado. Esto significa que los párrafos tengan un interlineado de 1.5 líneas, el tamaño de la letra sea de 12 puntos como mínimo, que el contraste de color entre texto y fondo sea de 4.5:1, aunque puede ser recomendable que sea 7:1 para determinados usuarios, etc. Si se desea comprobar el contraste entre el fondo y el texto, se puede recurrir a herramienta online como es Contrast Checker de WebAIM Web accessibility in mind, en la URL *https://webaim.org/resources/contrastchecker/*.

▶ **Los medios de publicación múltiples**. Para un mejor aprovechamiento de la información el diseñador de información debe apoyarse en diferentes interfaces hechas a la medida para satisfacer las necesidades de uso de acuerdo con las características de cada medio.

▶ **El lenguaje y objetivos para el público**. Es de suma importancia que el lenguaje utilizado sea suficientemente claro para las características del usuario usando palabras monosémicas, descripciones funcionales inequívocas y que proporcione un entendimiento preciso y coherente. Evidentemente, y en este contexto, para satisfacer las necesidades de comunicación, la investigación y la redacción creativa serán herramientas muy importantes para el desarrollo de ideas. Esto es, escribir y diseñar en forma paralela para que el producto se centre más en lo que funcionará para los usuarios.

1.4 LA AUDIENCIA

La idea de audiencia en marketing web se refiere al grupo específico de personas o usuarios a los que se dirige una estrategia de marketing online. Para ello, es fundamental entender quienes son esos usuarios, qué necesidades tienen y como se comportan para poder crear y adaptar mensajes y contenido que se identifiquen con ellos de manera efectiva.

Para comprender mejor la audiencia en marketing web, se pueden utilizar diversas técnicas de investigación de mercado, análisis de datos y herramientas de seguimiento de usuarios, que proporcionan información valiosa sobre:

- **Demografía**: esto incluye características como edad, género, ubicación geográfica, nivel socioeconómico, estado civil, etc.

- **Intereses y preferencias**: qué temas les interesan, qué tipo de contenido consumen, qué productos o servicios buscan, etc.

- **Comportamiento online**: como interactúan con los sitios web, que dispositivos utilizan, cuánto tiempo pasan conectados, que acciones realizan en un sitio o página web (por ejemplo, en que enlaces hacen clic, que formularios usan y completan, que compras realizan o pueden realizar, etcétera).

- **Necesidades y problemas**: cuáles son sus necesidades, deseos y problemas que están tratando de resolver online.

- **Canales de comunicación preferidos**: donde y como prefieren recibir información, ya sea a través de redes sociales, correo electrónico, búsquedas online, publicidad, etc.

Veamos un ejemplo:

Supongamos que una empresa de equipo de camping desea promocionar una línea de mochilas. Después de realizar una investigación de mercado y análisis de datos, descubre que su audiencia objetiva son personas de entre 25 y 40 años, que viven en áreas urbanas y que disfrutan de actividades al aire libre como senderismo y camping. Estas personas están interesadas en la calidad, durabilidad y comodidad de las mochilas, y tienden a investigar online antes de realizar una compra, pero, además, prefieren recibir recomendaciones a través de redes sociales y blogs especializados en actividades al aire libre.

Con esta información, esta empresa podrá adaptar la estrategia de marketing web creando contenido relevante sobre las características y beneficios de sus mochilas, compartiendo reseñas de clientes satisfechos en redes sociales y colaborando con influencers en el campo del camping para llegar a su audiencia de manera efectiva.

1.5 ENTORNO DE NEGOCIO

El término "entorno de negocio" en el contexto del marketing web se refiere al conjunto de factores y condiciones externas que afectan a una empresa o proyecto online. Este entorno puede influir en la forma en que la empresa lleva a cabo sus estrategias de marketing y como se desarrolla en el espacio digital. Algunos de los elementos clave del entorno de negocio en marketing web son:

- **Competencia**: la presencia y actividades de otras empresas o sitios web que ofrecen productos o servicios similares pueden tener un impacto significativo en las estrategias de marketing y la posición de una empresa en el mercado.

- **Tendencias del mercado**: las tendencias y cambios en el comportamiento del consumidor online, así como en la tecnología y las plataformas digitales, son factores cruciales que deben considerarse al planificar estrategias de marketing web. Para esto se puede recurrir a Google Trends, en la URL *https://trends.google.es/trends/*.

- **Regulaciones y normativas**: las regulaciones gubernamentales y las normativas en materia de privacidad, seguridad y comercio electrónico pueden afectar la forma en que una empresa lleva a cabo sus operaciones y estrategias de marketing. Aquí es importante tener en cuenta el Reglamento General de Protección de Datos (RGPD), las políticas de cookies, las leyes de privacidad, los términos de uso, las licencias, consentimientos y los posibles copyright.

- **Desarrollos tecnológicos**: aunque se diseñe una buena estrategia de marketing, las innovaciones tecnológicas, como nuevas plataformas, dispositivos o cambios en algoritmos de motores de búsqueda, pueden tener un impacto significativo en las mismas y en las tácticas de marketing digital.

- **Perfil del consumidor**: es decir, entender el comportamiento online de los consumidores, sus preferencias y expectativas es esencial para adaptar las estrategias de marketing y proporcionar una experiencia que vaya más acorde con la audiencia objetiva.

▶ **Economía y condiciones del mercado**: está claro que los factores económicos, como la situación financiera general y las condiciones del mercado, pueden influir en la capacidad de una empresa para invertir en marketing y en como los consumidores responden a las estrategias.

El análisis del entorno de negocio en marketing web es fundamental para desarrollar estrategias efectivas y adaptarse a cambios constantes en el mundo digital. De hecho, las empresas exitosas suelen ser aquellas que pueden adaptarse rápidamente a las condiciones cambiantes y aprovechar las oportunidades emergentes en su entorno en línea.

1.6 BENEFICIOS Y COSTES

El marketing web, cuando se implementa de manera efectiva, puede ofrecer una serie de beneficios significativos para las empresas y organizaciones. Sin embargo, también implica costes que deben ser considerados y gestionados de manera adecuada. A continuación, se comentan, de forma general, algunos beneficios y costes asociados con el marketing web:

1.6.1 Beneficios del Marketing Web

▶ Permite un alcance global para llegar a una audiencia global sin restricciones geográficas.

▶ Permite lo que se denomina Segmentación de Audiencia, que va referido a dirigirse a audiencias específicas según variables demográficas, geográficas o de comportamiento.

▶ Proporciona herramientas para medir y analizar el rendimiento de las campañas, permitiendo ajustes en tiempo real. Estas herramientas son, por ejemplo, Google SEM, SEMRush, Google Analytics y/o Google Tags.

▶ Facilita la interacción directa con la audiencia a través de redes sociales, comentarios, encuestas, etc.

▸ Comparado con otras formas de publicidad tradicionales, el marketing web puede ser más rentable, especialmente para pequeñas empresas.

▸ Permite ajustar de manera flexible y adaptable las diferentes estrategias más rápidamente según los resultados y cambios en el entorno.

1.6.2 Costes del Marketing Web

▸ Los gastos que implica la publicidad de pago por clic (PPC a través de campañas SEM) y los anuncios en redes sociales, entre otros.

▸ Los gastos que implica el diseño inicial del sitio web y los costes continuos de su mantenimiento y actualización. Esto es, entre otros, los gastos de servicio de hosting donde ubicar la web, el servicio de mantenimiento para detectar y corregir los posibles errores y realizar actualizaciones, los gastos en diseñadores para generar anuncios e imágenes y, como no, en community managers para llegar a los clientes potenciales o no.

▸ La gestión de campañas y presencia online puede requerir personal especializado. Esto es, especialistas SEO, programadores y diseñadores, community managers, copywritters, etc.

▸ La adquisición de herramientas y software de análisis, SEO, automatización, etcétera, puede generar gastos. El mejor ejemplo de esto podría ser la realización de campañas SEM.

▸ La implementación exitosa del marketing web requiere tiempo y esfuerzo continuo, lo que repercute gasto monetario.

▸ Un manejo inadecuado de la presencia online puede tener costes significativos en términos de reputación e influencia y engagement.

1.6.3 Retorno de Inversión (ROI)

Si bien es importante que las empresas evalúen cuidadosamente los beneficios y costes específicos de sus estrategias de marketing web para maximizar las ganancias, también resulta importante para conocer el retorno de la inversión (ROI) y alcanzar sus objetivos comerciales.

ROI significa "Return on Investment" (Retorno de la Inversión). Es una métrica financiera que se utiliza para evaluar la eficiencia y rentabilidad de una inversión en relación con sus costes. La fórmula básica para calcular el ROI es:

$$ROI = \frac{GananciaDeLaInversión - CostoDeLaInversión}{CostoDeLaInversión} * 100$$

En esta fórmula:

GananciaDeLaInversión se refiere al beneficio obtenido como resultado de la inversión.

CostoDeLaInversión es la cantidad de dinero gastada en la inversión.

El resultado se expresa como un porcentaje. *Un ROI positivo indicará* que la inversión generó beneficios, mientras que un *ROI negativo indicará una pérdida.*

Si se piensa detenidamente, el ROI es una herramienta fundamental a la hora de tomar decisiones financieras, ya que proporciona información sobre la rentabilidad de una inversión en comparación con su costo.

De hecho, se utiliza en diversos contextos, desde inversiones financieras y publicidad hasta proyectos de desarrollo y marketing y resulta esencial para evaluar y comparar diferentes oportunidades de inversión, incluyendo si una acción específica ha sido beneficiosa desde el punto de vista financiero.

2

DISEÑO WEB

2.1 INTRODUCCIÓN

2.1.1 Diferencia entre web y página web

En informática, World Wide Web o red informática mundial es un sistema que funciona a través de internet, por el cual se pueden transmitir diversos tipos de datos a través del Protocolo de Transferencia de Hipertextos o HTTP, que son los enlaces de la página web.

Por su parte, una página web es un documento de la World Wide Web «con dirección propia».[1] Las páginas web son entregadas por un servidor web al usuario y mostradas en un navegador web para que actúe como «unidad de recuperación» de la información almacenada en su interior.[2] Un sitio web está formado por muchas páginas web enlazadas bajo un nombre de dominio común.[3] El nombre «página web» es una metáfora de las páginas de papel encuadernadas en un libro.

2.1.2 Historia de la web

En los años 60 se produjo una nueva forma de compartir información con otros usuarios. Se trataba de un servicio de comunicación que sólo permitía la inclusión de textos y eran manipulables a través de navegadores de sólo texto. Sin embargo, no fue hasta principios de los noventa cuando se creó HTML, lo que provocó que la web empezara a tener una aceptación suficiente y extenderse como la pólvora.

En aquel entonces, la web era un sistema unidireccional de publicación estático de sólo texto que no presentaba gráficos o imágenes, no ofrecía opciones de personalización, no permitía la actualización y, mucho menos, la posibilidad de realizar intercambio de datos, por lo que los usuarios no podían interactuar con el contenido y, únicamente, se limitaban a consultar o leer la información que el administrador de la página web hubiese subido a la red. A esto, se denominó la Web 1.0.

La web 2.0, término que fue bautizado por O'Reilly en el año 2004, supuso la segunda generación de sitios y páginas web. Este tipo de webs ya no eran estáticas, ni de sólo lectura y permitían, entre otras cosas, compartir e interactuar con la información de una manera sencilla. Como consecuencia de ello, se produjo un desarrollo de la inteligencia colectiva que fomentaba la colaboración y el intercambio de información a través de comunidades y redes sociales.

Es, por esta época, cuando se crean y extienden sistemas tan conocidos como son los blogs, chats, wikis o foros. Sistemas bidireccionales, los cuales, permitían manipular y gestionar la información de forma simple, además de permitir la adición de comentarios y opiniones o interactuar con otros usuarios que presentaban las mismas inquietudes, pero que no requerían tener el mismo nivel técnico o cultural.

Sin embargo, no fue hasta la web 3.0 donde se produjo un salto cuantioso en lo referente a los sistemas en red. La web 3.0, la tercera generación de sitios y páginas web, ya no sólo era una forma de interactuar y compartir la información de manera sencilla, ahora, su objetivo es darle significado y enriquecer la experiencia del usuario.

Es aquí, como alguno ya habrá pensado, cuando nace la Semántica web y las páginas web empiezan a estructurarse a través de un lenguaje natural que puede ser interpretado por el software definiendo que parte tiene cada función. De esta forma, acceder a la información resulta más sencillo y rápido de procesar, porque hasta las máquinas son capaces de "entender" los contenidos y su objetivo.

Se dice que la web 3.0 también tiene bastante que ver con la inteligencia artificial puesto que las páginas y aplicaciones web ya poseen la capacidad de conectarse entre sí para ofrecer un mejor servicio a los intereses de cada usuario. No obstante, es en la web 4.0 donde esta premisa está más presente puesto que es quien obtiene un comportamiento más inteligente, predictivo y simple que implica menos movimientos y más acciones con mejores resultados.

Con la web 4.0, nacen el aprendizaje profundo (Deep Learning) y el aprendizaje automático (Machine Learning), tecnologías que forman parte de una familia de métodos de aprendizaje automático basados en redes neuronales con aprendizaje de representación. En otras palabras, tecnologías basadas en sistemas capaces de aprender a realizar tareas tras analizar diferentes patrones y muestras mediante técnicas aprendizaje que permiten descubrir de manera automática las características de una entidad a partir de datos sin procesar.

El ejemplo más conocido o extendido de todo esto quizás sea Watson de IBM, un software capaz de responder preguntas realizadas en lenguaje natural y de realizar tareas como Speech To Text, el cual permite hablarle a una máquina y convertir lo dicho en texto escrito.

Pero esto no es todo, la web 4.0 es la responsable de que los usuarios sean advertidos por sus dispositivos móviles antes de que ellos mismos se den cuenta. Por ejemplo, ¿quién no ha recibido notificaciones con la ruta más corta al trabajo, avisos por atascos en la carretera, alertas por fuertes tormentas o lluvias o mensajes de advertencia sobre tu elevado ritmo cardiaco?

2.1.3 Como funciona la web

De forma básica, cuando un usuario se conecta a Internet con un dispositivo cualquiera, se le asigna un identificador único mediante los protocolos TCP/IP (Protocolo de Control de Transmisión / Protocolo de Internet). El protocolo TCP proporciona el medio para crear las conexiones y el protocolo IP proporciona el mejor "camino" para alcanzar su destino.

Este identificador único, más conocido como dirección IP, suele estar compuesto por cuatro códigos de 8 bits y vinculado a un nombre, también único, el cual utilizamos para acceder a un sitio web (véase, por ejemplo, https://google.es).

¿Qué es lo que sucede entre medias? Como hemos dicho, Internet se mueve a través de direcciones IP, por lo que, para conseguir la dirección IP asignada a ese nombre que hemos introducido, primero se debe acceder a un sistema intermedio que almacena dicha relación.

Ese sistema intermedio se conoce como DNS (Sistema de Nombres de Dominio) y, fundamentalmente, lo que hace es recopilar un catálogo de correspondencias de nombres e IPs y devolver un valor concreto como, por ejemplo, 216.58.211.35.

Una vez que se tiene el objetivo al que dirigirse, el navegador, también llamado Cliente en términos de comunicaciones, abre una instancia de comunicación con el Servidor mediante el protocolo HTTP (Protocolo de Transferencia de Hipertexto). Este protocolo es quien dicta las normas para que el Cliente se comunique con el Servidor Web asignado a la IP anteriormente adquirida y es, además, quien define la sintaxis y semántica que se debe utilizar en cada conexión.

No obstante, si accedemos a la consola del navegador (pulsando F12) y recuperamos la información de la pestaña NETWORK, al recargar la página veremos que la mayoría de estas conexiones entre el Cliente y el Servidor se realizan a través de HTTPS, o lo que es lo mismo, la versión segura del protocolo HTTP.

En este tipo de comunicación, el servidor establece un cifrado basado en la seguridad de textos mediante los protocolos criptográficos SSL/TLS, los cuales, permiten crear una capa codificada intermedia entre los protocolos HTTP y TCP/IP por el que envía el código HTML que el navegador muestra al usuario.

A continuación, se muestra un gráfico que representa todo el proceso:

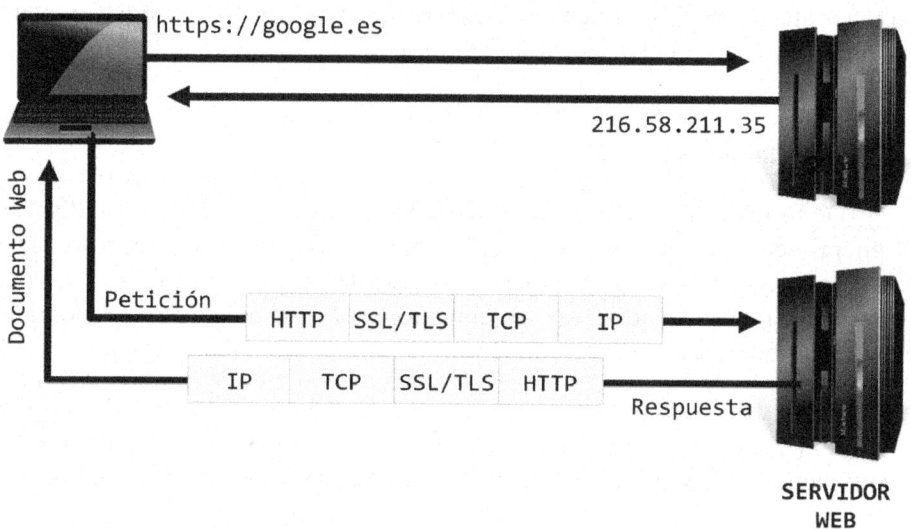

Proceso de una petición web. Extraída de Diseño y Construcción de Páginas Web de Pablo E. Fernández Casado, editorial RA-MA

2.2 DISEÑO EFECTIVO, DESARROLLO Y USO

Un diseño web efectivo es esencial para proporcionar a los usuarios una experiencia positiva y para lograr los objetivos de un sitio web, ya sea informar, vender productos o servicios, o fomentar la interacción. Entre las claves más importantes para un diseño efectivo tenemos:

▶ **Usabilidad**: conseguir que la navegación sea intuitiva y fácil de usar, utilizando una arquitectura de información clara y lógica y garantice que los elementos de interacción sean fácilmente identificables y accesibles.

▶ **Diseño responsive**: esto es, cerciorarse de que el sitio web o la página web sea compatible con diferentes dispositivos, y tipos, formatos y tamaños de pantalla y ofrece una experiencia consistente en computadoras de escritorio, tabletas y teléfonos móviles.

▶ **Velocidad de carga**: esto es, minimizar los tiempos de carga / respuesta optimizando el tamaño y calidad de los recursos (por ejemplo, imágenes y archivos) y recurrir a servicios de alojamiento web eficientes y de calidad.

▶ **Contenido claro y relevante**: esto es, proporciona información relevante y fácil de entender con los encabezados, párrafos cortos y elementos visuales con objetivo de mejorar la legibilidad.

▶ **Diseño estético**: esto es, conseguir un diseño visual con un estilo atractivo y profesional que use colores, fuentes y elementos visuales coherentes con la marca.

▶ **Llamadas a la acción (CTA)**: esto es, destacar las acciones que se desea que los usuarios realicen con botones y enlaces con un diseño y texto atractivo, claro y legible.

▶ **Optimización para motores de búsqueda**: esto es, mejorar la visibilidad del sitio en los motores de búsqueda a través de técnicas SEO (Google Analytics, Google Tag Manager, SEMRush, etcétera) y el uso de etiquetas apropiadas, meta descripciones y contenido de calidad.

▶ **Accesibilidad**: esto es, asegurarse de que todas las páginas del sitio web sean accesibles para personas con o sin discapacidad parcial o total. Para ello, se puede recurrir a las pautas de accesibilidad, como son las WCAG 2.2 (Web Content Accessibility Guidelines).

▶ **Integración con redes sociales**: esto es, permitir el acceso e interacción a las diferentes redes sociales a través de botones propios (Facebook, Instagram, LinkedIn, Twitter, etcétera) de cada red social que permitan mostrar el contenido actualizado.

▶ **Análisis y mejora continua**: esto es, monitorear el rendimiento del sitio y realizar pruebas A/B y recopilación de comentarios de los usuarios a través de herramientas analíticas.

Estas claves no solo contribuyen a un diseño web estéticamente agradable, sino que también mejoran la usabilidad y la eficacia en el logro de objetivos específicos. Por tanto, adaptar el diseño a las necesidades y expectativas de los usuarios es esencial para el éxito a largo plazo de un sitio web.

2.3 ORGANIZACIÓN DEL CONTENIDO: CMS

Un Sistema de Gestión de Contenidos (CMS por sus siglas en inglés) es una herramienta que facilita la creación, edición, organización y publicación de contenido online. La organización del contenido en un CMS es fundamental para garantizar una experiencia positiva para los usuarios y facilitar la administración del sitio. Entre los elementos clave relacionados con la organización del contenido en un CMS podemos encontrar:

- **Jerarquía de páginas**: esto nos permite establecer una estructura de páginas jerárquica que refleje la relación lógica entre ellas y utilizar categorías y subcategorías para organizar el contenido de manera clara.

- **Menús de navegación**: menús de navegación lógicos y fáciles de entender asegurándose de que los elementos del menú reflejen la estructura de contenido y las secciones principales del sitio.

- **Taxonomía y etiquetas**: que nos permita implementar una taxonomía coherente para clasificar y etiquetar el contenido y utilizar etiquetas y palabras clave relevantes para facilitar la búsqueda y el descubrimiento de contenido relacionado.

- **Categorización de contenido**: para poder organizar el contenido en categorías temáticas o secciones para facilitar la navegación y proporcionar páginas de destino claras para cada categoría.

- **Gestión de medios**: lo que nos permite usar una biblioteca de medios para organizar imágenes, vídeos y otros archivos multimedia, incluyendo su etiquetado y categorización para una fácil recuperación y reutilización.

- **Gestión de formatos**: los CMS suelen proporcionar herramientas para convertir los documentos en papel escaneados y los documentos electrónicos heredados en documentos HTML o PDF.

▼ **Flujos de trabajo**: los CMS permiten implementar flujos de trabajo que facilitan la revisión y aprobación del contenido antes de su publicación y asignar roles y responsabilidades para los diferentes colaboradores en el proceso de creación de contenido.

▼ **Personalización y segmentación**: los CMS poseen funciones de personalización para adaptar el contenido según las preferencias del usuario y segmentar o diferenciar los contenidos para diferentes audiencias o grupos de usuarios.

▼ **Optimización para motores de búsqueda a través de plantillas adecuadas**: los CMS ofrecen e implementan prácticas de SEO al organizar el contenido, como el uso adecuado de encabezados, meta descripciones y enlaces internos, además de facilitar la indexación del contenido por parte de los motores de búsqueda.

▼ **Gestión de revisiones**: los CMS permiten el seguimiento de revisiones y cambios en el contenido y nos facilitan la recuperación de versiones anteriores del contenido si fuese necesario.

▼ **Análisis y reportes**: los CMS suelen aportar herramientas de análisis integradas para evaluar el rendimiento del contenido y aprovechar los informes para tomar decisiones más ajustadas y precisas sobre la organización y presentación del contenido.

Por tanto, la organización del contenido en un CMS es esencial para garantizar la eficiencia en la administración y la entrega de una experiencia de usuario coherente y significativa.

Como ejemplos podemos encontrar *Wordpress, Django, Drupal, Joomla, Magnolia, Sanity* y *Alfresco*.

2.3.1 CMS Headless

Un CMS Headless es esencialmente un sistema de gestión de contenidos (CMS) que opera únicamente con un backend, que incluye una base de datos para almacenar archivos y una API para la distribución de contenidos. La característica distintiva de este tipo de CMS es su carencia de un frontend, de ahí su denominación "headless".

Para entender mejor, un CMS es un sistema o software diseñado para administrar contenido, permitiéndote crear, almacenar, gestionar y modificar fácilmente tu contenido. Aunque carezcas de conocimientos técnicos o de programación, puedes iniciar la creación de un sitio web y publicar contenido de inmediato utilizando un CMS convencional, como WordPress, Wix o Joomla.

En el caso de los sistemas CMS headless, se encargan de gestionar el contenido sin una capa de presentación o frontend. En cambio, el contenido almacenado en ellos se distribuye mediante llamadas a API entre dispositivos y plataformas.

Como ejemplos podemos encontrar *Strapi*, *Magnolia*, *Sanity* y *Hygraph*.

2.4 ESTRUCTURA

Todo documento web presenta siempre una misma estructura básica. Una cabecera que prepara el documento, un contenido central o principal que habitualmente se denomina cuerpo del documento y un pie de página que suele proporcionar algunos contenidos adicionales.

La cabecera de la página es la parte en donde se proporcionan todos los datos de configuración del documento y todos los datos que describen el contenido del documento que se va a presentar. Estos datos que describen el contenido del documento se denominan formalmente metadatos y, en pocas palabras, se definen como datos acerca de los datos.

Estos metadatos pueden ser de muy diferente índole, desde datos puramente informativos, como quien creó el documento o el título del mismo, hasta datos que configuran la presentación del contenido. Estos últimos, pueden preparar la codificación de caracteres a usar en el documento, establecer las palabras clave que permiten la indexación en los motores de búsqueda como Google o Yahoo!, permitir o no que la página sea rastreada por los robots de los motores de búsqueda, definir el periodo de validez de los datos en caché, etc.

El cuerpo de la página, por el contrario, no describe nada referente al propio documento, sino que proporciona todo el contenido perceptible, es decir, es la parte del documento donde se establecen los textos, imágenes, vídeos, gráficos estadísticos e, incluso, los sonidos o música de fondo.

| LOGO | MENÚ | HEAD - Cabecera |
| BODY - Cuerpo |
| © Copyright | FOOTER - Pie |

Ejemplo de estructura básica de una página web. Extraída de Diseño y Construcción
de Páginas Web de Pablo E. Fernández Casado, editorial RA-MA

Como se puede observar en la ilustración anterior, cada elemento de una
página web suele estar vinculado a una sección determinada. Por ejemplo, el logo y
menú principal suelen estar ubicados en la zona de la cabecera y, en el pie de página,
se suele mostrar información sobre el copyright.

No obstante, las secciones, casi nunca suelen tener tan pocos elementos o
ser tan triviales. De hecho, los pies de página, habitualmente, suelen llevar otros
contenidos adicionales como puedan ser los enlaces de interés, los créditos, acceso
a las redes sociales y, en algunos casos proporcionan un formulario para apuntarse a
la Newsletter o para realizar un contacto.

2.5 PRESENTACIONES MULTIMEDIA

Una presentación multimedia es un tipo de presentación que utiliza diversos
medios, como texto, gráficos, imágenes, audio y vídeo, para comunicar información
de manera más dinámica y atractiva. Estas presentaciones son comúnmente
creadas y entregadas mediante software específico de presentación, como un
carrusel, slideshow, PowerPoint, Google Slides, Keynote de Apple, Canvas u otras
herramientas similares.

Entre las características clave de una presentación multimedia tenemos:

▶ **Elementos visuales**: incluye gráficos, imágenes y diagramas para ilustrar conceptos y hacer la presentación más visualmente atractiva.

▶ **Texto dinámico**: utiliza texto de manera efectiva, resaltando puntos clave y utilizando fuentes y formatos variados para mejorar la legibilidad.

▶ **Audio y sonido**: puede incorporar efectos de sonido, música de fondo o narración para mejorar la experiencia auditiva.

▶ **Animaciones y transiciones**: implementa animaciones y transiciones entre diapositivas para agregar dinamismo y mantener la atención del público.

▶ **Video**: integra clips de vídeo para proporcionar demostracioncs, testimonios o contenido adicional.

▶ **Interactividad**: puede incluir elementos interactivos, como hipervínculos, encuestas en tiempo real o preguntas y respuestas.

▶ **Diseño cohesivo**: Mantiene un diseño cohesivo y atractivo en todas las diapositivas para brindar una experiencia visual consistente.

▶ **Navegación intuitiva**: facilita la navegación del presentador y del público, permitiendo un flujo lógico y fácil de seguir.

▶ **Compatibilidad**: asegura que la presentación sea compatible con diferentes dispositivos y plataformas para garantizar su accesibilidad.

▶ **Contenido relevante**: se enfoca en presentar información relevante y significativa para la audiencia.

Las presentaciones multimedia son ampliamente utilizadas en entornos educativos, empresariales y de entretenimiento para comunicar información de manera efectiva y cautivadora. El uso inteligente de multimedia puede mejorar la retención de información y la participación del público.

En Internet podremos conocer una gran variedad de herramientas para realizar presentaciones multimedia entre los que destacan PowerPoint, Google Slides, Canva, Visme, Prezi o SlideShare.

2.6 OBJETIVOS MEDIBLES

Los objetivos medibles en diseño web son metas específicas y cuantificables que se establecen para evaluar el éxito y el rendimiento de un sitio web. Estos objetivos proporcionan una base para medir el impacto de las decisiones de diseño y la eficacia general del sitio. Algunos ejemplos de objetivos medibles en diseño web incluyen:

- ▶ **Tasa de conversión**: es la proporción de visitantes que realizan una acción específica deseada, como completar un formulario, realizar una compra o suscribirse a un boletín y mide el *porcentaje de visitantes que completan la acción* deseada en relación con el total de visitantes.

- ▶ **Tiempo de permanencia en el sitio web**: es el tiempo promedio que los visitantes pasan en el sitio web y mide los minutos o segundos que permanece en una página web, lo que suele indicar la relevancia y/o atracción del contenido.

- ▶ **Porcentaje de Rebote**: es el porcentaje de visitantes que abandonan el sitio después de ver solo una página y su medición nos puede indicar que los visitantes no encuentran el contenido buscado, o que no es relevante y/o atractivo.

- ▶ **Velocidad de carga de la página**: es el tiempo que tarda una página en cargar completamente en milisegundos y su medición puede afectar la retención de usuarios y el SEO. Normalmente, en el mundo web, un usuario medio no sabe lo que estaba haciendo pasados 10 segundos. El tiempo máximo de carga no debe superar los 3 segundos como recomendación.

- ▶ **Número de páginas vistas por sesión**: es el promedio de páginas que un visitante ve durante una sesión en el sitio e indica la profundidad de la interacción del usuario con el contenido del sitio.

- ▶ **Porcentaje de usuarios que completan un flujo de conversión**: es la proporción de usuarios que completan todos los pasos de un flujo de conversión específico y su medición nos proporciona una visión más o menos fiel sobre la eficacia de los procesos de conversión, como la compra de productos o la suscripción a servicios.

▶ **La participación en redes sociales**: es el aumento en seguidores, acciones, comentarios u otras interacciones en plataformas de redes sociales y su medición nos facilita la efectividad del contenido compartido y la participación social.

▶ **El posicionamiento SEO entre fechas**: conocer el ascenso o descenso en la clasificación del sitio en los resultados de búsqueda y su medición nos permite ver o conocer la evolución de cada una de las páginas. Su control se puede realizar a través de herramientas de análisis web externas como Google Analytics o Google Tag Manager u otras técnicas similares.

▶ **Reducción en la tasa de abandono de carritos (si es aplicable)**: es la disminución en el porcentaje de usuarios que abandonan un carrito de compras antes de completar la transacción y su medición nos puede indicar la efectividad del proceso de compra.

Por tanto, establecer objetivos medibles en los comercios online es esencial para evaluar el rendimiento y realizar ajustes según sea necesario para mejorar la experiencia del usuario y lograr los resultados deseados.

Más información de Google Analytics y Google Tag Manager *aquí*.

2.7 ROLES Y FLUJOS DE TRABAJO (WORKFLOWS)

2.7.1 En el contexto web

En el contexto del diseño y desarrollo web, los roles y flujos de trabajo son elementos cruciales para la organización eficiente de un equipo y el éxito de un proyecto. A continuación, se describen brevemente estos conceptos:

En lo referente a los roles en diseño y desarrollo web:

▶ **Diseñador de UX (Experiencia de Usuario)**: responsable de diseñar la experiencia general del usuario en el sitio web, centrándose en la arquitectura de la información, usabilidad, accesibilidad y satisfacción del usuario.

▶ **Diseñador de UI (Interfaz de Usuario)**: se enfoca en diseñar la interfaz visual del sitio, incluyendo elementos como botones, gráficos, colores y tipografías, con el objetivo de crear una experiencia estéticamente agradable.

▶ **Desarrollador frontend**: se encarga de implementar el diseño en código, trabajando con tecnologías como HTML, CSS y JavaScript, etcétera para construir la interfaz del usuario y garantizar la interactividad.

▶ **Desarrollador backend**: responsable del desarrollo de la lógica de negocio, es decir, de todo lo concerniente a la lógica del servidor y la gestión de la(s) base(s) de datos, asegurando el funcionamiento adecuado de la parte no visible del sitio web. Aquí, se suele trabajar con tecnologías PHP, Java, NodeJS, Python, aunque hay muchas más. También puede tener amplios conocimientos de otras tecnologías como Servidores de Aplicaciones (XAMP, WAMP, TomCat) y conocimientos de red, pero no es lo habitual.

▶ **Especialista en SEO (Optimización para Motores de Búsqueda)**: Trabaja en estrategias para mejorar la visibilidad del sitio en los motores de búsqueda, optimizando contenido y estructura para alcanzar mejores posiciones, que se traducen en una escalada en el posicionamiento de la lista de resultados que muestra el buscador.

▶ **Especialista en contenido**: crea y gestiona el contenido del sitio, asegurándose de que sea relevante, atractivo y alineado con los objetivos de la marca.

▶ **Tester/QA (Control de Calidad)**: realiza pruebas para identificar y corregir posibles problemas en el sitio web, asegurando su buena funcionalidad y un mejor rendimiento.

▶ **Gerente de proyecto (Project Manager)**: supervisa el progreso general del proyecto, coordina tareas y asegura que se cumplan los plazos y los objetivos.

▶ **Gerente de producto (Product Owner)**: supervisa el progreso general de uno o varios productos, coordinando tareas y asegurando que se cumplan los plazos y los objetivos.

2.7.2 En el contexto e-commerce

En un entorno de comercio electrónico, los roles y permisos son componentes clave que ayudan a organizar y gestionar las responsabilidades de los usuarios dentro de la plataforma. Estos conceptos son esenciales para garantizar la seguridad, la eficiencia y la adecuada administración del e-commerce. A continuación, se describen estos términos:

2.7.2.1 ROLES EN COMERCIO ELECTRÓNICO

▶ **Administrador**: típicamente tiene acceso completo y control total sobre la plataforma. Puede gestionar productos, categorías, usuarios, configuraciones y realizar acciones administrativas.

▶ **Gerente de tienda**: responsable de la gestión operativa de la tienda online. Puede supervisar y gestionar productos, inventario, pedidos y puede tener ciertos privilegios administrativos.

▶ **Especialista en marketing**: se centra en las estrategias de marketing online. Puede tener acceso a gestionar promociones, campañas publicitarias y realizar ajustes en lo que a la presentación de productos se refiere.

▶ **Especialista en contenido**: encargado de gestionar y actualizar el contenido del sitio, como descripciones de productos, imágenes y otros elementos visuales.

▶ **Atención al cliente**: se ocupa de las interacciones con los clientes, procesa pedidos, resuelve consultas y problemas, puede gestionar devoluciones o reembolsos y, en ocasiones, también resuelve conflictos en redes sociales.

▶ **Analista de datos**: responsable de analizar datos relacionados con el rendimiento de la tienda, como el análisis de ventas, la monitorización del tráfico y la evaluación de la efectividad de las campañas. Aquí, será frecuente que trabajen con Google Analytics y Tag Manager.

2.7.2.2 PERMISOS EN COMERCIO ELECTRÓNICO

▶ **Gestión de productos**: permiso para agregar, editar o eliminar productos y sus detalles, como precios, descripciones y atributos.

  ▶ **Gestión de inventarios**: permiso para controlar y actualizar niveles de inventario, realizar ajustes de stock y gestionar productos agotados.

  ▶ **Gestión de pedidos**: permiso para ver, procesar, gestionar y realizar acciones relacionadas con los pedidos, como confirmar, cancelar o modificar.

  ▶ **Acceso a datos del cliente**: permiso para acceder a información del cliente, como detalles de contacto e historial de compras, para proporcionar un servicio al cliente personalizado.

  ▶ **Configuración y personalización**: permiso para ajustar configuraciones generales de la tienda, como métodos de pago, configuración de impuestos y aspectos de diseño.

  ▶ **Privilegios administrativos**: permiso para realizar tareas administrativas, como la creación de nuevos usuarios, ajustes de seguridad y otras configuraciones críticas.

Por tanto, la asignación adecuada de roles y permisos garantiza que cada miembro del equipo tenga acceso, únicamente, a las funciones necesarias para realizar sus responsabilidades, protegiendo así la integridad del sitio y la información del cliente.

2.7.3 Los flujos de trabajo

Según Wikipedia, el flujo de trabajo (workflow en inglés) es el estudio de los aspectos operacionales de una actividad de trabajo: como se estructuran las tareas, como se realizan, cuál es su orden correlativo, como se sincronizan, como fluye la información que soporta las tareas y como se le hace seguimiento al cumplimiento de las tareas. Generalmente los problemas de flujo de trabajo se modelan con redes de Petri o diagramas de flujo.

El flujo de trabajo, tanto en diseño, como desarrollo web o e-commerce, se suele componer de las siguientes fases:

  1. **Planificación**: define los objetivos del proyecto, identifica los requisitos y establece un cronograma.

  2. **Diseño**: el equipo de diseño crea wireframes y prototipos para visualizar la estructura y la apariencia de lo que se desea representar o crear.

3. **Desarrollo**: el equipo de desarrollo implementa el diseño en código y construye la funcionalidad del sitio.

4. **Pruebas**: se realizan pruebas para identificar y corregir errores en el diseño y el código.

5. **Despliegue**: el sitio web se lanza y se hace público, ya sea en una plataforma de desarrollo o en un servicio de hosting.

6. **Mantenimiento**: se lleva a cabo el mantenimiento continuo, incluyendo actualizaciones, correcciones y mejoras según sea necesario.

A continuación, se muestra un ejemplo de workflow:

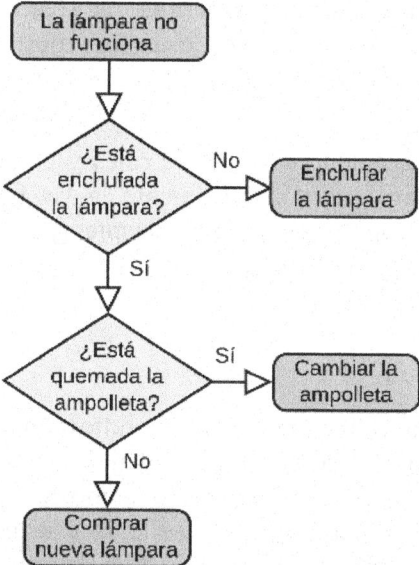

Un diagrama de flujo para arreglar una lámpara que no funciona por Booyabazooka y original de Wapcaplet. Extraída de Wikipedia

> **ⓘ NOTA**
>
> Los colores en un diagrama de flujo pueden indicar un tipo de estado, como error en color rojizo o éxito en color verdoso.

Por tanto, podemos afirmar que los roles y flujos de trabajo son flexibles y pueden adaptarse según las necesidades específicas de cada proyecto y equipo. La colaboración efectiva entre estos roles es esencial para el éxito global del diseño y desarrollo web.

Símbolos de un diagrama de flujo			
FORMA ANSI / ISO	NOMBRE	FORMA	DESCRIPCIÓN
→	Línea de flujo (Flecha)	Línea saliendo de un símbolo y apuntando a otro.	Muestra el orden de operación de los procesos. Las flechas se agregan si el flujo no es el estándar de arriba hacia abajo, de izquierda a derecha.
⬭	Terminal	Estadio, óvalo.	Indica el inicio o fin de un programa o subprocesos. Usualmente contienen la palabra "Inicio" o "Fin", o alguna otra frase señalando el inicio o fin de un proceso, como "presentar consulta" o "recibir producto".
▭	Proceso	Rectángulo.	Representa un conjunto de operaciones que cambiar el valor, forma o ubicación de datos.
◇	Decisión	Rombo.	Muestra una operación condicional que determina cuál de los dos caminos tomará el programa. La operación es comúnmente una pregunta de sí/no o una prueba de verdadero/falso.
▱	Entrada	Paralelogramo.	Indica el proceso de hacer entrar datos en la forma de ingresar datos.

	Salida	Hoja de papel impresa.	Indica el proceso de hacer salir datos, en la forma de mostrar resultados.
	Anotación (Comentario)	Rectángulo abierto con una línea.	Indica información adicional acerca de un paso en el programa. Puede ser punteado.
	Proceso predefinido	Rectángulo con un doble lateral en cada lado.	Muestra, por su nombre, un proceso que ha sido definido en otro lugar.
	Conector de página	Pequeño círculo con una letra dentro.	Pares de conectores etiquetados reemplazan líneas largas o confusas en la página del diagrama.
	Conector fuera de página	Plato de "Home" (béisbol) pentágono.	Un conector etiqueta para usar cuando el objetivo es otra página.

Esquema extraído de Wikipedia, de su página de Diagramas de flujo (ubicada en https://es.wikipedia.org/wiki/Diagrama_de_flujo). Para más información, visitar la página.

2.8 LA WEB CORPORATIVA

Una web corporativa es un sitio web diseñado y desarrollado para representar a una empresa o entidad online. Este tipo de sitio web es una herramienta clave para establecer la presencia en la web de una empresa, proporcionar información sobre sus productos o servicios, y comunicarse con su audiencia, incluir a sus clientes, socios comerciales, inversores y empleados potenciales. A continuación, se describe que es una web corporativa y como suele estructurarse:

2.8.1 Características de una web corporativa

▼ Presentación de la empresa:
  - Información sobre la historia, valores, misión y visión de la empresa.
  - Detalles sobre la ubicación, equipo directivo y cualquier otra información relevante.

▼ Productos o servicios:
  - Descripciones detalladas de los productos o servicios ofrecidos por la empresa.
  - Información sobre precios, especificaciones técnicas y beneficios.

▼ Contacto:
  - Detalles de contacto, como dirección física, número de teléfono y dirección de correo electrónico.
  - Formulario de contacto para consultas directas.

▼ Blog o noticias:
  - Sección para publicar noticias, actualizaciones de la empresa o artículos relacionados con la industria.
  - Puede incluir estudios de casos, entrevistas o contenido relevante.

▼ Área de clientes o portales privados:
  - Si es relevante, un espacio seguro para clientes registrados con acceso a información exclusiva.

▼ Carreras o empleo:
  - Sección para publicar oportunidades de empleo y detalles sobre como unirse al equipo de la empresa.

▼ Recursos descargables:
  - Documentos descargables como folletos, informes anuales, manuales de productos, etc.

▼ Redes sociales:
  - Enlaces a perfiles de redes sociales para fomentar la interacción y seguir las actualizaciones de la empresa.

▼ Testimonios y referencias:
  - Sección que destaca experiencias positivas de clientes anteriores.
  - Incluye testimonios, reseñas o casos de éxito.

2.8.2 Como se estructura una web corporativa

▶ **Página de inicio (Home)**: introducción a la empresa y llamada a la acción y donde se muestran los productos o servicios destacados y novedades.

▶ **Acerca de nosotros**: información detallada sobre la empresa, su historia y valores.

▶ **Productos o servicios**: sección dedicada a describir y mostrar productos o servicios.

▶ **Contacto**: información de contacto clara y formulario de contacto.

▶ **Blog o noticias**: publicaciones recientes y enlaces a artículos relevantes.

▶ **Carreras o empleo**: oportunidades de empleo y detalles sobre como postularse.

▶ **Recursos descargables**: enlaces a documentos descargables.

▶ **Área de clientes**: si es necesario, un área segura para clientes registrados.

▶ **Testimonios y referencias**: sección que destaca experiencias positivas de clientes o colaboradores.

▶ **Footer**: información de contacto adicional, enlaces rápidos y políticas.

La estructura específica puede variar según las necesidades y objetivos de la empresa. Es fundamental que la web corporativa tenga un diseño atractivo, navegación intuitiva y contenido relevante para satisfacer las expectativas de los usuarios y cumplir los objetivos comerciales de la empresa.

2.9 LOS ESTÁNDARES

Un estándar es un conjunto de criterios o pautas establecidos para garantizar la coherencia, calidad y compatibilidad en un campo específico. En el contexto de la usabilidad y accesibilidad, existen estándares que definen directrices y mejores prácticas para crear productos digitales que sean fáciles de usar y accesibles para todas las personas, incluidas aquellas con discapacidades. A continuación, se comentan algunos de los estándares más conocidos en estos campos:

2.9.1 Estándares de usabilidad

2.9.1.1 NORMA ISO 9241-110:2020

Más información en	
https://www.iso.org/standard/75258.html Descargable también desde la web de AENOR.	
La norma ISO/IEC 9126-1:2004, **titulada**, Ergonomía de la interacción Sistema- Humano: principios de interacción, describe los principios que se deben cubrir para que una interacción entre un usuario y un sistema se formule correctamente en términos generales. Asimismo, se proporciona un marco para aplicar esos principios de interacción y las recomendaciones generales de diseño para sistemas interactivos.	

2.9.1.2 NORMA ISO/IEC 14598

Más información en	
https://www.iso.org/search.html?q=iso%2014598 Descargable también desde la web de AENOR.	
La norma ISO/IEC 14598 titulada, Tecnología de la información: evaluación del producto software, establece un modelo de trabajo que permite evaluar la calidad un producto de software en 6 etapas. Estas etapas están divididas en los siguientes documentos: • **ISO/IEC 14598-1: Visión General.** • **ISO/IEC 14598-2: planificación y gestión.** • **ISO/IEC 14598-3: procedimiento para desarrolladores.** • **ISO/IEC 14598-4: procedimiento para compradores.** • **ISO/IEC 14598-5: procedimiento para evaluadores.** • **ISO/IEC 14598-6: documentación de los módulos.**	

2.9.1.3 ESTÁNDAR ISO TR 16982:2002

Más información en	
https://www.iso.org/standard/31176.html Descargable también desde la web de AENOR.	
La norma ISO/IEC 25000 titulada, Ergonomía de la interacción humano-sistema: métodos de usabilidad que apoyan el diseño centrado en el ser humano, proporciona información sobre métodos de usabilidad centrados en el usuario que se pueden utilizar para el diseño y la evaluación. Entre otros detalles, se muestran las ventajas, inconvenientes y demás factores relevantes para utilizar cada uno de los métodos de usabilidad.	

2.9.1.4 ESTÁNDAR ISO 25000:2014

Más información en	
https://www.iso.org/standard/64764.html Descargable también desde la web de AENOR.	
La norma ISO/IEC 25000 titulada, Requisitos de Calidad y Evaluación de Sistemas y Software (SQuaRE): Guía de SQuaRE, permite organizar, enriquecer y unificar las series que cubren los procesos de especificación y evaluación de la calidad del software.	

2.9.2 Estándares de accesibilidad

▷ **Web Content Accessibility Guidelines (WCAG):** desarrollado por el World Wide Web Consortium (W3C), el WCAG establece estándares internacionales para la accesibilidad web. La versión actual es WCAG 2.2, que proporciona pautas detalladas para hacer que el contenido web sea más accesible para personas con discapacidades. Accesible desde *https://www.w3.org/TR/2023/REC-WCAG22-20231005/*.

▼ **Section 508 de la Ley de Rehabilitación (EE. UU.)**: además de ser un estándar de usabilidad, la Sección 508 de la Ley de Rehabilitación de EE. UU. establece pautas específicas para la accesibilidad de tecnologías de la información y comunicación utilizadas por agencias federales.

▼ **EN 301 549 (Europa)**: este estándar europeo establece requisitos de accesibilidad para productos y servicios de tecnologías de la información y la comunicación, siguiendo el marco del WCAG. Se puede descargar desde *etsi.org*.

▼ **ISO/IEC 40500 (ISO 40500) - Norma UNE-EN 301 549 (UNE 301 549) (Internacional)**: esta norma internacional adopta las pautas del WCAG y las adapta para su aplicación global.

Por tanto, la conformidad con estos estándares ayuda a garantizar que los productos digitales, como sitios web y aplicaciones, sean accesibles y utilizables por una amplia gama de usuarios, incluidos aquellos con discapacidades. Cumplir con estos estándares no solo es una práctica ética, sino que también puede ser legalmente obligatorio en ciertos contextos, especialmente en entidades gubernamentales y organizaciones que prestan servicios públicos.

2.10 LA USABILIDAD

El concepto de usabilidad se refiere a una aplicación (informática) de (software) o un aparato (hardware), aunque también puede aplicarse a cualquier sistema hecho con algún objetivo particular.

El modelo conceptual de la usabilidad, proveniente del diseño centrado en el usuario, no está completo sin la idea utilidad. En inglés, utilidad + usabilidad es lo que se conoce como USEFULNESS.

En términos generales se podría decir que, la usabilidad, es una métrica que mide lo fácil que es de utilizar una interfaz o sistema, en conjunción con el resultado de la satisfacción obtenida a partir de la suma de la satisfacción que obtiene cada usuario al utilizar un interfaz o sistema. Por tanto, a mayor número de usuarios satisfechos, mayor usabilidad.

Dentro del contexto de la usabilidad tenemos 2 tipos:

▶ **Usabilidad objetiva o inherente:** aquella que puede ser evaluada por observación del usuario mientras realiza tareas de interacción u otros métodos tradicionales. La usabilidad objetiva o inherente mide la eficacia (facilidad con la que los usuarios encuentran lo que buscan) y la eficiencia (tiempo que tardan en encontrar lo que están buscando).

▶ **Usabilidad subjetiva o aparente:** indica la usabilidad percibida o la satisfacción de uso y es difícil de entender y evaluar. La usabilidad subjetiva o aparente trata de medir la satisfacción que el usuario obtiene tras realizar una tarea por la interfaz o sistema.

2.10.1 Resumen sobre las leyes que intervienen en la usabilidad

A continuación, se describen de forma general y muy resumida todas las leyes referidas a la usabilidad:

▶ **Efecto de la usabilidad estética**: viene a decir que, por el motivo que sea, la realidad es que, los usuarios suelen percibir los diseños que visualmente son agradables como más útiles.

▶ **Efecto de Von REST off**: también conocido como el efecto del aislamiento, viene a decir que hay una clara tendencia a recordar aquellos elementos que difieren del REST o, cuando estos están agrupados.

▶ **Efecto Zeigarnik**: viene a decir que se tiende a recordar mejor las tareas no terminadas o interrumpidas, más que las finalizadas.

▶ **Ley de los 3 clics**: no es una ley, aunque muchos la consideren así, y viene a decir que los procesos de usuario deben hacerse en el mínimo número de clics.

▶ **Ley de Brooks**: viene a decir que añadir recursos a un proyecto con retraso sólo genera una demora aún mayor, aunque sólo sea por el tiempo que se tiene que invertir para realizar una transferencia de conocimientos.

▶ **Ley de la perspectiva elemental o complejidad añadida**: viene a decir que no hay problemas difíciles o enrevesados, lo que hay son malos planteamientos.

▶ **Ley de la consistencia o ley de Jakob**: viene a decir que los usuarios deben de sentirse cómodos y que recurran al conocimiento ya adquirido, y no a uno nuevo que tengan que aprender.

▶ **Ley de Ebbinghaus**: viene a decir que la posición de los elementos puede afectar a la precisión del recuerdo. El impacto, el interés, el aprendizaje adquirido previo, el estrés, el sueño o la capacidad intelectual de cada individuo puede repercutir en la calidad del recuerdo y su permanencia en el tiempo. Aquí entran en juego la curva del aprendizaje, la curva del olvido, el efecto de primacía y el efecto de recencia.

▶ **Ley de Fitts**: viene a decir que el tiempo para llegar a un objetivo responde a una función que depende de la distancia y el tamaño del mismo.

▶ **Ley de Hick-Hyman**: viene a decir que el tiempo que tarda un ser humano en tomar una decisión es directamente proporcional a la cantidad y complejidad de las opciones disponibles.

▶ **Ley de Miller**: viene a decir que los seres humanos sólo pueden recordar siete objetos o entidades, más o menos dos, en su memoria a corto plazo.

▶ **Ley de Moore**: viene a decir que la mejora del equipamiento reduce los tiempos de espera y que, a consecuencia de ello, los usuarios se acostumbran a esos tiempos de respuesta y, cualquier retardo no justificado hará que su nivel de frustración aumente empeorando la usabilidad y, por tanto, su experiencia de usuario. Dicho de otro modo, si mejora el equipamiento mejora (o tiende a mejorar) el rendimiento y, si mejora el rendimiento mejora la usabilidad. El rendimiento de una web se puede medir con *Google PageSpeed Insights*.

▶ **Ley de Pareto**: suele ser más conocida como la regla del 80/20 y viene a decir que un amplio número de las consecuencias tienen origen por un pequeño número de sus causas. Dicho con otras palabras, para muchos acontecimientos, sucesos o eventos, aproximadamente el 80 por ciento de los efectos provienen del 20 por ciento de las causas. Para crear diagramas de Pareto se puede recurrir a la web de *Plan de Mejora*.

▶ **Ley de Parkinson**: viene a decir que cualquier tarea puede alargarse hasta agotar todo el tiempo disponible. Cuanto más tiempo se dé a los usuarios para realizar las tareas, más tardarán en completarlas.

▸ **Ley de la parsimonia**: se la suele identificar con la navaja de Ockham y viene a decir que, a igualdad de condiciones, la explicación correcta o más probable siempre suele ser la más sencilla.

▸ **Ley del pico final**: viene a decir que los eventos no se juzgan por la suma de todas las partes, sino que se valoran en función de los momentos prototípicos como resultado de unos prejuicios formulados bajo un estado de incertidumbre.

▸ **Ley de Postel**: viene a decir que se debe ser conservador en lo que uno hace, pero liberal en lo que acepta de los demás. Dicho de otra forma, se debe ser riguroso con lo que se devuelve, pero flexible y tolerante con lo que se recibe.

▸ **Ley de Tesler**: también conocida como el principio de Conservación de la Complejidad, viene a decir que todo sistema posee una cierta complejidad que no debe reducirse ya que, a veces la realidad no puede ser tan teórica. También viene a decir que simplificar una tarea más de la cuenta puede ser perjudicial y provocar el efecto contrario aumentando su complejidad inherente.

▸ **Ley de Weber-Fechner**: que viene a decir que el menor cambio discernible en la magnitud de un estímulo es proporcional a la magnitud del mismo, es decir, que el umbral para percibir una sensación está directamente relacionado con la intensidad del estímulo emitido.

▸ **Umbral de Doherty**: viene a decir que el tiempo de espera en una interacción no debe superar los 396 ms. Aquí las interacciones se pueden entender como procesos o tareas sencillas, por tanto, no suele aplicarse a páginas completas. No obstante, una página nunca deberá supera el umbral de 3 segundos, porque, de ser así, el usuario podrá perder interés en lo que se desea que quiera que haga.

▸ **Leyes de la Gestalt**:

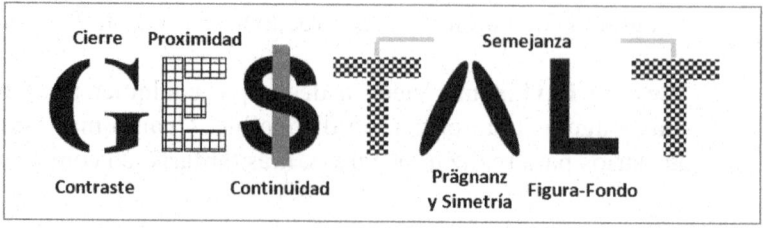

- **Ley de Prägnanz**: también conocida como la Ley de la buena forma, es una de las principales leyes general de la Gestalt o leyes de la percepción y viene a decir que las personas interpretan las imágenes complejas de la forma más simple posible, porque requiere un esfuerzo cognitivo menor.

- **Ley de la Figura-Fondo**: también conocida como la ley de la dialéctica, es una de las más importantes. Establece que no es posible percibir o interpretar la figura y el fondo al mismo tiempo ya que eso produciría una "desconexión del cerebro" causada por un estado de confusión y desconcierto.

- **Ley del cierre**: viene a decir que las formas abiertas o inconclusas "molestan" o producen incomodidad, por lo que nuestro cerebro tiende a completarlas, principalmente, con la imaginación y el conocimiento adquirido. Dado que las figuras se perciben como un todo, aunque incompletas, cuanto más cerrado sea el contorno de la misma, mejor será o podrá ser su percepción.

- **Ley del contraste**: viene a decir que los elementos se distinguen del REST o porque tienen singularidades propias como el color, la forma, el tamaño u otras cualidades intrínsecas que las hacen únicas. De hecho, incluso la posición relativa de los diferentes elementos en un conjunto de ellos podría cambiar la atribución de sus singularidades.

- **Ley de la semejanza**: viene a decir que elementos similares tienden a ser percibidos como parte de una misma forma o elemento que lo engloba todo. Esto se produce porque nuestro cerebro tiende a agrupar los elementos que poseen alguna propiedad visual común como el color, el tamaño, la forma, el brillo o el movimiento.

- **Ley de la proximidad**: viene a decir que las formas que genera nuestra mente se ven influenciadas por la distancia que hay entre sus elementos colindantes. Dicho de otra forma, los elementos más próximos entre sí tienden a verse como una única entidad global, incluso si las formas y tamaños son muy diferentes.

- **Ley de la continuidad y destino común**: viene a decir que los elementos que forman patrones o que están colocados de una manera determinada según un sentido o dirección tienden a ser agrupados.

- **Ley de la simetría**: viene a decir que las formas o figuras simétricas tienden a percibirse como un único elemento debido a que, esta característica, genera una sensación de orden y seguridad en los observadores.

- **Ley de la región común**: viene a decir que, el cerebro, tiende a percibir los elementos como un grupo si, éstos, están dentro de la misma región.

- **Ley de la conectividad uniforme**: viene a decir que, el cerebro, tiende a percibir los elementos conectados mejor y más relacionados que los que no lo están.

Más información en el libro UX Design, Hazlo fácil pensando en el usuario, desde la dirección web o url: *https://www.ra-ma.es/libro/ux-design_118327/*.

2.11 CREACIÓN DE MODELOS DE USUARIO

La creación de un modelo de usuario para un comercio electrónico es esencial para comprender las necesidades, comportamientos y expectativas de los diferentes tipos de usuarios que interactúan con la plataforma. Esto ayuda a diseñar una experiencia de usuario más efectiva y personalizada. A continuación, se muestran algunos elementos clave que podrías considerar al crear un modelo de usuario para tu comercio electrónico:

2.11.1 Identificación de segmentos de usuarios

- **Clientes frecuentes**: usuarios que realizan compras con regularidad. Pueden beneficiarse de programas de lealtad y ofertas exclusivas.

- **Visitantes ocasionales**: usuarios que exploran el sitio, pero no realizan compras con frecuencia. Se pueden orientar con estrategias para convertir visitas en transacciones.

- **Usuarios nuevos**: visitantes que entran por primera vez a un sitio web. Necesitan orientación y posiblemente incentivos para realizar su primera compra.

2.11.2 Características demográficas

- **Edad y género**: ajusta el tono y el estilo del sitio según la audiencia demográfica.

▶ **Ubicación geográfica**: personaliza la oferta y la disponibilidad de productos según la ubicación.

▶ **Ingresos y nivel socioeconómico**: alinea las estrategias de marketing y los productos con el poder adquisitivo.

2.11.3 Comportamientos y preferencias

▶ **Historial de compras**: personaliza recomendaciones basadas en compras anteriores.

▶ **Comportamiento de navegación**: utiliza datos de navegación para mejorar la experiencia del usuario.

▶ **Preferencias de producto**: permite a los usuarios definir preferencias y recibir recomendaciones personalizadas.

2.11.4 Objetivos del usuario

▶ **Compra rápida**: usuarios que desean un proceso de compra rápido y eficiente.

▶ **Exploración y descubrimiento**: en general, los usuarios que buscan explorar nuevos productos y descubrir nuevas tendencias.

▶ **Ahorro y Ofertas**: usuarios que priorizan descuentos y ofertas.

2.11.5 Dispositivos y canales de acceso

▶ **Usuarios móviles**: asegura que el diseño y la funcionalidad sean óptimos para dispositivos móviles.

▶ **Usuarios de redes sociales**: facilita la integración con plataformas sociales para compartir y descubrir productos.

2.11.6 Retención y servicio al cliente

▶ **Usuarios que Retornan**: ofrece incentivos y programas de lealtad.

▶ **Servicio al Cliente**: brinda canales eficientes para consultas y problemas.

2.11.7 Feedback y opiniones

▶ **Opiniones de producto**: fomenta y muestra opiniones de otros usuarios para construir confianza.

▶ **Feedback del usuario**: facilita canales para que los usuarios proporcionen comentarios sobre la experiencia del sitio.

2.11.8 Personalización y preferencias de comunicación

▶ **Comunicación por correo electrónico**: permite a los usuarios seleccionar sus preferencias de comunicación.

▶ **Personalización de contenido**: ofrece opciones para personalizar la interfaz y la presentación de productos.

Al comprender estas dimensiones, puedes crear perfiles de usuario detallados que sirvan como guía para el diseño de la experiencia de usuario y la estrategia de marketing en tu comercio electrónico.

2.12 TEST DE USABILIDAD

Una prueba de usabilidad es un método de testing que consiste en evaluar un producto mediante pruebas con usuarios representativos.

Las pruebas de usabilidad se enfocan, a menudo, para medir la facilidad de uso de los productos y para ver si cumplen el propósito para el cual fueron diseñados, es decir, si los sistemas o las interfaces cumplen con los requisitos con los que se desarrollaron.

Por tanto, el objetivo de una prueba de usabilidad es detectar los errores y dificultades que los usuarios se encuentran al realizar una tarea concreta para la cual, la interfaz o sistema fue desarrollado.

Una ventaja que tienen las pruebas de usabilidad es que pueden realizarse a partir de un prototipo, es decir, no hace falta que el sistema o interfaz esté terminado, basta con que se realice un mockup que tenga las funcionalidades y las tareas que se quieren testar.

Entre los principales beneficios podemos destacar que se llega a conocer que y cuántos usuarios terminaron con éxito las tareas, cuanto tiempo los llevó realizarlas, cuánto de satisfechos quedaron al finalizar la prueba y si el rendimiento es acorde a los objetivos de usabilidad requeridos.

No obstante, si bien con otros métodos se pueden obtener buenos resultados de forma económica y rápida, las pruebas de usabilidad requieren más tiempo y suelen tener un coste más elevado dependiendo de factores como el tamaño del equipo, el número de participantes y/o el tiempo.

2.12.1 ¿Cuándo se debe aplicar un test de usabilidad?

Los test de usabilidad pueden aplicarse en cualquier etapa del ciclo de vida del proyecto, no obstante, es recomendable hacerlos en la fase de análisis porque eso nos permitirá evitar posibles errores de diseño y desarrollo.

Pensar que, cuanto más se tarden en realizar los test, más costoso se volverá el proceso de corrección. De hecho, según algunos estudios, el tiempo y esfuerzo para corregir una incidencia, problema o error puede volverse hasta 150 veces más costoso cuando se está en las fases terminales como la fase de producción.

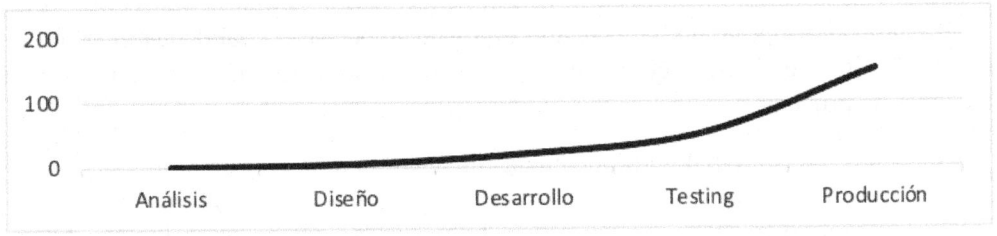

Por tanto, lo más efectivo es realizar test de usabilidad en todas las fases del proyecto. Si estamos en la fase de análisis, se pueden diseñar sketches o wireframes para ir detectando los posibles errores antes, incluso, de que se empiecen a diseñar.

Si estamos en la fase de diseño o posteriores, podemos recurrir a mockups o prototipos navegables con un nivel de fidelidad adecuado.

Si el producto ya está en producción, también se pueden hacer pruebas de usuario, no obstante, es recomendable haber hecho antes una evaluación heurística.

2.12.2 Características de un buen tester

Un tester es una persona que prueba software y tienen como función planificar y realizar pruebas de todo tipo sobre una interfaz o sistema. Sus capacidades pueden ir desde la instalación en diferentes circunstancias, hasta reproducir errores típicos de validación que pueden aparecer cuando un usuario utiliza el producto.

Los tester están involucrados en todo el ciclo de vida del proyecto, si salvamos la etapa de diseño inicial donde sólo hay un prototipo. Eso sí, una vez que el producto ya está operativo, los tester suelen realizar pruebas continuadas para controlar la evolución y mejora.

En general, un tester debe tratar de ponerse en el lugar de los usuarios, tanto los que son inexpertos, como los que ya disponen de conocimientos previos y debe verificar que el rendimiento del sistema o interfaz sea óptimo y que las acciones sobre el producto produzcan los resultados esperados. Además, también debe verificar que se cumplen las especificaciones originales y que al introducir datos a través de formularios la información sea tratada correctamente y sea almacenada de forma segura.

Por ejemplo, un buen testador puede introducir de manera intencionada datos erróneos en un formulario para comprobar que el sistema muestra un mensaje de error adecuado o inyectar un pequeño código JavaScript para comprobar que el sistema está protegido contra ataques Cross-Site-Scripting (XSS).

Por tanto, podríamos decir que un tester debe tener cualidades tanto en el campo del área de negocio, como en el campo de la administración de tareas, y de la creación de pruebas.

Entre las principales competencias de tester podemos encontrar:

▾ Debe ser capaz de estimar el tiempo dedicado a hacer las pruebas y realizarlas en ese tiempo preestablecido. Además, debe ser capaz de trabajar bajo presión para conseguir unos buenos resultados en el mínimo tiempo posible.

▶ Debe tener buenos conocimientos tecnológicos en varias materias y campos para presuponer y comprender el comportamiento de los sistemas o interfaces.

▶ Debe tener capacidad de abstracción para analizar, crear, planificar y priorizar una batería de pruebas sobre el sistema o interfaz que se está tratando para que se puedan obtener unos resultados representativos y fidedignos.

▶ Debe ser creativo y ver el detalle para enfocar mejor los posibles problemas que puedan surgir tras el análisis de las pruebas.

▶ Debe ser pragmático de forma que pueda poner en práctica las ideas y técnicas en relación con un esfuerzo acorde al alcance del proyecto.

▶ Debe ser capaz de redactar un informe que permita evaluar el estado actual del sistema o interfaz, tomar decisiones correctivas si son necesarias e indicar si está en posición de salir a producción o no, todo ello, de forma corporativa, limpia y clara para que la puedan entender terceras personas.

▶ Debe poder trabajar en equipo con desarrolladores y otros de su mismo perfil para que haya una buena relación y se beneficien todos los miembros a nivel de conocimiento e interacción.

▶ Debe ser capaz de identificar los riesgos, evaluar y resolver los problemas que puedan surgir de forma que se cumplan los criterios de calidad establecidos en el proyecto.

▶ Debe tener habilidades sociales y facilidad de comunicación verbal y escrita.

2.12.3 Proceso de un test de usabilidad

Crear un test de usabilidad no es cosa fácil. Los problemas que causa un mal diseño pueden traducirse en que los usuarios no ejecuten el flujo de trabajo de manera correcta obteniendo resultados inexactos. Es más, puede que, incluso, malinterpreten las instrucciones o no las entiendan y el resultado de la evaluación muestre datos no del todo ciertos, o incluso falsos.

Las métricas adquiridas en un test de usabilidad son:

▶ **EXACTITUD:** número de errores cometidos por los sujetos de prueba y si estos fueron recuperables o no al usar los datos o procedimientos adecuados.

▶ **TIEMPO:** tiempo requerido para concluir la actividad.

▶ **RECUERDO:** que tanto recuerda el usuario después de un periodo sin usar la aplicación.

▶ **RESPUESTA EMOCIONAL:** como se siente el usuario al terminar la tarea (bajo tensión, satisfecho, molesto, etcétera).

2.12.3.1 PLANIFICACIÓN DEL TEST

En esta fase se desarrolla un documento que contiene una explicación de los roles de usuario que van a intervenir, que pasos se van a seguir y una revisión de los recursos disponibles.

2.12.3.2 BÚSQUEDA DE PARTICIPANTES

Como se ha dicho anteriormente, si son usuarios experimentados, basta con tres o cinco, si no lo son, habrá que buscar tantos usuarios con conocimientos suficientes en el área a testar como tareas a evaluar. Una buena elección de los participantes puede significar que se detecten más del 70 por ciento de los problemas de usabilidad.

Los usuarios deben tener el mayor número de diferencias entre ellos para proporcionar datos más completos.

En macroproyectos o proyectos con multitud de usuarios de diferentes categorías, status sociales y/o cultura, es conveniente hacer estudios con subgrupos de cada tipo de usuario y con un número de componentes de entre 5 y 10 cada uno (cada subgrupo).

2.12.3.3 PREPARACIÓN

Se escribe el guion detallado sobre que tareas van a realizar los usuarios con una estimación de la duración del test. La preparación del test se puede plantear de forma jerarquica, agrupada o en formato lista y, entre los temas más habituales, podemos encontrar preguntas acerca del color y diseño, la navegación, calidad de los contenidos, legibilidad, formularios, búsquedas y resultados, retroalimentación, documentación y ayuda.

Las tareas deben ser adecuadas para no proporcionar datos ambiguos.

No debe ser muy extenso ya que, pasado un tiempo, los usuarios pueden llegar a estar mentalmente cansados y no proporcionar resultados fiables. Una medida habitual son unos 15 minutos por persona.

Cuando se escriba el cuestionario se debe intentar darle un formato atractivo y envolvente para que los participantes estén predispuestos y se sientan cómodos a la hora de realizarlo. Debe parecer más un recorrido que una lista de tareas y la información se debe proporcionar en pequeñas cantidades para no ayudarles más de lo necesario.

2.12.3.4 TESTEO

Una recomendación habitual es realizar un ensayo del cuestionario antes de experimentar con usuarios reales. Es importarte verificar que el test está alineado con los objetivos que se desean cumplir y cuanto de fácil es comprender y manejar la interfaz o sistema.

La prueba real a los usuarios ha de hacerse de uno en uno en un entorno controlado sin distracciones. Los usuarios irán completando las tareas comentando en voz alta todo lo que piensan, sienten y dificultades que van encontrando.

Durante este proceso, no se les debe ayudar a completar las tareas ni dejarles mucho tiempo en silencio. Además, se les debe establecer un tiempo máximo para la finalización de la tarea marcándolas, en caso contrario, como inacabadas.

Por su parte, el experto o evaluador, debe observar todo lo que haga el usuario y tomar notas. Estas notas pueden hacerse mediante alguna técnica de registro de datos en la que cada letra tiene un significado concreto. Por ejemplo, se podría hacer una asociación como la siguiente:

Letra	Significado
A	Indica que el usuario abandonó una tarea o acción.
C	Indica que la entrada es un comentario.
E	Indica que la entrada se corresponde con un error.
F	Indica que la entrada hace referencia a una reacción facial.
G	Indica que la entrada hace referencia a una reacción gesticular.
N	Indica que es una opinión negativa del usuario.
P	Indica que es una opinión positiva del usuario.
S	Indica que es una sugerencia del usuario.
U	Indica que es un problema de usabilidad.

Este método de anotación permitirá reducir el tiempo invertido para capturar la información relevante y el tiempo que se necesita para realizar el análisis y hacer el informe final.

2.12.3.5 ANÁLISIS DE DATOS

Una vez realizados los cuestionarios se recogen los datos y se analizan desde un punto de vista cuantitativo, cualitativo y semántico. Hay que tener especial cuidado al analizar los comentarios de los usuarios ya que, habitualmente, son muy personales y, a veces, irrelevantes.

2.12.3.6 CREACIÓN DEL INFORME

El informe debe contener una lista detallada de los problemas de usabilidad y las posibles soluciones propuestas. Esta lista puede, además, contener datos cuantitativos y cualitativos sobre cada uno de los problemas expuestos.

2.13 FEEDS RSS

El acrónimo RSS (Rich Site Summary o Really Simple Syndication) hace referencia a un formato de datos utilizado para distribuir contenido web de forma estructurada y que permite a los usuarios suscribirse a sitios web que ofrecen contenido relevante, como blogs, noticias, podcasts y otros tipos de información, y recibir actualizaciones automáticamente cuando se publica nuevo contenido.

Los feeds RSS contienen un listado con información sobre el contenido del sitio a modo de artículos resumidos con un título, una descripción y un enlace al artículo completo, entre otros datos. Posteriormente, los usuarios pueden leer estos "contenedores de noticias" utilizando unos programas denominados lectores de RSS o agregadores de noticias (como *https://rssviewer.app/* o *https://codebeautify.org/rssviewer*), los cuales recopilan la información desde un sólo lugar, lo que se traduce en que los usuarios puedan leer y consumir fácilmente los contenidos de múltiples fuentes sin tener que visitar cada sitio web individualmente.

Crear un feed RSS implica describir o generar una especificación en formato XML (Extensible Markup Language) que incluye los elementos necesarios para describir el contenido y sus actualizaciones. A continuación, se muestra un resumen de los pasos básicos para crear un feed RSS:

▶ **Determinar la estructura del feed**: decidir que elementos se quieren incluir en el feed RSS, como título, descripción, enlace, fecha de publicación, autor, etc.

- ● **Incluir elementos obligatorios**: es importante incluir los elementos obligatorios según la versión de RSS que se esté utilizando como <title>, <link>, <description> y <pubDate>.

- ● **Valorar agregar elementos adicionales**: se puede incluir elementos adicionales según las necesidades y las especificaciones de RSS, como <author>, <category>, <guid> (identificador único global), etc.

▶ **Generar el archivo XML**: diseñar o crear un archivo XML que siga el estándar de RSS. Esto se puede hacer manualmente a través de un editor de texto plano o utilizar herramientas y bibliotecas específicas para generar los feeds RSS automáticamente.

▶ **Validar el feed RSS**: antes de publicar tu feed RSS, es recomendable validar el archivo XML para asegurarte de que cumple con las especificaciones de RSS y no contiene errores. Puedes utilizar herramientas en línea o software especializado para validar feeds RSS.

- ● **Algunos validadores online son**:
  - – *https://validator.w3.org/feed/*
  - – *https://www.rssboard.org/rss-validator/*
  - – *https://www.feedvalidator.org/*

▶ **Publicar el feed RSS**: una vez que se haya validado, sólo nos queda "pasarlo a producción" para que todos los usuarios puedan usarlo o suscribirse a él.

Es importante tener en cuenta que, aunque RSS ha sido ampliamente utilizado en el pasado, su popularidad ha disminuido en los últimos años debido al auge de las redes sociales y otras formas de consumo de contenido en línea. Sin embargo, sigue siendo una herramienta útil para aquellos que desean ofrecer actualizaciones de contenido de manera estructurada y para aquellos que prefieren consumir contenido de forma más organizada y sin distracciones.

2.13.1 Ejemplo de Feed RSS

```xml
<?xml version="1.0" encoding="UTF-8" ?>
<rss version="2.0" xmlns:atom="http://www.w3.org/2005/Atom">
    <channel>
        <atom:link href="http://www.ejemplo.com/rss.xml"
                   rel="self" type="application/rss+xml"/>
        <title>Ejemplo de Feed RSS</title>
        <link>https://www.ejemplo.com</link>
        <description>Este es un feed RSS de ejemplo.</description>
        <language>es</language>
        <pubDate>Sun, 11 Feb 2024 08:00:00 GMT</pubDate>

        <item>
            <title>Artículo 1</title>
            <link>https://www.ejemplo.com/articulo1</link>
            <description>
                Este es la primera noticia del feed RSS de ejemplo.
            </description>
            <pubDate>Mon, 12 Feb 2024 08:00:00 GMT</pubDate>
            <guid>https://www.ejemplo.com/articulo1</guid>
        </item>
    <item>
        <title>Artículo 2</title>
        <link>https://www.ejemplo.com/articulo2</link>
        <description>
            Este es la segunda noticia del feed RSS de ejemplo.
        </description>
        <pubDate>Fri, 16 Feb 2024 08:00:00 +0000</pubDate>
        <guid>https://www.ejemplo.com/articulo2</guid>
    </item>

        <!-- ... Esto es un comentario para indicar más items ... -->
    </channel>
</rss>
```

Las fechas indicadas en el campo <pubdate> deben estar bajo el estándar RFC 822. Para convertir una fecha a este estándar, se puede usar la dirección *https://www.unixtimestamp.com/*, la cual permite introducir una fecha y ver su correspondencia bajo este formato estándar. El final del valor permite la sustitución del +0000 por GMT, aunque pueden ir juntos.

2.14 TIEMPOS DE CARGA Y RESPUESTA

Los tiempos de carga y respuesta son aspectos críticos para el rendimiento de un sitio de comercio electrónico. A continuación, se comentan algunos puntos clave a considerar:

- ▶ **Tiempo de carga de la página**: este es el tiempo que tarda una página en cargarse completamente en el navegador del usuario. Los estudios han demostrado que los usuarios tienden a abandonar un sitio si la página tarda más de unos pocos segundos en cargar. Por lo tanto, es fundamental optimizar el tiempo de carga de la página para garantizar una experiencia de usuario exitosa. Algunas técnicas para mejorar el tiempo de carga incluyen la optimización de imágenes, la minimización de archivos CSS y JavaScript, el uso de almacenamiento en caché y la optimización del rendimiento del servidor.

- ▶ **Tiempo de respuesta del servidor**: este es el tiempo que tarda el servidor en procesar una solicitud y enviar una respuesta al navegador del usuario. Un tiempo de respuesta rápido es fundamental para proporcionar una experiencia de usuario receptiva. Para mejorar el tiempo de respuesta del servidor, se pueden implementar medidas como la optimización de consultas de base de datos, el uso de almacenamiento en caché a nivel de servidor, la utilización de servidores de alta capacidad y la distribución geográfica de los servidores para minimizar la latencia.

- ▶ **Tiempo de carga de imágenes y recursos**: las imágenes y otros recursos multimedia pueden tener un gran impacto en el tiempo de carga de una página. Es importante optimizar las imágenes para reducir su tamaño sin comprometer la calidad visual (para este cometido se puede recurrir a convertir la imagen o imágenes en formato WEBP. Además, se pueden utilizar técnicas como la carga diferida y la compresión de recursos para mejorar el tiempo de carga de la página.

  - *https://tinypng.com/* Para optimizar JPG o PNG.

  - *https://convertio.co/es/jpg-webp/* Para transformar de JPG a WEBP.

  - *https://www.vectorizer.io/* Para convertir a vectorial cualquier imagen.

▼ **Tiempo de procesamiento de transacciones**: en un sitio de comercio electrónico, el tiempo que tarda en procesarse una transacción puede influir en la satisfacción del cliente y en las tasas de conversión (ROI). Es fundamental garantizar que el proceso de pago sea rápido y seguro. Esto implica optimizar el rendimiento del servidor, utilizar pasarelas de pago eficientes y proporcionar una interfaz de usuario intuitiva y receptiva (responsiva) durante el proceso de pago.

En resumen, para ofrecer una experiencia de usuario óptima en un comercio electrónico, es fundamental optimizar tanto los tiempos de carga de la página, como los tiempos de respuesta del servidor.

2.15 BENEFICIOS DEL DESARROLLO DE UN BUEN SITIO WEB

Desarrollar un buen sitio web puede proporcionar una serie de beneficios tanto para los propietarios del sitio, como para los usuarios que lo visitan. A continuación, se muestran algunos de ellos:

▼ **Presencia online**: una web bien desarrollada proporciona una presencia sólida para el negocio o proyecto. Esto es fundamental en esta era digital, ya que la mayoría de las personas recurren a Internet para buscar información sobre productos, servicios y empresas antes de tomar decisiones de compra.

▼ **Accesible las 24 horas del día**: a diferencia de una tienda física, un sitio web está disponible las 24 horas del día, los 7 días de la semana, 366 días al año (eso sí, si es bisiesto). Esto significa que tus clientes potenciales pueden acceder a la información sobre tu empresa, productos o servicios en cualquier momento que les resulte conveniente, lo que puede aumentar las oportunidades de ventas y conversiones.

▼ **Alcance global**: un sitio web bien diseñado puede llegar a una audiencia global, lo que te permite expandir el alcance más allá de las fronteras físicas. Esto es especialmente beneficioso si se tiene la intención de vender productos o servicios a nivel internacional.

▼ **Marketing digital**: un sitio web es una herramienta fundamental en la estrategia de marketing digital. Se puede utilizar el sitio web para promocionar la marca, los productos o servicios a través de contenido relevante, realizar campañas por correo electrónico, publicidad online y ejecutar estrategias de Posicionamiento SEO (optimización de motores de búsqueda).

▶ **Credibilidad y profesionalismo**: un sitio web bien diseñado y funcional transmite una imagen profesional y de confianza. Los usuarios tienden a confiar más en las empresas que tienen una presencia online sólida y bien establecida.

▶ **Interacción con el cliente**: un sitio web permite interactuar y comprometerse con los clientes de diversas formas. Por ejemplo, a través de formularios de contacto, comentarios en blogs, chats en vivo y redes sociales integradas. Esto puede mejorar la satisfacción de los clientes y fortalecer las relaciones con ellos.

▶ **Recopilación de datos y análisis**: mediante el uso de herramientas de análisis web como Google Analytics y Google Tags, se puede recopilar datos valiosos sobre el comportamiento de los usuarios en un sitio web, como el tráfico, las páginas más visitadas, el tiempo de permanencia, etc. Estos datos nos permitirán tomar decisiones informadas para mejorar la experiencia del usuario y optimizar el sitio web para alcanzar los objetivos comerciales preestablecidos.

En resumen, un buen sitio web puede ser una herramienta poderosa para promover nuestro negocio y nos permite aumentar la visibilidad online, interactuar con los clientes y mejorar la credibilidad de tu marca. Es una inversión que puede ofrecer numerosos beneficios a corto, medio y largo plazo.

3

WWW: PROTOCOLOS Y LENGUAJES

3.1 WORLD WIDE WEB

La World Wide Web (WWW), comúnmente conocida como la Web, es un sistema de información online que permite acceder y compartir documentos y recursos (multimedia o no) a través de Internet. Fue desarrollada por Tim Berners-Lee en 1989 y se convirtió en una parte fundamental de Internet.

La Web se basa en una arquitectura cliente-servidor, donde los usuarios acceden a los documentos y recursos mediante un navegador web (cliente), que solicita y recibe información de servidores web ubicados en diversas partes del mundo. Los documentos en Internet están vinculados entre sí mediante enlaces hipertextuales, lo que permite a los usuarios navegar de un documento a otro haciendo clic en determinadas partes del documento.

Los componentes básicos de la World Wide Web incluyen:

- **Documentos web**: son archivos electrónicos que contienen contenidos de cualquier tipo, ya sea texto, imágenes, vídeos, audio, etc. Los documentos web suelen estar escritos en lenguajes de marcado como HTML (Hypertext Markup Language).

- **Servidores web**: son computadoras que almacenan y distribuyen documentos web a los usuarios que los solicitan a través de Internet. Los servidores web utilizan protocolos como HTTPS (Secure Hypertext Transfer Protocol) para transferir los documentos a los navegadores de los usuarios.

▶ **Cliente Web**: es un programa de software, habitualmente un **navegador web**, usado por los usuarios para acceder y visualizar contenido online que está en Internet. En otras palabras, son aplicaciones de software que permiten a los usuarios acceder y visualizar los documentos web. Los navegadores interpretan el código HTML, CSS y JavaScript y muestran el contenido formateado en la pantalla del usuario.

▶ **Enlaces hipertextuales**: son elementos que permiten a los usuarios navegar o interactuar entre documentos haciendo clic en una palabra, texto, imagen o cualquier otro elemento dentro de una página web. Los enlaces hipertextuales son la base de la navegación en cualquier tipo de red, incluida Internet.

La World Wide Web ha transformado la forma en que accedemos a la información, nos comunicamos, compartimos conocimientos, realizamos negocios y entretenemos. Ha democratizado el acceso a la información y ha creado nuevas oportunidades en campos como la educación, el comercio electrónico, la comunicación y el entretenimiento. Además, utiliza e incorpora nuevas tecnologías y estándares, como HTML5, CSS3, JavaScript, APIs, etc.

3.2 CONCEPTOS BÁSICOS

3.2.1 Qué es un protocolo

Un protocolo podría definirse como un conjunto de reglas y estándares que establecen o concretan como se comunican los dispositivos y sistemas entre sí dentro de una red. En el contexto de la Web, los protocolos establecen como se transmiten y reciben los datos entre los servidores y clientes web. Algunos ejemplos comunes de protocolos web son TCP/IP, HTTPS, MIME, SMTP o FTP, los cuales se verá más adelante.

3.2.2 Definición de lenguaje en el contexto web

Los lenguajes dentro del contexto web pueden ser de programación y/o de marcado. Se utilizan para crear, estructurar, jerarquizar y dar formato a los contenidos web, lo que facilita a los desarrolladores web escribir código que los navegadores pueden interpretar y mostrar a los usuarios. Algunos ejemplos comunes de lenguajes web son HTML, CSS, PHP, JavaScript, Python, etc.

3.2.3 Como funciona la web

De forma básica, cuando un usuario se conecta a Internet con un dispositivo cualquiera, se le asigna un identificador único mediante los protocolos TCP/IP (Protocolo de Control de Transmisión / Protocolo de Internet). El protocolo TCP proporciona el medio para crear las conexiones y el protocolo IP proporciona el mejor "camino" para alcanzar el destino.

Este identificador único, más conocido como dirección IP, suele estar compuesto por cuatro códigos de 8 bits (es decir, de cuatro valores comprendidos entre 0 y 255) y vinculado a un nombre, también único, el cual utilizamos para acceder a un sitio web (véase, por ejemplo, https://google.es).

¿Qué es lo que sucede entre medias? Como hemos dicho, Internet se mueve a través de direcciones IP, por lo que, para conseguir la dirección IP asignada a ese nombre que hemos introducido en el cliente web o navegador, primero se debe acceder a un sistema intermedio que almacena dicha relación. Ese sistema intermedio se conoce como DNS (Sistema de Nombres de Dominio) y, fundamentalmente, lo que hace es recopilar un catálogo o un listado de correspondencias de nombres e IPs y devolver un valor concreto como, por ejemplo, 216.58.211.35.

Una vez que se tiene el objetivo al que dirigirse, el cliente web o navegador, abrirá una instancia de comunicación con el Servidor mediante el protocolo HTTP (Protocolo de Transferencia de Hipertexto).

Este protocolo (el protocolo HTTP) es quien dicta las normas para que el Cliente web se comunique con el Servidor Web asignado a la IP anteriormente adquirida y es, además, quien define la sintaxis y semántica que se debe utilizar en cada conexión.

No obstante, si accedemos a la consola del navegador (pulsando F12) y recuperamos la información de la pestaña NETWORK, al recargar la página veremos que la mayoría de estas conexiones entre el Cliente y el Servidor se realizan a través de HTTPS, o lo que es lo mismo, la versión segura del protocolo HTTP.

En este tipo de comunicación (HTTPS), el servidor establece un cifrado basado en la seguridad de textos mediante los protocolos criptográficos SSL/TLS, los cuales, permiten crear una capa codificada intermedia entre los protocolos HTTP y TCP/IP por el que envía el código HTML que el navegador muestra al usuario.

A continuación, se muestra un gráfico que representa todo el proceso:

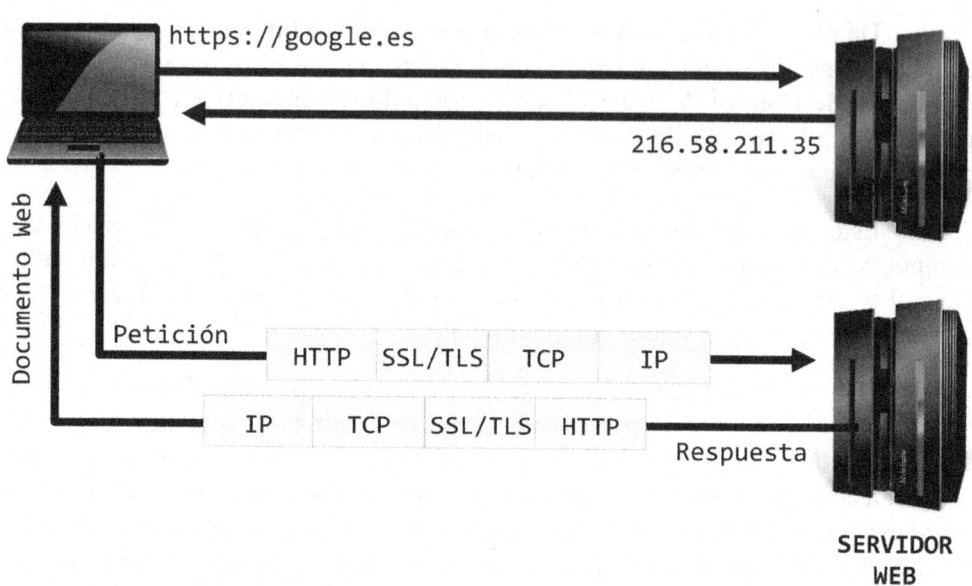

3.2.4 Tipos de redes de ordenadores

Cuando se habla en contextos de tipos de redes de computadoras, podemos realizar varias configuraciones, no obstante, los más comunes son:

3.2.4.1 LAN (LOCAL AREA NETWORK - RED DE ÁREA LOCAL)

Una LAN es una red de computadoras que cubre un área geográfica relativamente pequeña, como un edificio, una oficina, una escuela o una casa. Las LANs suelen estar limitadas a un área geográfica específica y se utilizan para conectar dispositivos dentro de esa área. Las tecnologías comunes utilizadas en las LANs incluyen Ethernet, Wi-Fi y tecnologías de conmutación de paquetes.

3.2.4.2 WAN (WIDE AREA NETWORK - RED DE ÁREA AMPLIA)

Una WAN es una red de computadoras que cubre un área geográfica extensa, como un país, un continente o incluso a nivel global. También podríamos decir que una WAN es una red formada por diferentes redes locales LAN.

Las WANs suelen utilizar tecnologías de transmisión de datos como líneas dedicadas, fibra óptica, satélites y redes de conmutación de paquetes para conectar dispositivos en diferentes ubicaciones geográficas. Internet es el ejemplo más grande y conocido de una WAN.

De hecho, si lo comprobamos, veremos que nuestros routers tienen un puerto denominado WAN. Este puerto, es por el cual el router obtiene los servicios de la operadora de Internet que tengamos y, es de aquí, de donde "se extraerá" la velocidad que tengamos (100MB, 600MB, 1GB, etcétera).

3.2.4.3 WLAN (WIRELESS LOCAL AREA NETWORK - RED DE ÁREA LOCAL INALÁMBRICA)

Una WLAN es una red de computadoras que utiliza tecnología inalámbrica, como Wi-Fi, para conectar dispositivos dentro de un área local. Las WLANs son similares a las LANs, pero en lugar de utilizar cables físicos para la conexión, utilizan señales de radio para la comunicación inalámbrica entre dispositivos. Las WLANs son comunes en entornos domésticos, empresariales y públicos, como cafeterías, aeropuertos y hoteles.

Las redes WLAN permiten, por tanto, conectar dos o más dispositivos y tienen la peculiaridad de emitir en diferentes frecuencias, dependiendo del hardware físico. Pueden ser compatibles y funcionar tanto en la banda de 2,4 GHz, como en la de 5 GHz. Depende del equipo podrá funcionar en una única banda, en doble banda o incluso en tres bandas simultáneas.

3.2.4.4 MAN (METROPOLITAN AREA NETWORK - RED DE ÁREA METROPOLITANA)

Una MAN es una red de computadoras que abarca un área geográfica más grande que una LAN, pero más pequeña que una WAN, generalmente cubriendo una ciudad o una región metropolitana. Las MANs suelen ser gestionadas por una sola organización o proveedor de servicios y se utilizan para proporcionar servicios de red a una comunidad o área urbana específica.

Además, pueden ser tanto inalámbricas como por cable. En el caso de utilizar la opción inalámbrica se suelen denominar WMAN.

3.3 URL

Una URL (Uniform Resource Locator) es una cadena de caracteres que se utiliza para identificar y localizar recursos dentro de la World Wide Web (WWW) y otros sistemas de información online como pueda ser una red LAN. Básicamente, una URL especifica la dirección de un recurso en Internet, como una página web, un archivo, una imagen, un vídeo, etc.

Una URL consta de varios componentes:

▼ **Protocolo**: especifica el protocolo de comunicación utilizado para acceder al recurso, que normalmente será HTTPS o FTP. Detrás del protocolo, irá, a continuación, el símbolo de dos puntos y una doble barra inclinada como el símbolo de dividir. Por ejemplo: *"https://"*.

▼ **Dominio**: seguidamente, después del protocolo y los símbolos mencionados, se especifica el nombre del servidor o el nombre de dominio donde se encuentra alojado el recurso. Siguiendo con el ejemplo anterior, *"https://www.ejemplo.com"*.

▼ **Ruta**: especifica la ubicación y el nombre del recurso dentro del servidor. Siguiendo con el ejemplo anterior, la URL podría ser *"https://www.ejemplo.com/index.html"*.

▼ **Parámetros**: opcionalmente, las URLs pueden incluir parámetros que proporcionan información adicional de muy diversa índole que pueden ser para filtrar, consultar, guardar, modificar, eliminar, entre otros usos. Cabe destacar que los parámetros se definirán o declararán a partir del símbolo de interrogación de cerrado "?" y, a partir del segundo parámetro, se definirán o declararán a través del símbolo de ampersand "&". Siguiendo el ejemplo anterior, una posible URL podría ser *"https://www.ejemplo.com/consultar?q=camisas*&color=rojo".

▼ **Fragmentos o hashes**: también, opcionalmente, una URL puede incluir un único fragmento o hash que, habitualmente, especifica una sección concreta o determinada del recurso al que se está accediendo a través del símbolo de almohadilla "#". Siguiendo el ejemplo anterior sin parámetros, una posible URL o dirección web podría ser *"https://www.ejemplo.com/index.html#banner"*, donde "#banner" es el fragmento que indica la sección de la página.

En resumen, una URL es una dirección web única que se utiliza para acceder a recursos en Internet. Proporciona una forma estandarizada de identificar y localizar información online, y es fundamental para la navegación web y la comunicación en la World Wide Web.

3.4 CLIENTE-SERVIDOR

La arquitectura cliente-servidor es un modelo de diseño de sistemas distribuidos en el cual las responsabilidades y funciones se dividen entre dos tipos de entidades: los clientes y los servidores. Se utiliza ampliamente en una gran variedad de aplicaciones web, servicios en la nube, sistemas de bases de datos distribuidas, juegos en línea y otros servicios que van desde redes locales LAN, hasta redes no locales WAN, MAN o WLAN.

A continuación, se expone de forma detallada cada componente de la estructura cliente-servidor:

3.4.1 Servidor

El servidor podríamos decir que es la infraestructura física, que puede ser un ordenador o un conjunto de ordenadores, y está diseñada para alojar y ejecutar aplicaciones y servicios. Dentro de esta maquinaria física, normalmente, encontramos un software específico que incluye desde el sistema operativo (Linux, Unix, Windows, etcétera), hasta las aplicaciones de servidor necesarias como puedan ser servidores web o de aplicaciones, servidores de bases de datos, servidores de archivos, servidores de correo electrónico, etc.

La gestión de recursos incluye desde el almacenamiento de datos, hasta el procesamiento de solicitudes, la gestión de usuarios y sesiones, la autenticación y autorización, etc. No obstante, deben ser capaces de manejar múltiples solicitudes de clientes simultáneamente (concurrencia) y adaptarse a un aumento en la carga de trabajo (escalabilidad) mediante la asignación eficiente de recursos y la implementación de estrategias de balanceo de carga, clustering, etc.

En lo referente a las solicitudes, debemos destacar:

- **Escucha de peticiones**: el servidor está constantemente escuchando las peticiones de los clientes a través de los protocolos de comunicación establecidos, como HTTPS, FTP, TCP/IP, etc.

- **Procesamiento de peticiones**: una vez recibida una petición de un cliente, el servidor la procesa, realizando las operaciones necesarias para satisfacerla. Esto puede incluir la recuperación de datos, el procesamiento de lógica de negocio, la generación de contenido dinámico, etc.

- **Envío de respuestas**: después de procesar la petición, el servidor envía una respuesta al cliente, que puede incluir datos solicitados, mensajes de estado, errores, etc.

3.4.2 Cliente

Si bien, el servidor podríamos decir que es la infraestructura física, que puede ser una computadora o un conjunto de computadoras, y está diseñada para alojar y ejecutar aplicaciones y servicios, el cliente es, o suele ser, una interfaz que permite a los usuarios interactuar con dicho sistema o servidor. Esta interfaz puede ser una aplicación de escritorio, una aplicación móvil, un navegador web, una herramienta de asistencia, etc.

Dentro de esta parte de la arquitectura Cliente-Servidor y en lo referente al Cliente, debemos destacar:

- **Solicitud de servicios**: el cliente envía solicitudes al servidor para acceder a recursos o servicios específicos. Esto se realiza a través de protocolos de comunicación, como HTTPS, FTP, SMTP, etc.

- **Recepción de respuestas**: después de enviar una solicitud al servidor, el cliente espera y recibe una respuesta del servidor. Esta respuesta puede incluir datos solicitados, mensajes de estado, errores, etc.

- **Presentación de datos**: una vez recibida la respuesta del servidor, el cliente presenta los datos al usuario de manera adecuada, utilizando la interfaz de usuario correspondiente (por ejemplo, renderizando una página web, mostrando información en una aplicación, etc.).

- **Interacción continua**: el cliente puede seguir interactuando con el servidor enviando más solicitudes para realizar acciones adicionales como actualizar datos, eliminarlos, consultarlos, etc.

- **Gestión de sesiones y estado**: en algunos casos, el cliente puede mantener un estado o sesión con el servidor, lo que implica mantener cierta información sobre la interacción actual y compartirla entre diferentes solicitudes. Esto puede incluir autenticación, cookies, tokens de sesión, etc.

3.4.3 Comunicación

Y, como no, luego tenemos la comunicación. Aquí, lo más importante a destacar es:

- **Protocolos de comunicación**: la comunicación entre clientes y servidores se realiza a través de protocolos de comunicación estandarizados, como

HTTPS, FTP, TCP/IP, etc. Estos protocolos definen las reglas y formatos para el intercambio de datos entre los clientes y los servidores.

▶ **Capa de red**: la comunicación se realiza a través de la red, que puede ser una red local LAN u otro tipo de redes como WAN o WLAN, entre otras. La información se transmite entre los clientes y los servidores utilizando tecnologías de red, como cables, routers, switches, etc.

▶ **Seguridad**: se pueden implementar medidas de seguridad, como cifrado de datos, autenticación, autorización, cortafuegos, etc., para proteger la comunicación entre clientes y servidores y garantizar la integridad y la confidencialidad de los datos transmitidos.

3.5 LOS PROTOCOLOS Y SU FUNCIÓN

Como se comentó anteriormente, los protocolos son conjuntos de reglas y estándares que definen como se comunican los dispositivos y sistemas entre sí dentro de una red. En el contexto de la web, los protocolos establecen como se transmiten y reciben los datos entre los servidores y los clientes (habitualmente los navegadores web como Chrome o Firefox). Algunos ejemplos comunes de protocolos web son HTTPS, SMTP, FTP y MIME:

3.5.1 HTTP (Hypertext Transfer Protocol)

Era el protocolo principal utilizado para transmitir datos en la World Wide Web y definía como se solicitaban y respondían los recursos web, como páginas HTML, imágenes y archivos multimedia.

3.5.2 HTTPS (Hypertext Transfer Protocol Secure)

Es el protocolo que se usa actualmente y resulta ser una variante segura del protocolo HTTP utilizado en la WWW hasta no hace tanto. Utiliza cifrado SSL/TLS para garantizar la seguridad y la privacidad de la comunicación entre el cliente y el servidor web. Al usar HTTPS, la información transmitida entre el cliente (navegador web) y el servidor (sitio web) está cifrada, lo que ayuda a prevenir la interceptación y manipulación de datos por parte de usuarios malintencionados.

3.5.3 FTP (File Transfer Protocol)

Es un protocolo utilizado para transferir archivos entre un cliente y un servidor en una red y se utiliza comúnmente para la carga y descarga de archivos en servidores web a través de herramientas como Filezilla, WinSCP o incluso herramientas online que suele proveer el servicio de alojamiento.

3.5.4 SMTP (Simple Mail Transfer Protocol)

Es un protocolo utilizado para el envío de correo electrónico entre servidores de correo electrónico y define como se entregan y retransmiten los mensajes de correo electrónico en la red.

3.5.5 MIME (Multipurpose Internet Mail Extensions)

Es un estándar de Internet que extiende el formato de correo electrónico para permitir la transmisión de contenido multimedia, como imágenes, audio, vídeo y otros tipos de datos binarios, además de texto sin formato. MIME define tipos de contenido y subtipos que se utilizan para etiquetar y describir el tipo de datos contenidos en un mensaje o archivo.

3.5.6 Relación entre HTTPS y MIME

Es frecuente encontrar una relación entre ambos protocolos porque es inevitable desvincular la seguridad con la transmisión de datos en la red. Cuando se utiliza HTTPS para comunicarse entre un cliente (habitualmente un navegador web) y un servidor (en este contexto un sitio web), la información se transmite de manera segura a través de la red. MIME, por otro lado, permite identificar y etiquetar los tipos de contenido transmitidos, lo que ayuda a los clientes a interpretar y mostrar correctamente los datos recibidos.

En el contexto de HTTPS, MIME se utiliza para especificar el tipo de contenido de los recursos transmitidos a través de la conexión segura. Por ejemplo, cuando un servidor web envía una respuesta a una solicitud HTTPS, puede incluir una cabecera MIME **Content-Type** que indica el tipo de contenido de la respuesta (por ejemplo, **text/html** para páginas HTML, **image/jpeg** para imágenes JPEG, **image/svg+xml** para imágenes vectoriales SVG, **application/json** para datos JSON, etcétera). Esta información permitirá al navegador web interpretar correctamente los datos recibidos y mostrarlos al usuario de la manera más adecuada.

Otras cabeceras que se pueden incluir son, por ejemplo:

3.5.6.1 CACHE-CONTROL

Cache-Control es una directiva de cabecera HTTP que especifica como se deben almacenar en caché las respuestas de un servidor y como se deben manejar las cachés intermedias entre el servidor y el cliente. Esta cabecera puede controlar aspectos como la duración de la caché, la revalidación, la privacidad y más. Algunos valores comunes para la cabecera Cache-Control incluyen **no-cache**, que indica que la respuesta no debe ser almacenada en caché sin revalidación, y **max-age**, que especifica la duración máxima en segundos durante la cual la respuesta puede ser considerada fresca y servida desde la caché sin revalidación. El uso adecuado de la cabecera Cache-Control puede mejorar significativamente el rendimiento y la eficiencia de un sitio web al reducir la carga en el servidor y acelerar la entrega de contenido al cliente.

Ejemplo:

```
Cache-Control: public, max-age=7776000, immutable.
```

3.5.6.2 CONNECTION

Connection es una cabecera HTTP que se utiliza para especificar las opciones de conexión entre el cliente y el servidor. Puede tener varios valores, pero uno de los más comunes es "**keep-alive**", que indica que la conexión TCP debe mantenerse abierta para futuras solicitudes y respuestas. Otro valor común es "**close**", que indica que la conexión debe cerrarse después de completar la transacción actual.

Ejemplo:

```
Connection: keep-alive
```

3.5.6.3 CONTENT-DISPOSITION

Content-Disposition es una cabecera HTTP que se utiliza para especificar si el contenido debe ser mostrado en la ventana actual y renderizarlo en el navegador web o si debe ser descargado como un archivo adjunto. Esta cabecera es especialmente útil cuando se envían respuestas HTTP que contienen archivos descargables, como archivos PDF, imágenes, documentos de texto, etc.

Sus dos valores principales son:

- **inline**: indica que el contenido debe ser mostrado en línea en el navegador web. Esto significa que el navegador intentará abrir y mostrar el contenido dentro de la ventana del navegador si es posible.

- **attachment**: indica que el contenido debe ser tratado como un archivo adjunto y descargado por el navegador en lugar de mostrarse en línea. Cuando se especifica este valor, el navegador generalmente mostrará un diálogo de descarga para que el usuario pueda guardar el archivo en su sistema local. Además de especificar el tipo de presentación del contenido, también puede incluir un nombre de archivo opcional para el archivo adjunto. Por ejemplo:

Ejemplos:

```
Content-Disposition: inline; filename="requirejs.php"
Content-Disposition: attachment; filename="ejemplo.pdf"
```

3.5.6.4 CONTENT-ENCODING

Content-Encoding es una cabecera HTTP que se utiliza para indicar como se ha codificado el contenido de una respuesta HTTP. Esta cabecera es útil cuando se desea comprimir el contenido de una respuesta para reducir el tamaño de la transferencia de datos y mejorar el rendimiento de la aplicación web.

Puede tener varios valores, que indican el método de codificación utilizado para comprimir el contenido, los cuales, se pasan a comentar a continuación:

- **gzip**: indica que el contenido ha sido comprimido utilizando el algoritmo de compresión **gzip**. Esta es una de las formas más comunes de comprimir contenido en la web.

- **deflate**: indica que el contenido ha sido comprimido utilizando el algoritmo de compresión **deflate**. Aunque menos común que gzip, deflate también es compatible con muchos navegadores web.

- **br**: indica que el contenido ha sido comprimido utilizando el algoritmo de compresión **Brotli** que resulta ser una alternativa moderna y más eficiente en términos de compresión que gzip y deflate, pero no es ampliamente compatible con los navegadores y clientes web.

- **identity**: indica que el contenido no ha sido comprimido y está en su forma original.

Ejemplo:

```
Content-Encoding: gzip
```

3.6 LENGUAJES DE MARCAS

Como también se comentó anteriormente, los lenguajes de marcado se utilizan para crear y dar formato a los contenidos web. Estos lenguajes permiten a los desarrolladores escribir código que los navegadores pueden interpretar y mostrar a los usuarios.

Los lenguajes de marcas más conocidos o frecuentes son:

3.6.1 HTML (Hypertext Markup Language)

Es el lenguaje de marcado estándar utilizado para crear y estructurar el contenido de las páginas web. Define la estructura básica de una página web, incluidos los elementos como encabezados, párrafos, enlaces, imágenes, formularios, secciones, artículos, botones, acciones, etc.

Un ejemplo de código HTML podría ser:

```
<!DOCTYPE html>
<html lang="es">
<head>
    <meta charset="UTF-8">
    <meta name="viewport" content="width=device-width, initial-sca-
le=1.0">
    <title>Ejemplo de HTML5</title>
</head>
<body>
    <header>
        <h1>Bienvenido a mi sitio web</h1>
        <nav>
            <ul>
                <li><a href="#">Inicio</a></li>
                <li><a href="#">Acerca de</a></li>
                <li><a href="#">Contacto</a></li>
            </ul>
        </nav>
```

```
    </header>

    <main>
        <section>
            <h2>Sobre nosotros</h2>
            <p>Somos una empresa dedicada a ...</p>
        </section>


        <section>
            <h2>Nuestros servicios</h2>
            <ul>
                <li>Servicio 1</li>
                <li>Servicio 2</li>
                <li>Servicio 3</li>
            </ul>
        </section>
    </main>

    <footer>
        <p>Copyright &copy; 2024 Ejemplo-COM</p>
    </footer>
</body>
</html>
```

Este documento incluye las características clave de HTML5, como el uso de la etiqueta <!DOCTYPE html>, el uso de elementos semánticos como <header>, <nav>, <main>, <section>, <footer>, y el uso de las etiquetas <meta> para el juego de caracteres y la configuración de la vista. Además, este ejemplo utiliza una estructura básica de encabezado, navegación, contenido y pie de página.

3.6.2 XML (eXtensible Markup Language)

Es un lenguaje de marcado que se utiliza para almacenar y transportar datos de manera estructurada. A diferencia de HTML, XML no tiene un conjunto predefinido de etiquetas, lo que permite a los usuarios definir sus propias etiquetas y estructuras de datos.

Un ejemplo de código XML podría ser:

```xml
<?xml version="1.0" encoding="UTF-8"?>
<library>
    <book>
        <title>El Señor de los Anillos</title>
        <author>J.R.R. Tolkien</author>
        <genre>Fantasía</genre>
        <year>1954</year>
    </book>
    <book>
        <title>1984</title>
        <author>George Orwell</author>
        <genre>Distopía</genre>
        <year>1949</year>
    </book>
    <book>
        <title>Cien años de soledad</title>
        <author>Gabriel García Márquez</author>
        <genre>Realismo mágico</genre>
        <year>1967</year>
    </book>
</library>
```

Este documento XML describe una biblioteca que contiene tres libros. Cada libro está representado por un elemento <book>, que a su vez contiene elementos secundarios como <title>, <author>, <genre> y <year> para describir diferentes aspectos del libro. Cada elemento representa un dato específico del libro, como el título, el autor, el género literario y el año de publicación.

3.6.3 CSS (Cascading Style Sheets)

Es un lenguaje de marcado declarativo utilizado para aplicar estilos y formatos a los elementos HTML y XML de una página web. El objetivo de CSS es definir como se presenta visualmente el contenido a través de reglas e incluye tanto los colores, las fuentes, márgenes y bordes, entre otras cosas.

Un ejemplo de código CSS podría ser:

```css
/* Estilos para el cuerpo del documento */
body {
    font-family: arial, sans-serif;
    background-color: #f0f0f0;
    color: #333;
    margin: 0;
    padding: 0;
}

/* Estilos para el encabezado */
header {
    background-color: #007bff;
    color: #fff;
    padding: 20px;
    text-align: center;
}

/* Estilos para los enlaces de navegación */
nav a {
    color: #fff;
    text-decoration: none;
    padding: 10px;
}

/* Estilos para los enlaces de navegación al pasar el mouse sobre ellos */
nav a:hover {
    background-color: #0056b3;
}

/* Fstilos para el contenido principal */
main {
    padding: 20px;
}

/* Estilos para los encabezados */
h1, h2 {
    color: #007bff;
}
```

```css
/* Estilos para las listas */
ul {
    list-style-type: none;
    padding: 0;
}

/* Estilos para los elementos de la lista */
li {
    margin-bottom: 10px;
}

/* Estilos para el pie de página */
footer {
    background-color: #333;
    color: #fff;
    padding: 20px;
    text-align: center;
}
```

Este CSS aplica estilos a un documento HTML, definiendo reglas para el cuerpo del documento, el encabezado, la navegación, el contenido principal, los encabezados, las listas y el pie de página. Los estilos incluyen propiedades como el tipo de fuente, los colores de fondo y texto, los márgenes y el espaciado. Este es solo un ejemplo básico de como se puede usar CSS3 para estilizar una página web. Las posibilidades son prácticamente ilimitadas con CSS3 y se pueden crear diseños muy complejos y visualmente atractivos.

3.6.4 SVG (Scalable Vector Graphics)

Es un formato de imagen basado en XML que se utiliza para representar gráficos vectoriales escalables en la web. SVG permite crear gráficos que se pueden escalar y manipular sin pérdida de calidad.

Un ejemplo sencillo de código SVG podría ser:

```svg
<svg width="200" height="200" xmlns="http://www.w3.org/2000/svg">
  <!-- Círculo -->
  <circle cx="50" cy="50" r="40" fill="red" />

  <!-- Rectángulo -->
  <rect x="100" y="20" width="80" height="60" fill="blue" />
</svg>
```

En este ejemplo, el elemento <svg> define un lienzo SVG con una anchura y altura de 200 píxeles. El elemento <circle> representa un círculo con un centro en las coordenadas (50, 50), un radio de 40 píxeles y un color de relleno rojo. El elemento <rect> representa un rectángulo con una esquina superior izquierda en las coordenadas (100, 20), un ancho de 80 píxeles, una altura de 60 píxeles y un color de relleno azul.

3.6.5 MathML (Mathematical Markup Language)

Es un lenguaje de marcado basado en XML que se utiliza para representar expresiones matemáticas de manera estructurada. MathML permite mostrar ecuaciones matemáticas complejas en páginas web de una manera legible y accesible.

Un ejemplo de código MathML podría ser:

```
<math xmlns="http://www.w3.org/1998/Math/MathML">
  <mrow>
    <msup>
      <mi>x</mi>
      <mn>2</mn>
    </msup>
    <mo>+</mo>
    <mn>5</mn>
    <mo>=</mo>
    <mn>10</mn>
  </mrow>
</math>
```

Este fragmento de código MathML representa la ecuación cuadrática $x^2 + 5 = 10$. A continuación, se muestra una pequeña explicación de cada elemento:

▸ **<math>**: elemento raíz que indica que el contenido es una expresión matemática.

▸ **<mrow>**: representa una fila de elementos matemáticos.

▸ **<msup>**: representa una expresión con un exponente.

▸ **<mi>x</mi>**: representa la variable "x".

▸ **<mn>2</mn>**: representa el exponente "2".

▸ **<mo>+</mo>**: representa el operador de suma.

▸ **<mn>5</mn>**: representa el número "5".

▸ **<mo>=</mo>**: representa el operador de igualdad.

▸ **<mn>10</mn>**: representa el número "10".

Y, si lo pegamos en un documento de Word como este, lo que aparecerá es una expresión como:

$$x^2 + 5 = 10$$

3.6.6 Markdown

Aunque no es un estándar de la web como HTML o XML, Markdown es un lenguaje de marcado ligero que se utiliza comúnmente para escribir contenido en formato de texto plano que luego se convierte a HTML para su visualización en la web. Markdown utiliza una sintaxis sencilla y fácil de recordar para aplicar formato a texto, como encabezados, listas, enlaces y énfasis.

Es el lenguaje de marcado utilizado por Github (una plataforma de desarrollo colaborativo basada en la web que utiliza el sistema de control de versiones Git) y, un ejemplo de código Markdown podría ser:

```
# Título

Este es un ejemplo de texto en **Markdown**. Aquí puedes encontrar di-
ferentes tipos de formato:

## Encabezados

### Encabezado de tercer nivel

#### Encabezado de cuarto nivel

##### Encabezado de quinto nivel

###### Encabezado de sexto nivel

## Estilos de texto

- *Itálica*
- **Negrita**
- ~~Tachado~~
- `Código`
- [Enlace](https://www.ejemplo.com)
```

```
## Listas

### Lista desordenada
- Elemento 1
- Elemento 2
   - Subelemento 2.1
   - Subelemento 2.2

### Lista ordenada
1. Primer elemento
2. Segundo elemento
3. Tercer elemento

## Citas

> Esto es una cita.

## Código

```javascript
function saludar(){
    alert("Hola, mundo!");
}
saludar();
```

<!-- Esto es un comentario que no se muestra en pantalla -->
```

3.7 CGI Y APPETS

Los CGI (Common Gateway Interface) y Applets son dos tecnologías que se utilizaban ampliamente en el desarrollo web hace ya bastantes años, aunque en la actualidad su uso es casi nulo debido a la evolución de otras tecnologías y paradigmas de desarrollo web.

3.7.1 CGI (Common Gateway Interface)

CGI es un estándar que declaraba como los programas externos podían interactuar con un servidor web para generar un contenido dinámico. Los scripts CGI eran programas o subprogramas que se ejecutaban en el servidor en respuesta a una solicitud HTTP. Posteriormente, se generaba un contenido que luego se enviaba al cliente y se mostraba en pantalla.

Un posible ejemplo de CGI podría ser un script en Perl que recibe datos de un formulario HTML, procesa esos datos (por ejemplo, realizando cálculos o consultas a una base de datos), y luego genera una página HTML dinámica como respuesta. A continuación, se muestra un ejemplo básico en Perl:

```perl
#!/usr/bin/perl
use strict;
use warnings;

print "Content-type: text/html\n\n";
print "<html><head><title>Ejemplo CGI</title></head><body>";

# Obtener datos del formulario
my $nombre = $ENV{'QUERY_STRING'};

# Mostrar el nombre en la página
print "<h1>Hola, $nombre</h1>";

print "</body></html>";
```

3.7.2 Applet

Un Applet es o era un pequeño programa o aplicación escrito en Java que se ejecutaba en un entorno de navegador web. Los applets se incrustaban en las páginas HTML y podían proporcionar funcionalidades interactivas y dinámicas en la web.

Aunque los applets ya no se utilizan debido a la gran cantidad de problemas de seguridad y la falta de soporte técnico en muchos navegadores modernos, un posible ejemplo de Applet podría ser el siguiente código de Java que muestra un "Hola Mundo":

```java
import java.applet.Applet;
import java.awt.*;

public class HolaMundoApplet extends Applet {
    public void paint(Graphics g) {
        g.drawString("¡Hola Mundo desde un Applet Java!",
                20, 20);
    }
}
```

3.8 COOKIES

Una cookie es un fragmento o trozo pequeño de información que los sitios web pueden almacenar en el dispositivo del usuario (ordenador, móvil, tablet, etcétera) a través del navegador web. Esta información se utiliza a menudo para realizar un seguimiento de la sesión que está ejecutando en ese momento, llevar un control de todas las sesiones que ha hecho y realizar análisis de su comportamiento y/o actividad, entre otras opciones.

Aunque resultan en muchas ocasiones molestas, las cookies, pueden llegar a ser esenciales en el mundo de la web y el marketing digital ya que permiten a los sitios web recuperar información sobre los usuarios y sus interacciones con el sitio, lo que les permite, en muchos casos y siempre y cuando se realice bien, ofrecer una experiencia personalizada y optimizada.

A continuación, se describen algunos de los usos más comunes:

- **Autenticación y sesiones**: en este caso, se usan para mantener la autenticación del usuario y la información de sesión mientras navegan por el sitio web. Esto permite a los usuarios acceder a áreas restringidas y realizar acciones sin tener que volver a logarse en cada página.

- **Personalización del sitio**: en este caso, se usan para recordar las preferencias del usuario, como el idioma preferido, la configuración de la interfaz, las opciones de visualización u otras preferencias personalizadas. Esto permite a los sitios web adaptarse a las necesidades individuales de cada usuario o individuo y proporcionar una experiencia mejorada y satisfactoria.

- **Seguimiento del comportamiento del usuario**: en este caso, se usan para realizar un seguimiento del comportamiento del usuario dentro del sitio web, como consultar las páginas visitadas, el número de clics realizados y las interacciones que ha hecho con los contenidos y acciones dentro del sitio. Esta información, aunque no siempre, se suele utilizar para realizar análisis del tráfico del sitio, mejorar la usabilidad del sitio y personalizar la publicidad y el contenido para cada usuario.

- **Publicidad dirigida**: en este caso, se usan para recopilar información sobre los intereses y preferencias de los usuarios, lo que permite a los sitios web y a los anunciantes ofrecer publicidad más enfocada y personalizada a cada individuo. Esto incluye mostrar anuncios basados en el historial de navegación del usuario y en sus intereses y comportamientos online.

En lo referente al ciclo de vida de una cookie, se podrían definir los siguientes pasos:

▶ **Establecimiento o creación**: para establecer una cookie en el navegador del usuario, se puede utilizar un lenguaje de programación del lado del cliente como JavaScript o del lado del servidor como PHP o Python. La cookie se define con un nombre, un valor y otras opciones adicionales, como el tiempo de expiración y la ruta del sitio.

▶ **Lectura**: para leer el valor de una cookie existente, se puede recurrir, al igual que antes, a un lenguaje de uno u otro lado. Es decir, se puede leer a través de un código bajo JavaScript, un código bajo PHP, bajo Python, etc. En este supuesto, en general, sólo se requiere conocer el nombre de la cookie para recuperar su valor.

▶ **Actualización o eliminación**: una vez más, las cookies se pueden actualizar o eliminar a través de lenguajes como JavaScript, PHP, Python, etc. En este caso, en general, sólo se requiere conocer el nombre de la cookie para eliminarla, y nombre y valor cuando lo que se desea es actualizarla.

Aunque las cookies se vendan como una poderosa herramienta de marketing y algo esencial para la usabilidad y accesibilidad web, es importante destacar que pueden traer muchos problemas de privacidad y seguridad.

Por ello, es fundamental obtener el consentimiento del usuario antes de establecer cualquier cookie en los dispositivos de los usuarios, y proporcionar opciones para controlar y gestionar las cookies de acuerdo con las regulaciones de privacidad aplicables y actuales. Además, es importante implementar medidas de seguridad adecuadas para proteger la información almacenada y, así, evitar su manipulación, acceso no autorizado o uso malintencionado.

3.8.1 Crear el documento de política de privacidad

Crear un documento de política de privacidad es fundamental para cualquier sitio web o aplicación que recopile información personal de sus usuarios. A continuación, se proporciona una guía básica para crear un documento de "política de privacidad":

▶ **Introducción y propósito**: la política de privacidad debe comenzar con una breve introducción que explique el propósito del documento y como se aplica a los usuarios del sitio web o la aplicación.

▶ **Información recopilada**: a continuación, se debe describir que tipo de información personal se recopila de los usuarios. Esto puede incluir nombres, direcciones de correo electrónico, direcciones IP, información de contacto, datos de ubicación, información de pago, etc.

▶ **Métodos de recopilación**: también es importante explicar como se recopila la información personal de los usuarios. Esto es, formularios de registro, cookies, seguimiento de actividad en el sitio web, interacciones con redes sociales, etc.

▶ **Uso de la información**: como no podía ser de otra manera, también debemos detallar como se utilizará la información personal recopilada. Aquí se puede incluir proporcionar servicios solicitados por el usuario, personalizar la experiencia del usuario, enviar comunicaciones de marketing, mejorar el sitio web o la aplicación, cumplir con obligaciones legales, etc.

▶ **Compartir información con terceros**: si procede, se debe indicar si la información personal se compartirá con terceros y, de ser así, que tipo de información se compartirá y con quién. Aquí se puede incluir proveedores de servicios, socios comerciales, agencias gubernamentales, etc.

▶ **Seguridad de la información**: este es otro de los puntos más importantes ya que describe las medidas de seguridad que están implementadas para proteger la información personal de los usuarios contra el acceso no autorizado, el uso malintencionado / indebido o la divulgación. Aquí, se suele mencionar cosas como el cifrado de datos, accesos restringidos, monitoreo de seguridad, etc.

▶ **Acceso y control de la información**: otra parte importante es explicar como los usuarios pueden acceder a su información personal, corregirla, actualizarla o eliminarla si fuese necesario. También se debe incluir instrucciones sobre como los usuarios pueden optar por no participar en ciertas actividades de recopilación de datos como cookies de seguimiento o comunicaciones de marketing.

▶ **Cambios en la política de privacidad**: normalmente, todas las políticas de privacidad están sujetas a cambios. Por ello, es importante informar a los usuarios que la política de privacidad puede cambiar ocasionalmente y como se les notificarán dichos cambios.

▼ **Información de contacto**: además de todo lo anterior, se debe proporcionar, al menos, una forma de contacto para que los usuarios puedan comunicarse con el sitio web si tienen preguntas o inquietudes sobre la política de privacidad o el manejo de sus datos personales.

▼ **Fecha de entrada en vigencia**: por último, pero no menos importante, también deberemos incluir la fecha en que la política de privacidad entra o entró en vigencia y cualquier fecha de revisión o actualización.

Es importante redactar la política de privacidad de manera clara, concisa y fácil de entender para todos los usuarios. También es recomendable revisar y actualizar periódicamente el documento para garantizar que refleje con precisión las prácticas actuales de privacidad del sitio o aplicación web. Además, puede ser interesante consultar con un profesional legal para asegurarse de que la política de privacidad cumpla con las leyes y regulaciones de privacidad aplicables en cada jurisdicción (por ejemplo, la RGPD).

Si se desea más información sobre como crear un documento de política de cookies, se puede visitar la dirección *https://support.wix.com/es/article/creando-una-pol%C3%ADtica-de-privacidad*.

Además, si se desea información sobre como crear un documento de términos y condiciones, se puede visitar la dirección *https://support.wix.com/es/article/crear-una-pol%C3%ADtica-de-t%C3%A9rminos-y-condiciones*.

3.8.2 Ejemplo de documento de política de cookies

A continuación, se proporciona un ejemplo de como redactar un documento de política de cookies para un sitio web:

Política de Cookies

Última actualización: [Fecha]

Esta política de cookies describe como [nombre del sitio web] utiliza cookies y tecnologías similares para recopilar, almacenar y gestionar información sobre las preferencias y actividades de los usuarios en nuestro sitio web.

¿Qué son las cookies?

Las cookies son pequeños archivos de texto que se almacenan en el navegador web del usuario cuando visita un sitio web. Estas cookies contienen información que se utiliza para reconocer al usuario, recordar sus preferencias y mejorar su experiencia de navegación.

¿Cómo utilizamos las cookies?

En MiEmpresaSLA, utilizamos cookies para diversos fines, que incluyen, entre otros:

- **Cookies esenciales**: estas cookies son necesarias para que el sitio web funcione correctamente. Nos permiten autenticar a los usuarios, mantener su sesión activa y recordar sus preferencias de cookies.

- **Cookies de rendimiento**: utilizamos cookies de rendimiento para recopilar información sobre como los usuarios interactúan con nuestro sitio web. Esto nos ayuda a mejorar el rendimiento y la usabilidad del sitio.

- **Cookies de funcionalidad**: estas cookies se utilizan para recordar las preferencias del usuario, como el idioma preferido o la región, y proporcionar funciones mejoradas y personalizadas.

- **Cookies de publicidad y seguimiento**: utilizamos cookies de terceros para mostrar publicidad personalizada y realizar un seguimiento del comportamiento del usuario en nuestro sitio web y en otros sitios web. Esto nos permite proporcionar anuncios más relevantes y medir la efectividad de nuestras campañas publicitarias.

Control de cookies

Los usuarios tienen la opción de aceptar o rechazar el uso de cookies en nuestro sitio web. Pueden ajustar la configuración de su navegador para bloquear todas las cookies, aceptar solo ciertas cookies o recibir una notificación cuando se envíe una cookie. Sin embargo, tenga en cuenta que algunas partes del sitio web pueden no funcionar correctamente si se desactivan las cookies.

Además, los usuarios pueden retirar su consentimiento para el uso de cookies en cualquier momento eliminando las cookies almacenadas en su navegador o ajustando la configuración de cookies en nuestro sitio web.

Cambios en nuestra política de cookies

Nos reservamos el derecho de actualizar esta política de cookies en cualquier momento. Cualquier cambio en esta política se publicará en esta página y entrará en vigencia inmediatamente después de su publicación.

Contacto

Si tienes alguna pregunta sobre nuestra política de cookies, no dudes en contactarnos a través de info@miempresasla.com o a través del formulario de contacto de nuestro sitio web.

3.9 CONFIGURACIÓN DE LOS PRINCIPALES NAVEGADORES

Configurar los principales navegadores para el comercio electrónico implica garantizar que estén optimizados para una experiencia de usuario segura, rápida y conveniente, en lo que a transacciones en línea se refiere. A continuación, se proporcionan algunas ayudas a la configuración para los navegadores más populares:

3.9.1 Configurar la sincronización

La sincronización en los navegadores permite a los usuarios acceder a sus marcadores, historial de navegación, contraseñas, extensiones y otra información en varios dispositivos al iniciar sesión con su cuenta en el navegador.

3.9.1.1 GOOGLE CHROME

- Abrimos Chrome y hacemos clic en el icono de perfil que está a la izquierda del icono de tres puntos verticales que está titulado en la esquina superior derecha.

- En el desplegable que nos aparece, seleccionamos donde indica algo como "la sincronización está etcétera".

- A continuación, pulsamos en la opción de "Gestionar que sincronizas".

- Y en la pantalla que se nos muestra, seleccionamos los tipos de datos que desean sincronizar, como marcadores, historial, contraseñas, extensiones, etc. También podremos elegir si se desea sincronizar esta información en todos los dispositivos o sólo en algunos de ellos.

- Una vez que se hayan configurado las preferencias deseadas, hacemos clic en "Guardar" y listo.

3.9.1.2 MOZILLA FIREFOX

▸ Abrimos Firefox y hacemos clic en el icono de menú hamburguesa (tres líneas horizontales) situado en la esquina superior derecha.

▸ En el desplegable que aparece, hacemos clic en el nombre de usuario o correo electrónico.

▸ A continuación, hacemos clic en "Ajustes de sincronización".

▸ Tras realizar la acción anterior, se nos mostrará un mensaje que indica "Se están sincronizando estos ítems en todos sus dispositivos conectados:". Justo debajo de este mensaje hacemos clic en el botón que dice "Cambiar".

▸ Y en la pantalla que se nos muestra, seleccionamos los tipos de datos que se desean sincronizar, como marcadores, historial, contraseñas, pestañas abiertas, etc. También se podrá configurar, si se desea, la sincronización de toda la información seleccionada en todos tus dispositivos o sólo en algunos de ellos.

▸ Una vez que se hayan seleccionado las preferencias, haremos clic en "Guardar cambios".

3.9.1.3 APPLE SAFARI

▸ Abrimos Safari y pulsamos en "Safari", situado al lado de la manzanita, localizado en la barra de menú superior.

▸ Seleccionamos "Preferencias" y, posteriormente, vamos a la pestaña "Contraseñas".

▸ Tras introducir la contraseña que se solicita, se podrá activar o desactivar la opción "Sincronizar contraseñas en iCloud" para sincronizar tus contraseñas en todos tus dispositivos Apple.

▸ Para sincronizar otros datos, como marcadores y pestañas abiertas, se debe habilitar la sincronización de iCloud en la configuración del sistema en tu dispositivo Apple.

ⓘ **NOTA**

En este navegador puede que este y otros ajustes deban hacerse a través del sistema operativo o a través de la opción de iCloud.

3.9.1.4 MICROSOFT EDGE

▶ Abrimos Edge y hacemos clic en el icono de perfil con forma de tres puntos seguidos horizontales y situado en la esquina superior derecha.

▶ En el desplegable que aparece, seleccionamos "Configuración" y, posteriormente, se nos mostrará la sección "Perfiles".

▶ Tras realizar la acción anterior, pulsamos en "Sincronizar".

▶ Y en la pantalla que se nos muestra, seleccionamos los tipos de datos que se desean sincronizar, como marcadores, historial, contraseñas, pestañas abiertas, etc. También se puede elegir los tipos de datos que se desean sincronizar y personalizar la sincronización de datos en la página de configuración de sincronización de Edge.

3.9.2 Configurar el aspecto

La configuración del aspecto de los navegadores varía según el navegador específico que se esté usando. Sin embargo, la mayoría de los navegadores modernos ofrecen opciones de personalización que nos permitirán ajustar el aspecto según nuestras preferencias.

3.9.2.1 GOOGLE CHROME

▶ Abrimos Chrome y hacemos clic en el icono de los tres puntos en la esquina superior derecha para abrir el menú.

▶ En el desplegable que nos aparece, pulsamos en "Configuración".

▶ Tras realizar la acción anterior, en la sección "Aspecto", es donde se podrá cambiar el tema del navegador seleccionando por uno de los temas predeterminados o accediendo a la Chrome Web Store para instalar temas adicionales. Además, aquí, también se podrá ajustar el "Modo" (claro u oscuro), la configuración de la barra de herramientas, el tamaño de la fuente y la densidad de la página en esta sección, etc.

3.9.2.2 MOZILLA FIREFOX

▸ Abrimos Firefox y hacemos clic en el icono de menú (tres líneas horizontales) en la esquina superior derecha.

▸ En el desplegable que nos aparece, seleccionamos "Ajustes".

▸ Tras realizar la acción anterior, en la sección de "Idioma y Apariencia", podremos cambiar el "Modo" (claro u oscuro), personalizar la barra de herramientas, cambiar el tema del navegador, ajustar la densidad de la página y los "Temas", entre otras opciones.

3.9.2.3 APPLE SAFARI

▸ Abrimos Safari y pulsamos en "Safari", situado al lado de la manzanita, localizado en la barra de menú superior.

▸ Seleccionamos "Preferencias".

▸ A continuación, pulsamos a la pestaña "Apariencia".

▸ Y en la pantalla que aparece, seleccionamos el estilo de la barra de herramientas, la barra de favoritos y la barra lateral, así como seleccionar el tamaño de fuente predeterminado y el estilo de las páginas web deseados. También se podrá cambiar el tema de Safari seleccionando un tema claro u oscuro en la pestaña "General" de las preferencias.

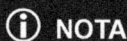
NOTA

En este navegador puede que este y otros ajustes deban hacerse a través del sistema operativo o a través de la opción de iCloud.

3.9.2.4 MICROSOFT EDGE

▸ Abrimos Edge y hacemos clic en el icono de perfil en la esquina superior derecha.

▸ En el desplegable que aparece, seleccionamos "Configuración" y, posteriormente, pulsamos en la sección o pestaña "Apariencia" que está ubicada en la zona izquierda de la pantalla.

▸ Tras realizar la acción anterior, podremos configurar el "Modo" (claro u oscuro), cambiar el tema del navegador seleccionando uno de los temas predeterminados o accediendo a la Microsoft Store para instalar temas adicionales y, también, personalizar la barra de herramientas, la página de inicio, el tamaño de la fuente, el tipo de fuente, etc.

3.9.3 Configurar el idioma

La configuración del idioma en los navegadores puede variar ligeramente dependiendo del navegador específico que se esté utilizando.

3.9.3.1 GOOGLE CHROME

- ▶ Abrimos Chrome y hacemos clic en el icono de los tres puntos en la esquina superior derecha para abrir el menú.

- ▶ En el desplegable que aparece, seleccionamos "Configuración".

- ▶ A continuación, hacemos clic en "Idiomas", ubicado en la parte izquierda de la pantalla que aparece.

- ▶ Y en la pantalla que se nos muestra, podremos agregar o eliminar idiomas según nuestro criterio o preferencias. También podremos hacer clic en el botón de tres puntos junto al nombre de cada idioma para establecerlo como predeterminado, mostrarlo en el menú de Chrome o eliminarlo.

3.9.3.2 MOZILLA FIREFOX

- ▶ Abrimos Firefox y hacemos clic en el icono de menú (tres líneas horizontales), ubicado en la esquina superior derecha.

- ▶ En el desplegable que aparece, seleccionamos "Ajustes".

- ▶ A continuación, dentro de la sección "General" del panel izquierdo, nos desplazamos hacia abajo hasta la sección "Idioma".

- ▶ Tras realizar la acción anterior, hacemos clic en el menú desplegable que nos aparece y seleccionamos el idioma que se desea utilizar. Aquí, también se podrán añadir, eliminar y cambiar el orden de preferencia de los distintos idiomas instalados. Para finalizar la nueva configuración deberemos pulsar en "Aceptar".

- ▶ Además, en la sección de "Idioma", también se podrán establecer otras alternativas de idioma pulsando en la opción de "Establecer Alternativas".

3.9.3.3 APPLE SAFARI

▶ Abrimos Safari y pulsamos en "Safari", situado al lado de la manzanita, localizado en la barra de menú superior.

▶ Seleccionamos "Preferencias".

▶ A continuación, vamos a la pestaña "General".

▶ Tras realizar la acción anterior, junto a la sección de "Idioma", hacemos clic en "Editar" para abrir la ventana de preferencias de idioma.

▶ Y en la pantalla que nos aparece, podremos agregar o quitar idiomas según nuestro criterio o preferencias. También podremos arrastrar los idiomas a la lista para cambiar su orden de preferencia.

▶ Finalmente, hacemos clic en "Aceptar" para guardar los cambios.

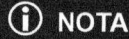

> **ⓘ NOTA**
>
> En este navegador puede que este y otros ajustes deban hacerse a través del sistema operativo o a través de la opción de iCloud.

3.9.3.4 MICROSOFT EDGE

▶ Abrimos Edge y hacemos clic en el icono de perfil en la esquina superior derecha.

▶ En el desplegable que aparece, seleccionamos "Configuración".

▶ A continuación, vamos a la sección "Idiomas", ubicada en el panel de la izquierda.

▶ Y en la pantalla que aparece, podremos agregar o eliminar idiomas según tus preferencias. Haz clic en "Agregar idioma" para seleccionar un nuevo idioma de la lista. También podremos hacer clic en el botón de tres puntos junto a cada idioma para establecerlo como predeterminado, eliminarlo o cambiarlo de orden.

3.9.4 Configurar la seguridad y privacidad

La configuración de seguridad y privacidad en los navegadores es crucial para proteger tus datos personales y garantizar una experiencia de navegación segura.

3.9.4.1 GOOGLE CHROME

▶ Abrimos Chrome y hacemos clic en el icono de los tres puntos en la esquina superior derecha para abrir el menú.

▶ En el desplegable que aparece, seleccionamos "Configuración".

▶ A continuación, pulsamos en la sección "Privacidad y seguridad", ubicada en el panel de la izquierda.

▶ Y en la pantalla que aparece, podremos configurar cosas como borrar los datos de navegación, configurar el bloqueo de cookies de terceros, personalizar la privacidad en la publicidad, controlar la información que puede usar y mostrar los sitios web (como ubicación, cámara, micrófono, ventanas emergentes, etcétera), el bloqueo de contenido no seguro y la protección contra phishing y malware.

3.9.4.2 MOZILLA FIREFOX

▶ Abrimos Firefox y hacemos clic en el icono de menú (tres líneas horizontales), ubicado en la esquina superior derecha.

▶ En el desplegable que aparece, seleccionamos "Ajustes".

▶ A continuación, vamos a la sección "Privacidad y seguridad", ubicada en el panel.

▶ Y en la pantalla que aparece, podremos configurar cosas como borrar los datos de navegación, configurar el bloqueo de cookies de terceros, personalizar la privacidad en la publicidad, controlar la información que pueden usar y mostrar los sitios web (como ubicación, cámara, micrófono, ventanas emergentes, etcétera), el bloqueo de contenido no seguro y la protección contra phishing y malware.

3.9.4.3 APPLE SAFARI

▼ Abrimos Safari y pulsamos en "Safari", situado al lado de la manzanita, localizado en la barra de menú superior.

▼ Seleccionamos "Preferencias".

▼ A continuación, vamos a la pestaña "Privacidad y seguridad".

▼ En la pantalla que aparece, podremos configurar la seguridad y privacidad, como la gestión de cookies, el bloqueo de contenido no seguro y la protección contra rastreo entre sitios.

> **ⓘ NOTA**
>
> En este navegador puede que este y otros ajustes deban hacerse a través del sistema operativo o a través de la opción de iCloud.

3.9.4.4 MICROSOFT EDGE

▼ Abrimos Edge y hacemos clic en el icono de perfil en la esquina superior derecha.

▼ En el desplegable que aparece, seleccionamos "Configuración".

▼ A continuación, vamos a la sección "Privacidad, búsqueda y servicios", ubicada en el panel de la izquierda.

▼ En la pantalla que aparece, podremos configurar cosas como borrar los datos de navegación, configurar el bloqueo de cookies de terceros, personalizar la privacidad en la publicidad, controlar la información que pueden usar y mostrar los sitios web (como ubicación, cámara, micrófono, ventanas emergentes, etcétera), el bloqueo de contenido no seguro y la protección contra phishing y malware función o la seguridad adicional con la opción de Windows Defender SmartScreen.

3.9.5 Configurar las extensiones

La configuración de extensiones en los diferentes navegadores suele ser un proceso sencillo y similar en la mayoría de los casos.

3.9.5.1 GOOGLE CHROME

▶ Abrimos Chrome y hacemos clic en el icono de los tres puntos en la esquina superior derecha para abrir el menú.

▶ En el desplegable que aparece, seleccionamos "Extensiones".

▶ A continuación, hacemos clic en "Gestionar Extensiones".

▶ Y en la pantalla que nos aparece, podremos activar la opción "Modo de desarrollador" en la esquina superior derecha, si aún no está activada para tener acceso a todas las extensiones, sean de uso general o para desarrolladores. También podemos hacer clic en el botón "Cargar descomprimido" si tenemos una extensión descargada en el ordenador, o hacer clic en "Descubre más extensiones y temas en Chrome Web Store" para buscar y añadir extensiones desde la Chrome Web Store.

▶ Una vez que estemos en Chrome Web Store, podremos buscar, seleccionar e instalar la extensión que se desee haciendo clic en el botón "Agregar a Chrome" que aparece cuando entras en ver los detalles de la extensión. A veces, se deben seguir instrucciones adicionales que solicita la extensión para realizar la instalación.

3.9.5.2 MOZILLA FIREFOX

▶ Abrimos Firefox y hacemos clic en el icono de menú (tres líneas horizontales), ubicado en la esquina superior derecha.

▶ En el desplegable que aparece, seleccionamos "Complementos y temas".

▶ A continuación, hacemos clic en la pestaña "Extensiones" en el panel izquierdo.

▶ Tras realizar la acción anterior, podremos añadir, buscar y configurar y eliminar extensiones o complementos accediendo a los distintos botones y cajas de búsqueda.

3.9.5.3 APPLE SAFARI

▶ Abrimos Safari y pulsamos en "Safari", situado al lado de la manzanita, localizado en la barra de menú superior.

▶ Seleccionamos "Preferencias".

▶ A continuación, pulsamos en la pestaña "Extensiones".

▶ En la pantalla que aparece, podremos "Obtener extensiones" para abrir la App Store y buscar extensiones para Safari y, activar, desactivar y eliminar las extensiones que se muestran.

> **ⓘ NOTA**
>
> En este navegador puede que este y otros ajustes deban hacerse a través del sistema operativo o a través de la opción de iCloud.

3.9.5.4 MICROSOFT EDGE

▶ Abrimos Edge y hacemos clic en el icono de perfil en la esquina superior derecha.

▶ En el desplegable que aparece, seleccionamos "Extensiones".

▶ A continuación, en el diálogo emergente que nos aparece, pulsamos en "Administrar extensiones".

▶ Y en la pantalla que aparece, podremos obtener, buscar, eliminar, activar y desactivar extensiones, de forma muy similar a como lo hace Chrome.

3.10 SISTEMAS OPERATIVOS MÓVILES

Aunque en el pasado existían múltiples sistemas operativos móviles como Symbian, Blackberry OS y Windows Phone, ahora, básicamente existen 2: Android y iOS. De hecho, estos sistemas operativos son los principalmente utilizados en smartphones y tabletas.

3.10.1 ¿Qué es Android?

El sistema operativo Android es un sistema operativo móvil desarrollado por Google, basado en el núcleo de Linux y diseñado principalmente para dispositivos móviles como teléfonos inteligentes, tabletas, relojes inteligentes, televisores y sistemas de entretenimiento para automóviles. Android se ha convertido en el sistema operativo móvil más popular del mundo, con una amplia gama de dispositivos y una gran base de usuarios.

Android ofrece una plataforma flexible y personalizable que permite a los fabricantes de dispositivos y desarrolladores de aplicaciones crear una variedad de experiencias para los usuarios. Algunas de las características clave del sistema operativo Android incluyen las llamadas, notificaciones, acceso a la nube, navegadores como Chrome, etc.

3.10.2 ¿Qué es iOS?

iOS es un sistema operativo móvil desarrollado por Apple Inc. y diseñado exclusivamente para sus dispositivos, como el iPhone, el iPad y el iPod Touch. iOS es conocido por su interfaz de usuario intuitiva, su seguridad robusta y su integración con el ecosistema de productos y servicios de Apple.

3.10.3 Diferencias entre Android e iOS

A continuación, se muestran algunas diferencias clave entre Android y iOS:

▶ **Fabricante y disponibilidad**:

- Android es un sistema operativo desarrollado por Google y está disponible en una amplia variedad de dispositivos de diferentes fabricantes como Samsung, Huawei, Xiaomi, Asus, LG, Motorola, Blackberry, etc.

- iOS es un sistema operativo desarrollado por Apple y está exclusivamente disponible en dispositivos fabricados por Apple, como el iPhone, el iPad y el iPod Touch.

▶ **Interfaz de usuario**:

- Android ofrece una interfaz de usuario altamente personalizable con la capacidad de cambiar fondos de pantalla, iconos, widgets y temas. Además, los usuarios pueden acceder al sistema de archivos y personalizar aún más su dispositivo.

- iOS ofrece una interfaz de usuario más uniforme y consistente en todos los dispositivos Apple. Sin embargo, aunque tiene un diseño limpio y minimalista como Android, posee algunas menos opciones de personalización en comparación con Android. Esta característica puede que cambie con el tiempo y se igualen.

▶ **Tienda de aplicaciones**:

- Android cuenta con Google Play Store, que ofrece una amplia selección de aplicaciones, juegos, música, libros y películas, tanto gratuitas como de pago. Los usuarios pueden instalar aplicaciones tanto de la Play Store como de fuentes externas.

- iOS cuenta con la App Store de Apple, que también ofrece una amplia gama de aplicaciones tanto gratuitas como de pago, y contenido multimedia. Sin embargo, Apple tiene políticas más estrictas en cuanto a la distribución de aplicaciones, y los usuarios sólo pueden instalar aplicaciones desde la App Store y con el inconveniente de que, además, la mayoría son de pago.

▶ **Integración con servicios y ecosistema**:

- Android está estrechamente integrado con los servicios de Google, como Gmail, Google Drive, Google Maps y Google Assistant. Los usuarios pueden acceder fácilmente a estos servicios y sincronizar su información en dispositivos Android. También es fácilmente integrable con Amazon y Alexa, además de otros sistemas como WebOS, Tizen y Android TV.

- iOS está estrechamente integrado con los servicios de Apple, como iCloud, iMessage, FaceTime, Apple Music y Siri. Los usuarios pueden disfrutar de una experiencia de usuario cohesiva al utilizar varios dispositivos Apple. Sin embargo, no es compatible con otros sistemas de terceros, lo que lo hace muy poco flexible y compatible. Además, sus actualizaciones no son del todo retrocompatibles.

▶ **Elección y flexibilidad**:

- Android ofrece una mayor flexibilidad y libertad de elección para elegir entre una variedad de dispositivos de diferentes fabricantes con diferentes especificaciones y precios.

- iOS ofrece una experiencia más uniforme y controlada, sin embargo, ofrece menos opciones de elección y una integración más estrecha con el ecosistema de Apple.

3.11 CONFIGURACIONES

3.11.1 Configuraciones más comunes en Android

Las configuraciones más comunes en dispositivos Android varían según la versión del sistema operativo y el fabricante del dispositivo, pero podemos decir que hay algunas configuraciones que se encuentran en la inmensa mayoría de los dispositivos Android:

▶ **Wi-Fi y redes**: configuración y administración de conexiones Wi-Fi, datos móviles (3G, 4G, 5G, etcétera), redes VPN y puntos de acceso.

▶ **Tecnologías de comunicación inalámbrica**: la configuración del bluetooth y NFC para emparejar e intercambiar información entre dispositivos compatibles.

▶ **Sonido y notificaciones**: ajuste del volumen del timbre, notificaciones, alarmas y medios, así como configuración de tonos de llamada y notificaciones.

▶ **Pantalla y brillo**: ajuste del brillo de la pantalla, configuración de la duración de la pantalla, activación del modo oscuro o claro, y configuración de la visualización siempre activa, entre otros.

▶ **Cuentas y sincronización**: gestión de cuentas de usuario, sincronización de datos con cuentas de Google y otros servicios (como Alexa o Google Home), y configuración de seguridad de la cuenta.

▶ **Aplicaciones**: administración de aplicaciones instaladas, incluyendo configuración de permisos, notificaciones, desinstalación y limpieza de datos y caché, etc.

▶ **Seguridad y bloqueo de pantalla**: configuración de métodos de desbloqueo de pantalla, como patrón, PIN, contraseña, huella y/o reconocimiento facial, y la gestión de la seguridad del dispositivo.

▶ **Batería**: supervisión del uso de la batería por aplicaciones, activación del modo de ahorro de batería y ajuste de la configuración de optimización de la batería.

▶ **Almacenamiento**: revisión y gestión del almacenamiento interno y externo, incluyendo la limpieza de archivos innecesarios y la transferencia de datos a la tarjeta SD.

▶ **Privacidad**: control de los permisos de las aplicaciones para acceder a la cámara, micrófono, ubicación, contactos y otros datos personales.

▶ **Accesibilidad**: configuración de opciones de accesibilidad como tamaño del texto, magnificación, texto a voz y asistencia táctil.

▶ **Fecha y hora**: configuración de la fecha, hora y zona horaria del dispositivo.

▶ **Idioma y teclado**: selección del idioma del sistema y del teclado virtual, así como ajustes de autocorrección y sugerencias de texto.

▶ **Copias de seguridad y restablecimiento**: realización de copias de seguridad de datos del dispositivo, restauración de fábrica y restablecimiento de configuraciones.

ⓘ **NOTA**

Estas configuraciones pueden variar ligeramente según la versión de Android.

3.11.2 Configuraciones más comunes en iOS

En los dispositivos iOS, algunas de las configuraciones más comunes son:

▶ **Wi-Fi y redes**: configuración y administración de conexiones Wi-Fi, datos móviles (3G, 4G, 5G, etcétera), redes VPN y puntos de acceso personal.

▶ **Tecnologías de comunicación inalámbrica**: la configuración del bluetooth y NFC para emparejar e intercambiar información entre dispositivos compatibles.

▶ **Sonidos y notificaciones**: configuración de notificaciones para aplicaciones específicas, ajuste de sonidos y volumen para timbres, alertas y sonidos del sistema, y configuración de tonos de llamada y notificaciones.

▶ **Pantalla y brillo**: ajuste del brillo de la pantalla, activación de Night Shift para reducir la fatiga visual por la noche y ajuste de la configuración de Auto-Lock.

▶ **Cuentas y contraseñas**: gestión de cuentas de correo electrónico, contactos, calendarios, contraseñas guardadas y cuentas en servicios en la nube como iCloud. No es compatible con Alexa ni con Google Home ni ningún otro sistema externo a Apple. La autenticación se puede realizar a través de Touch ID o Face ID (métodos de autenticación biométrica), PIN y contraseña.

▶ **Privacidad**: control de los permisos de las aplicaciones para acceder a la cámara, micrófono, ubicación, contactos y otros datos personales.

▶ **Hora y fecha**: ajuste de la fecha y hora, activación del Modo Avión, configuración de accesibilidad, actualización de software y restablecimiento de ajustes.

▶ **Accesibilidad**: configuración de opciones de accesibilidad como tamaño del texto, magnificación, texto a voz y asistencia táctil.

▶ **Batería**: supervisión del uso de la batería por aplicaciones, activación del modo de ahorro de batería y ajuste de la configuración de optimización de la batería.

▶ **Almacenamiento**: revisión y gestión del almacenamiento interno y externo, incluyendo la limpieza de archivos innecesarios y la transferencia de datos a la tarjeta SD.

▶ **Idioma y teclado**: selección del idioma del sistema y del teclado virtual, así como ajustes de autocorrección y sugerencias de texto.

ⓘ **NOTA**

Estas configuraciones pueden variar ligeramente según la versión de iOS.

3.12 SERVICIOS WEB

Un servicio web es una tecnología que permite la comunicación y la interoperabilidad entre diferentes sistemas informáticos a través de la red, generalmente utilizando el protocolo HTTPS. Estos servicios se basan en estándares abiertos y se implementan utilizando lenguajes de programación como XML (Extensible Markup Language) y JSON (JavaScript Object Notation) para intercambiar datos entre diferentes aplicaciones o sistemas heterogéneos.

Por tanto, por decirlo así, un servicio web consiste en un conjunto de funciones o procedimientos que pueden ser gestionados a través de Internet o de una red local. Estos servicios siguen un conjunto de estándares y protocolos definidos, como HTTPS, JSON, XML, SOAP (Simple Object Access Protocol) y REST (Representational State Transfer), que permiten la comunicación entre el cliente y el servidor de manera eficiente y segura.

Los servicios web pueden ofrecer una gran variedad de funcionalidades, que van desde la recuperación de información hasta la realización de operaciones complejas, y son utilizados en una amplia gama de aplicaciones y escenarios, como el comercio electrónico, la integración de sistemas empresariales, la automatización de procesos, y la construcción de aplicaciones distribuidas y servicios en la nube.

3.12.1 SOAP

SOAP (Simple Object Access Protocol) es un protocolo de comunicación estándar basado en XML utilizado para el intercambio de información estructurada en la web y en redes informáticas. Fue desarrollado inicialmente por Microsoft y se utilizaba principalmente en servicios web para la comunicación entre diferentes sistemas y plataformas.

Las características principales de SOAP son:

- **Basado en XML**: SOAP utiliza XML para el intercambio de datos, lo que permite la interoperabilidad entre sistemas heterogéneos.

- **Protocolo independiente**: SOAP es un protocolo independiente de la plataforma y el lenguaje de programación, lo que significa que puede ser utilizado por cualquier aplicación que pueda enviar y recibir mensajes SOAP.

▶ **Mensaje orientado**: SOAP define un formato estándar para los mensajes intercambiados entre los clientes y los servicios web. Estos mensajes consisten en un sobre SOAP que contiene la información de la solicitud o respuesta, así como los encabezados y el cuerpo del mensaje.

▶ **Transporte neutral**: SOAP puede ser utilizado sobre una variedad de protocolos de transporte, como HTTPS, SMTP y TCP/IP, lo que lo hace adecuado para su uso en una amplia gama de escenarios de red.

▶ **Basado en operaciones**: SOAP permite definir operaciones remotas que pueden ser invocadas por los clientes, lo que facilita la implementación de servicios web que realizan operaciones complejas en el servidor.

▶ **Extensibilidad**: SOAP es altamente extensible y permite definir extensiones y características adicionales, como seguridad, transacciones y control de errores, mediante el uso de extensiones de WS-* (Web Services).

Un ejemplo básico de mensaje SOAP :

```
<SOAP :Envelope
    xmlns:SOAP ="http://www.w3.org/2003/05/SOAP -envelope"
    xmlns:wsdl="http://www.example.com/wsdl"
    xmlns:xs="http://www.w3.org/2001/XMLSchema">
<SOAP :Header>
    <wsdl:Credentials>
        <wsdl:Username>usuario</wsdl:Username>
        <wsdl:Password>contraseña</wsdl:Password>
    </wsdl:Credentials>
</SOAP :Header>
<SOAP :Body>
    <wsdl:GetStockPrice>
        <wsdl:StockName>IBM</wsdl:StockName>
        <wsdl:StockModel>300GL</wsdl:StockModel>
        <wsdl:StockPrice>263.00</wsdl:StockPrice>
    </wsdl:GetStockPrice>
</SOAP :Body>
</SOAP :Envelope>
```

En este ejemplo, el mensaje SOAP tiene una estructura XML con un elemento Envelope, que contiene un Header y un Body. En el Header, se incluyen las credenciales del usuario para autenticación, mientras que, en el Body, se especifica la acción que se desea realizar, que en este caso es GetStockPrice para obtener el precio de un producto (en este caso de un ordenador IBM 300GL).

3.12.2 REST y REST Ful

REST (Representational State Transfer) es un estilo arquitectónico para el diseño de sistemas distribuidos, especialmente en el contexto de servicios web, que se basa en principios simples y estándares de la web. REST se centra en la creación de interfaces de programación de aplicaciones API (Application Programming Interface) que son fáciles de usar, escalables y eficientes.

Los principios fundamentales de REST son:

- **Recursos**: los recursos son entidades o conceptos abstraídos que se pueden identificar mediante un URI (Identificador de Recursos Uniforme). En una arquitectura REST, los recursos son manipulados a través de métodos estándar, como GET, POST, PUT y DELETE, que representan operaciones que se suelen denominar CRUD (Crear, Leer, Actualizar, Eliminar).

- **Interfaz Uniforme**: REST utiliza una interfaz uniforme y estándar para interactuar con los recursos a través de la web. Esto significa que las operaciones CRUD se realizan utilizando los métodos HTTPS estándar y que los recursos se identifican de manera única mediante URIs.

- **Representación**: los recursos en un sistema REST se representan mediante representaciones, como JSON o XML, que pueden ser transmitidas entre el cliente y el servidor. Las representaciones contienen toda la información necesaria para manipular o interactuar con el recurso.

- **Sin Estado**: en una arquitectura REST, cada solicitud del cliente al servidor debe contener toda la información necesaria para procesarla, lo que significa que el servidor no debe mantener ningún estado de sesión entre las solicitudes. Esto simplifica la escalabilidad y la tolerancia a fallos en los sistemas distribuidos.

Por su parte, REST ful es un término que se utiliza para describir sistemas que siguen los principios y las mejores prácticas de REST. Un servicio web REST ful es aquel que expone sus recursos como URIs y utiliza los métodos HTTP estándar para manipularlos. Los servicios web REST ful son fáciles de entender, escalables, interoperables y eficientes, lo que los hace una opción popular para el diseño de sistemas distribuidos en la web y otras redes.

```
{
    "Envelope": {
        "Header": {
            "Credentials": {
                "Username": "usuario",
                "Password": "contraseña"
            }
        },
        "Body": {
            "GetStockPrice": {
                "StockName": "IBM",
                "StockModel": "300GL",
                "StockPrice": 263.00
            }
        }
    }
}
```

3.13 CONEXIONES SEGURAS

En el comercio electrónico, las conexiones seguras, son fundamentales para garantizar la privacidad y la seguridad de la información sensible de los usuarios durante las transacciones en línea. A continuación, se muestran algunas de las consideraciones más importantes sobre conexiones seguras dentro del contexto de los comercios electrónicos.

El cifrado SSL/TLS, también conocido como Secure Sockets Layer (SSL) y Transport Layer Security (TLS), es un protocolo de seguridad utilizado para proteger la comunicación en línea y garantizar la privacidad y la integridad de los datos transmitidos a través de Internet. SSL y TLS son términos intercambiables y se utilizan para describir las diferentes versiones del protocolo.

3.13.1 Cifrados SSL/TLS

3.13.1.1 FUNCIONAMIENTO DEL CIFRADO SSL/TLS

- **Establecimiento de una conexión segura**: cuando un cliente se conecta a un servidor protegido por SSL/TLS, se inicia un proceso de negociación para establecer una conexión segura. Esto implica intercambiar información de seguridad, como certificados digitales y claves de cifrado (tokens).

- **Autenticación del servidor y, opcionalmente, del cliente**: durante la negociación, el servidor presenta un certificado digital que demuestra su identidad a través de una autoridad de certificación (CA) confiable. Esto ayuda al cliente a verificar la autenticidad del servidor y asegurarse de que está interactuando con el destino esperado. En algunos casos, el cliente también puede autenticarse ante el servidor.

- **Cifrado de la comunicación**: una vez establecida la conexión segura, SSL/TLS recurrirá a algoritmos de cifrado para proteger la confidencialidad de los datos transmitidos entre el cliente y el servidor. Estos algoritmos cifrarán los datos de tal manera que sólo el cliente y el servidor pueden entenderlos, protegiéndolos de posibles interceptaciones maliciosas.

- **Integridad de los datos**: además del cifrado, SSL/TLS utiliza funciones de tipo hash criptográficas para garantizar la integridad de los datos transmitidos. Esto significa que cualquier modificación no autorizada de los datos durante la transmisión se detectará y se evitará.

3.13.1.2 BENEFICIOS DEL CIFRADO SSL/TLS

- **Privacidad de los datos**: protege la confidencialidad de la información transmitida, como contraseñas, datos de tarjetas de crédito y mensajes privados.

- **Integridad de los datos**: asegura que los datos transmitidos no sean modificados ni alterados durante el proceso de transmisión, lo que garantiza que la información llegue intacta al destinatario.

- **Autenticación del servidor**: permite a los clientes verificar la identidad del servidor y asegurarse de que están interactuando con el destino correcto, lo que ayuda a prevenir ataques de suplantación de identidad (phishing) o de Man-In-The-Middle.

▶ **Conformidad con las regulaciones**: el uso de SSL/TLS puede ayudar a las organizaciones a cumplir con las regulaciones de privacidad de datos, como el Reglamento General de Protección de Datos (RGPG) de la Unión Europea.

▶ **Confianza del cliente**: proporciona a los usuarios una capa adicional de seguridad y confianza al realizar transacciones en línea, lo que puede mejorar la reputación de la marca y fomentar la lealtad del cliente.

3.13.2 Como habilitar el cifrado SSL/TLS

Configurar correctamente el cifrado SSL/TLS en un servidor web es fundamental para garantizar una comunicación segura entre el servidor y los clientes. A continuación, se proporciona una guía básica para configurar el cifrado SSL/TLS en los servidores web más comunes, que son Apache y Nginx.

3.13.2.1 CONFIGURACIÓN EN APACHE

▶ **Instalar el módulo SSL**: primero, asegúrate de que el módulo SSL esté instalado y habilitado en Apache. Puedes instalarlo utilizando el siguiente comando:

```
sudo apt-get install apache2 openssl
sudo a2enmod ssl
```

▶ **Generar un certificado SSL/TLS**: utiliza OpenSSL para generar un certificado SSL/TLS autofirmado o adquiere uno de una Autoridad de Certificación (CA) confiable.

▶ **Configurar el archivo de host virtual**: abre el archivo de configuración del host virtual donde deseas habilitar SSL/TLS. Por lo general, se encuentra en el directorio /etc/apache2/sites-available/.

▶ **Agregar configuración SSL/TLS**: agrega las directivas SSL/TLS al archivo de configuración del host virtual. A continuación, se muestra un ejemplo básico:

```
<VirtualHost *:443>
    ServerName example.com
    DocumentRoot /var/www/html
```

```
    SSLEngine on
    SSLCertificateFile /ruta/a/tu/certificado.crt
    SSLCertificateKeyFile /ruta/a/tu/clave-privada.key
    SSLCertificateChainFile /ruta/a/tu/cadena-de-certificados.crt
</VirtualHost>
```

ⓘ NOTA

Hay que asegurarse de reemplazar /ruta/a/tu/certificado.crt, /ruta/a/tu/clave-privada.key
y /ruta/a/tu/cadena-de-certificados.crt con las ubicaciones y nombres de los archivos de
certificado SSL/TLS que se deseen agregar.

⊳ **Reiniciar Apache**: una vez realizados los cambios, reinicia Apache para aplicar la configuración:

```
sudo systemctl REST art apache2
```

3.13.2.2 CONFIGURACIÓN EN NGINX

⊳ **Instalar Nginx y OpenSSL**: si aún no tienes instalado Nginx, instálalo junto con OpenSSL:

```
sudo apt-get install nginx openssl
```

⊳ **Generar un certificado SSL/TLS**: al igual que en Apache, genera un certificado SSL/TLS autofirmado o adquiere uno de una CA confiable.

⊳ **Configurar el archivo de host virtual**: abrimos el archivo de configuración del host virtual en /etc/nginx/sites-available/.

⊳ **Agregar configuración SSL/TLS**: agrega las directivas SSL/TLS al archivo de configuración del host virtual. Un ejemplo básico sería:

```
server {
    listen 443 ssl;
    server_name example.com;

    ssl_certificate /ruta/a/tu/certificado.crt;
    ssl_certificate_key /ruta/a/tu/clave-privada.key;
}
```

> ### ⓘ NOTA
>
> Hay que asegurarse de reemplazar /ruta/a/tu/certificado.crt y /ruta/a/tu/clave-privada.key con las ubicaciones y nombres de tus archivos de certificado SSL/TLS que se deseen agregar.

▸ **Reiniciar Nginx**: reinicia Nginx para aplicar los cambios:

```
sudo systemctl REST art nginx
```

Una vez completados estos pasos, tu servidor web estará configurado para usar SSL/TLS y proporcionar una conexión segura a los clientes que acceden al sitio web a través de HTTPS. Recordemos que, éste, es sólo un ejemplo básico y que se deben ajustar la configuración según las necesidades específicas y los estándares de seguridad recomendados. Además, siempre es una buena práctica renovar regularmente tus certificados SSL/TLS y seguir las mejores prácticas de seguridad en la gestión de claves privadas.

3.13.3 Certificados SSL/TLS

Un certificado SSL/TLS (Secure Sockets Layer/Transport Layer Security) es un archivo de datos que se utiliza para establecer una conexión segura entre un servidor web y un cliente, como un navegador web. Este certificado digital garantiza la autenticidad del servidor y permite el cifrado de los datos transmitidos entre el cliente y el servidor.

A continuación, se explica de forma detallada que es un certificado SSL/TLS y como funciona:

▸ **Autenticación del servidor**: el certificado SSL/TLS se emite para un dominio específico y contiene información sobre el propietario del sitio web, como el nombre de la empresa y la ubicación. Cuando un cliente se conecta a un servidor web a través de HTTPS, el servidor presenta su certificado SSL/TLS al cliente como prueba de su identidad. El cliente puede verificar la autenticidad del certificado y asegurarse de que está comunicándose con el servidor correcto.

▸ **Cifrado de datos**: una vez que se ha verificado la autenticidad del servidor, se establece una conexión segura utilizando protocolos de cifrado SSL/TLS. Esto significa que cualquier información transmitida entre el cliente y el servidor, como datos de inicio de sesión, información personal o detalles de tarjetas de crédito, se cifrará y se volverá ilegible para cualquiera que intercepte la comunicación. El cifrado de extremo a extremo puede realizarse por múltiples algoritmos, como, por ejemplo, AES, Blowfish, Camellia, SEED, CAST-128, DES, IDEA, RC2, RC4, RC5, Triple DES o GOST 28147-893.

▸ **Integridad de los datos**: además del cifrado de datos, el certificado SSL/TLS también garantiza la integridad de los datos transmitidos. Esto significa que los datos no pueden modificarse o alterarse durante la transmisión entre el cliente y el servidor, por lo que, si alguien intentase modificar los datos en tránsito, el servidor y/o el cliente podrían detectar la alteración y rechazar la conexión.

▸ **Autoridad de certificación (CA)**: los certificados SSL/TLS deben ser emitidos por Autoridades de Certificación (CA) confiables. Estas organizaciones son responsables de verificar la identidad del solicitante del certificado y garantizar que el dominio solicitante sea legítimo. Cuando un cliente recibe un certificado SSL/TLS de un servidor, puede verificar la firma digital del certificado utilizando la clave pública de la CA para asegurarse de que el certificado sea válido y confiable. Esto se podría hacer a través de algoritmos como RSA, DSA, Intercambio de claves Diffie–Hellman o curvas elípticas.

3.13.4 Protocolo HTTPS

El Protocolo HTTPS, o Protocolo de Transferencia de Hipertexto Seguro (en inglés, Hypertext Transfer Protocol Secure), es una versión utilizada para la comunicación segura entre un cliente y un servidor en internet. HTTPS se basa en el protocolo HTTP estándar, pero agrega una capa de seguridad mediante el uso de cifrado SSL/TLS (Secure Sockets Layer/Transport Layer Security) para proteger los datos transmitidos, los cuales veremos más adelante.

A continuación, se explican las cualidades más importantes del protocolo HTTPS y porque es importante para el desarrollo web, especialmente dentro del contexto del comercio electrónico:

▸ **Cifrado de datos**: una de las características principales de HTTPS es el cifrado de datos. Cuando un cliente (el navegador web) se conecta a un servidor a través de HTTPS, se establece una conexión segura utilizando protocolos de cifrado SSL/TLS. Esto significa que cualquier información transmitida entre el cliente y el servidor, como datos de inicio de sesión, información personal o detalles de tarjetas de crédito, se cifra y se vuelve ilegible para cualquiera que intercepte esa comunicación.

▸ **Certificados SSL/TLS**: para establecer una conexión segura mediante HTTPS, el servidor web debe tener un certificado SSL/TLS válido instalado. Este certificado se emite por una Autoridad de Certificación (CA) confiable y garantiza la autenticidad del servidor. Cuando un cliente se conecta al servidor, el certificado SSL/TLS se utiliza para verificar la identidad del servidor y establecer una conexión segura.

▸ **Integridad de los datos**: además del cifrado de datos, HTTPS también garantiza la integridad de los datos transmitidos. Esto significa que los datos no se pueden modificar ni alterar durante la transmisión entre el cliente y el servidor. Si alguien intenta modificar los datos en tránsito, el servidor y/o el cliente pueden detectar la alteración y rechazar la conexión.

▸ **Autenticación del servidor**: HTTPS proporciona un mecanismo para autenticar el servidor ante el cliente. Cuando un cliente se conecta a un servidor a través de HTTPS, el servidor presenta su certificado SSL/TLS al cliente como prueba de su identidad. El cliente puede verificar la autenticidad del certificado y asegurarse de que está comunicándose con el servidor correcto.

▸ **Confianza del usuario**: el uso de HTTPS inspira confianza en los usuarios al garantizar que sus datos personales y financieros están protegidos durante la navegación por sitios web. Los usuarios, cada vez más, son más conscientes de la importancia de la seguridad, especialmente al realizar transacciones comerciales online, ya que esperan que los sitios web utilicen HTTPS para proteger su información.

3.13.5 Manejo seguro de datos sensibles

En un e-commerce, se manejan datos sensibles como información de tarjetas de crédito, direcciones de envío y datos personales de los clientes. Es fundamental implementar prácticas de seguridad sólidas para proteger estos datos, como el almacenamiento cifrado, la gestión adecuada de contraseñas y el uso de técnicas antifalsificación de solicitudes entre sitios (CSRF) y protección contra ataques de inyección (SQL Injection, XSS, etc.).

Manejar datos sensibles de forma segura es de suma importancia en el desarrollo web, especialmente en aplicaciones que tratan con información confidencial como datos personales, financieros o médicos. A continuación, se muestra como manejar estos datos de manera segura:

3.13.5.1 IDENTIFICACIÓN DE DATOS SENSIBLES

Se debe comprender que tipos de datos se consideran sensibles en tu aplicación. Esto puede incluir información personal como nombres, direcciones, números de seguridad social, información de tarjetas de crédito, contraseñas, registros médicos, entre otros.

3.13.5.2 PRINCIPIOS DE PRIVACIDAD

Se debe conocer bien los principios de privacidad, como el consentimiento informado, la minimización de datos, la exactitud de los datos, la limitación del propósito, la seguridad y la responsabilidad. Estos principios son fundamentales para garantizar la protección adecuada de los datos sensibles.

3.13.5.3 RECOLECCIÓN SEGURA DE DATOS

Para la recolección se puede recurrir a formularios seguros, cerciorándose de que la conexión entre el cliente y el servidor esté protegida mediante HTTPS. Además, se debe evitar el almacenamiento de datos sensibles en cookies y transmitir los datos sólo a través de conexiones cifradas.

3.13.5.4 ALMACENAMIENTO SEGURO DE DATOS

Se deben utilizar prácticas de almacenamiento seguro de datos, como la encriptación de datos sensibles en reposo (que no la información no viaja por la red de forma muy activa) y la limitación del acceso a la información confidencial. Por ello, suele ser una buena idea almacenar contraseñas de forma segura utilizando algoritmos de hashing y salting.

Algoritmo de Hashing

Un algoritmo de hashing es una función matemática que toma una entrada de datos de longitud variable y produce una salida de longitud fija, conocida como el hash. La característica fundamental de un buen algoritmo de hashing es que produce un hash único para cada conjunto único de datos de entrada y que cualquier cambio en los datos de entrada resultará en un hash completamente diferente. Algunos de los algoritmos de hashing más comunes incluyen MD5, SHA-1, SHA-256 y SHA-512.

Los algoritmos de hashing se utilizan para *almacenar contraseñas de forma segura*. En lugar de almacenar las contraseñas en texto plano en una base de datos, las contraseñas se pasan a través del algoritmo de hashing y sólo se almacena el hash resultante. Cuando un usuario intenta iniciar sesión, la contraseña ingresada se pasa por el mismo algoritmo de hashing y se compara con el hash almacenado en la base de datos.

La razón de recurrir a algoritmos de hashsing es que no son fácilmente desencriptables. Esto significa que, incluso si la base de datos es comprometida, los atacantes no pueden obtener las contraseñas originales a partir de los hashes almacenados.

Salting

El salting es una técnica adicional que se utiliza junto con el hashing para hacer aún más seguro el almacenamiento de contraseñas.

Consiste en agregar una cadena aleatoria de datos, conocida como sal, entre la contraseña o al final de la misma antes de aplicar el algoritmo de hashing. El hash resultante no solo depende de la contraseña del usuario, sino también del valor único de la sal.

El propósito del salting es evitar los ataques de fuerza bruta y los ataques de tabla arcoíris, que son técnicas utilizadas por los hackers para descifrar contraseñas mediante la comparación de hashes precalculados con hashes almacenados en una base de datos. Al agregar una sal única a cada contraseña antes de aplicar el hashing, incluso contraseñas idénticas producirán hashes diferentes, lo que hace que sea mucho más difícil para los atacantes adivinar las contraseñas.

3.13.5.5 ACCESO Y CONTROL DE DATOS

Se deben implementar controles de acceso adecuados para garantizar que sólo las personas autorizadas puedan acceder a los datos sensibles. Esto incluye la autenticación de usuarios, roles de usuario, registros de auditoría y medidas de protección contra la reingeniería social, como phishing, vishing, spoofing telefónico, etc.

Reingeniería social

La reingeniería social, en el contexto de la seguridad informática y la ciberseguridad, se refiere a un conjunto de técnicas utilizadas por los atacantes cibernéticos para manipular a las personas y obtener información confidencial, acceso no autorizado a sistemas o realizar actividades maliciosas. A diferencia de otros métodos de ataque que se centran en vulnerabilidades técnicas de sistemas informáticos, la reingeniería social se enfoca en explotar las debilidades humanas, como la ingenuidad, la confianza excesiva o la falta de conciencia sobre la seguridad.

Algunas de estas técnicas son:

- **Phishing**: básicamente, consiste en crear y enviar mensajes o correos electrónicos falsos que parecen provenir de fuentes fidedignas o legítimas, como bancos, empresas o instituciones gubernamentales. En general, estos mensajes suelen solicitar información confidencial, como contraseñas, números de tarjetas de crédito o información personal, engañando a los usuarios para que revelen dicha información.

- **Engaño telefónico**: también puede ocurrir que los atacantes llamen por teléfono haciéndose pasar por personas autorizadas o empleados de una empresa legítima a la que las víctimas están vinculadas. En general, suelen recurrir a técnicas de persuasión para convencer a las víctimas de que proporcionen información confidencial o realicen acciones que comprometan la seguridad.

- **Ingeniería social en redes sociales**: en estos casos, los atacantes pueden recurrir a la información que está disponible en redes sociales, como perfiles públicos, publicaciones y conexiones de amigos, para construir perfiles detallados de sus víctimas y diseñar ataques personalizados. Esto puede incluir el envío de solicitudes de amistad falsas, mensajes engañosos o la creación de sitios web falsos que imitan a empresas legítimas.

- **Manipulación psicológica**: también suele ser muy frecuente que los atacantes se aprovechen de las emociones humanas, como el miedo, la curiosidad o la compasión, para persuadir a las personas con el objetivo de realizar acciones no deseadas. Esto puede incluir el uso de amenazas de seguridad falsas, historias motivadoras o supuestas emergencias para obtener información confidencial o acceso a sistemas.

La reingeniería social es una amenaza significativa para la ciberseguridad, ya que puede ser efectiva incluso contra sistemas informáticos bien protegidos si los usuarios son persuadidos para revelar información confidencial o realizar acciones que comprometan la seguridad. Por esta razón, es importante que las organizaciones implementen medidas de concienciación y capacitación en seguridad para sus empleados y usuarios, así como también sistemas de seguridad tecnológica robustos para protegerse contra este tipo de ataques.

3.13.5.6 PROCESAMIENTO SEGURO DE DATOS

Debemos asegurarnos de que cualquier procesamiento de datos sensible se realice de manera segura y conforme a las leyes y regulaciones de privacidad actuales. Esto puede incluir la anonimización de datos, la pseudonimización y la protección contra la divulgación accidental o no autorizada.

3.13.5.7 MONITOREO Y CUMPLIMIENTO

Se deben implementar herramientas de monitoreo y alerta para detectar actividades sospechosas o intentos de acceso no autorizado a los datos sensibles. Además, debemos asegurarnos de cumplir con las normativas de privacidad vigentes, como el Reglamento General de Protección de Datos (RGPD) de la Unión Europea.

3.13.5.8 EDUCACIÓN Y CONCIENCIACIÓN

Trasladar a los equipos de desarrollo, y los usuarios en general, las mejores prácticas de seguridad de datos y fomentar una cultura de conciencia sobre la protección de la privacidad. Con ello, conseguiremos proporcionar una capacitación regular sobre la gestión de datos sensibles y una respuesta adecuada a incidentes de seguridad.

3.13.5.9 RESPUESTA A INCIDENTES

Si se da el caso de un incidente, debemos tener un plan de respuesta para manejar de manera efectiva cualquier violación de seguridad o compromiso de datos sensibles. Esto incluye la notificación oportuna a las partes afectadas, la investigación de la causa raíz y la implementación de medidas correctivas para prevenir futuras reincidencias.

3.13.5.10 EVALUACIÓN Y MEJORA CONTINUA

Es evidente que se deben hacer evaluaciones periódicas de seguridad y privacidad para identificar posibles vulnerabilidades y las áreas de mejora en el manejo de datos sensibles. Para ello, podemos implementar medidas correctivas según sea necesario y mantener actualizadas las políticas y prácticas de seguridad de datos.

3.13.6 Auditorías de seguridad regulares

Es importante realizar auditorías de seguridad de forma periódica para identificar posibles vulnerabilidades en el sitio web y tomar medidas correctivas para mitigar riesgos. Esto puede incluir pruebas de penetración, análisis de vulnerabilidades y revisión de código.

Realizar auditorías regulares en un entorno de comercio electrónico es esencial para garantizar el cumplimiento de los estándares de seguridad, la protección de los datos del cliente y la optimización del rendimiento del sitio web. A continuación, se proporciona una explicación más o menos detallada de como llevar a cabo una auditoría de manera efectiva:

3.13.6.1 AUDITORÍA DE SEGURIDAD

- **Escaneo de vulnerabilidades**: se trata de usar herramientas de escaneo de vulnerabilidades para identificar posibles brechas de seguridad en tu infraestructura de comercio electrónico, como fallos de configuración, software desactualizado vulnerabilidades conocidas.

- **Pruebas de penetración**: se trata de realizar pruebas para simular ataques informáticos y evaluar la resistencia de los sistemas frente a intrusiones. Esto incluye pruebas de intrusión en aplicaciones web (como OWASP), pruebas de redes, escaneo de puertos y pruebas de configuración segura de servidores.

- **Revisión de políticas y procedimientos de seguridad**: se trata de evaluar las políticas y procedimientos de seguridad, como la gestión de contraseñas, la política de privacidad, el control de acceso y la gestión de incidentes, todo ello, asegurándose de que estén actualizados y cumplan sus objetivos.

▶ **Revisión de cumplimiento normativo**: se trata de verificar el cumplimiento de las regulaciones y estándares de seguridad vigentes para el comercio electrónico, como el RGPD, PCI DSS (para pagos con tarjeta), HIPAA (si manejas datos de salud) y otras normativas sectoriales aplicables.

3.13.6.2 AUDITORÍA DE RENDIMIENTO Y DISPONIBILIDAD

▶ **Monitoreo del rendimiento del sitio web**: se trata de usar herramientas de monitoreo para evaluar el rendimiento de los sitios web, incluyendo tiempos de carga de páginas, velocidad de respuesta del servidor, rendimiento de la base de datos y otros indicadores clave de rendimiento (KPI).

▶ **Pruebas de carga y estrés**: se trata de realizar pruebas para evaluar la capacidad de un sitio web para manejar tráfico pesado y picos de demanda. Identifica cuellos de botella (por ejemplo, mediante la concurrencia de usuarios), puntos débiles y áreas de mejora en la infraestructura de tu sitio web.

▶ **Disponibilidad y redundancia**: se trata de ver si el sitio web está disponible y accesible para los usuarios en todo momento, así como la implementación de medidas de redundancia, como es la replicación de servidores, la distribución de carga y la copia de seguridad de datos, para minimizar el tiempo de inactividad y mantener la disponibilidad del sitio.

3.13.6.3 AUDITORÍA DE EXPERIENCIA DE USUARIO

▶ **Pruebas de usabilidad**: se trata de realizar pruebas de usabilidad para evaluar la experiencia del usuario en un sitio web, incluyendo la navegación, la búsqueda de productos, el proceso de compra, la facilidad de uso en dispositivos móviles, etc.

▶ **Análisis del embudo de conversión**: se trata de analizar el embudo de conversión para identificar posibles puntos de abandono o fricción en el proceso de compra y optimizar el flujo de navegación y el diseño de la página para mejorar las tasas de conversión y retención de clientes.

▶ **Feedback de los usuarios**: se trata de recopilar comentarios y opiniones de los usuarios mediante encuestas, formularios, consultas en redes sociales y/o análisis de comportamiento del usuario y con el objetivo de usar esta información para realizar mejoras iterativas en el diseño y la funcionalidad del comercio online o sitio web.

3.13.6.4 AUDITORÍA DE MARKETING Y VENTAS

▶ **Análisis de campañas de marketing**: se trata de evaluar el rendimiento de las campañas de marketing digital, incluyendo la publicidad en redes sociales, SEO, SEM y marketing por email, todo ello, con el objetivo de conocer métricas como el retorno de la inversión (ROI), la tasa de clics (CTR) y la tasa de conversión y, así, optimizar las estrategias de marketing.

▶ **Análisis de datos de clientes**: se trata de usar herramientas de análisis de datos para comprender el comportamiento y las preferencias de tus clientes, y segmentar la base de clientes para ofrecer contenidos y promociones personalizadas que aumenten la fidelidad y la retención de clientes.

3.13.6.5 QUÉ HACER DESPUÉS DE UNA AUDITORÍA

▶ **Implementar medidas correctivas**: se trata de, basándonos en los hallazgos de las auditorías, implementar medidas correctivas para abordar cualquier problema o deficiencia identificada en la seguridad, el rendimiento, la experiencia del usuario o el marketing.

▶ **Seguimiento y revisión continua**: se trata de realizar un seguimiento regular del progreso de las acciones correctivas y revisar periódicamente el estado de cumplimiento y rendimiento del comercio electrónico o sitio web. En función de los datos obtenidos, deberemos ajustar las estrategias según sea necesario para mantener la seguridad, la eficiencia y la efectividad.

3.13.7 Cumplimiento normativo

Los sitios de comercio electrónico están sujetos a regulaciones y estándares de seguridad, como el cumplimiento del Estándar de Seguridad de Datos de la Industria de Tarjetas de Pago (PCI DSS). Es importante comprender y cumplir con estos requisitos para garantizar la protección adecuada de los datos del cliente y evitar posibles sanciones y multas.

El cumplimiento normativo en el comercio electrónico se refiere al conjunto de regulaciones, leyes y estándares que una empresa debe seguir para operar de manera legal y ética en el entorno digital. Estas regulaciones están diseñadas para proteger a los consumidores, garantizar la privacidad de los datos, promover la equidad en el mercado y prevenir el fraude en las transacciones online. A continuación, se proporciona una explicación más o menos detallada sobre el cumplimiento normativo dentro del contexto del comercio electrónico:

3.13.7.1 REGULACIONES DE PROTECCIÓN AL CONSUMIDOR

Estas regulaciones establecen los derechos y responsabilidades de los consumidores al realizar compras online. Pueden incluir políticas de devolución, garantías de productos, protección contra publicidad engañosa y normas de etiquetado de productos.

3.13.7.2 NORMATIVAS DE PRIVACIDAD DE DATOS

Las leyes de privacidad de datos regulan como las empresas pueden recopilar, almacenar, procesar y compartir la información personal de los usuarios como, por ejemplo, el Reglamento General de Protección de Datos (RGPD) en la Unión Europea.

3.13.7.3 SEGURIDAD DE LA INFORMACIÓN Y CIBERSEGURIDAD

Estas regulaciones establecen estándares para proteger la seguridad de la información y prevenir el acceso no autorizado a los datos del cliente. Pueden incluir requisitos de encriptación (como SHA-256, SHA-512 o MD5), controles de acceso (como formularios de login), medidas de prevención de intrusiones (XSS, SQL Injection, CSRF, DoS, etcétera) y notificación de violaciones de seguridad.

3.13.7.4 NORMATIVAS DE PAGO Y COMERCIO ELECTRÓNICO

Estas regulaciones se centran en las transacciones financieras online, incluyendo el procesamiento de pagos, la protección contra el fraude y el cumplimiento de los estándares de seguridad de la industria de tarjetas de pago (PCI DSS).

3.13.7.5 DERECHOS DE PROPIEDAD INTELECTUAL

Las leyes de propiedad intelectual protegen los derechos de autor, las marcas comerciales, las patentes y otros activos intangibles online. Las empresas deben respetar los derechos de propiedad intelectual de terceros y evitar infringir las leyes de propiedad intelectual.

3.13.7.6 PUBLICIDAD Y MARKETING

Las regulaciones de publicidad y marketing online establecen normas para la publicidad honesta y precisa, la divulgación de patrocinios y afiliaciones, y la protección de los consumidores contra prácticas publicitarias engañosas o fraudulentas.

3.13.7.7 ACCESIBILIDAD WEB

Estas regulaciones garantizan que los sitios web y las aplicaciones online sean accesibles para personas con discapacidad parcial o total. Esto incluye desde herramientas como lectores de pantalla, o sistemas de navegación con teclado y otras adaptaciones para usuarios con diferentes tipos de condición.

3.13.7.8 NORMATIVAS SECTORIALES ESPECÍFICAS

Algunos sectores, como la salud, las finanzas y los productos farmacéuticos, están sujetos a regulaciones específicas adicionales. Estas regulaciones pueden incluir requisitos de cumplimiento más estrictos para proteger la confidencialidad, la integridad y la disponibilidad de la información sensible del cliente.

3.13.7.9 IMPLEMENTACIÓN Y CUMPLIMIENTO

Para cumplir con estas regulaciones, las empresas deben implementar políticas, procedimientos y controles adecuados en sus operaciones de comercio electrónico. Esto puede incluir la designación de un oficial de privacidad de datos, la realización de evaluaciones de impacto en la privacidad, la capacitación del personal y la auditoría regular del cumplimiento.

3.13.7.10 SANCIONES POR INCUMPLIMIENTO

El incumplimiento de las regulaciones en comercios electrónicos puede dar lugar a sanciones legales, multas financieras, pérdida de reputación de la marca y demandas civiles por parte de los consumidores afectados. Por eso, es fundamental para las empresas tomarse en serio el cumplimiento normativo y dedicar los recursos adecuados para garantizar el cumplimiento continuo.

3.14 VERIFICACIÓN DE LOS ESTÁNDARES SEGÚN EL W3C

La verificación de los estándares de un comercio online según el W3C (World Wide Web Consortium) se refiere al proceso de comprobar si una página web cumple con las directrices y recomendaciones establecidas por este consorcio internacional. La W3C es una organización que desarrolla estándares abiertos para la web con el objetivo de garantizar la interoperabilidad y accesibilidad de los recursos web en diferentes plataformas y dispositivos.

3.14.1 Importancia de la Verificación de los Estándares de una Web

La importancia de la verificación de los estándares es vital y diferente según el contexto:

3.14.1.1 COMPATIBILIDAD

Si estamos en el contexto de la compatibilidad, cumplir con los estándares de la W3C garantiza que la página web funcione correctamente en diferentes navegadores web y dispositivos, mejorando así la experiencia del usuario.

La W3C no proporciona herramientas específicas para verificar la compatibilidad de una página web con diferentes navegadores y dispositivos. Sin embargo, sí que ofrece estándares y directrices que los desarrolladores pueden seguir para garantizar que los sitios web y comercios electrónicos sean compatibles y accesibles en una amplia variedad de entornos.

Para verificar la compatibilidad con diferentes navegadores y dispositivos, se pueden seguir diferentes enfoques:

- **Pruebas manuales**: navegar por el sitio web o e-commerce en diferentes navegadores (como Chrome, Firefox, Safari, Edge, etc.) y dispositivos (ordenadores de escritorio, dispositivos móviles, tabletas, etc.) para observar como se ve y se comporta en cada uno de ellos. Esto permitirá identificar posibles problemas de diseño, diseño responsivo y funcionalidad que puedan surgir en entornos específicos.

- **Herramientas de desarrollo web**: utilizar las herramientas de desarrollo integradas de los navegadores web modernos (como las herramientas para desarrolladores y la consola) para simular diferentes dispositivos y tamaños de pantalla, así como para realizar pruebas de compatibilidad. Estas herramientas suelen incluir funcionalidades de inspección, emulación de dispositivos y pruebas de rendimiento que pueden ayudar a identificar y solucionar problemas de compatibilidad.

▼ **Servicios de pruebas de compatibilidad**: hay servicios online que ofrecen pruebas de compatibilidad automáticas para sitios web en una variedad de navegadores y dispositivos. Estos servicios suelen proporcionar informes detallados sobre los problemas de compatibilidad encontrados y pueden ser útiles para identificar problemas en un gran número de configuraciones diferentes. No obstante, estos servicios suelen ser de pago.

▼ **Validadores de estándares**: aunque los validadores de la W3C no verifican la compatibilidad con navegadores específicos, sí que pueden ayudar a identificar problemas de código que podrían afectar a la compatibilidad. Esto es, validar el HTML, CSS puede ayudar a garantizar que el sitio web se renderice correctamente en una amplia gama de navegadores. Por ejemplo, el Servicio de validación de marcado de la W3C (*Markup Validation Service*) permite comprobar la gramática y el correcto uso de HTML y el Servicio de validación CSS (*CSS Validation Service*) nos permite verificar las hojas de Estilo en cascada (CSS) y documentos (X) HTML con hojas de estilo.

Es importante recordar que la compatibilidad con diferentes navegadores y dispositivos es un aspecto crucial del diseño web moderno. Al seguir las mejores prácticas de desarrollo web y prestar atención a la compatibilidad desde el principio del proceso de diseño, es posible crear sitios web que ofrezcan una experiencia de usuario mucho más coherente y consistente y de alta calidad para todos los usuarios, independientemente del navegador o dispositivo que utilicen.

3.14.1.2 ACCESIBILIDAD

Las directrices de la W3C promueven la accesibilidad web, lo que significa que las personas con discapacidad, parcial o total, puedan acceder y utilizar la web y, por tanto, los comercios electrónicos, de forma efectiva.

Para verificar la accesibilidad según las directrices o recomendaciones de la W3C, se pueden seguir los siguientes pasos:

▼ **Utilizar herramientas de evaluación automatizada**: la W3C ofrece herramientas de evaluación automatizada, como el Validador de Accesibilidad de WAVE (https://wave.webaim.org/) y su extensión para Google Chrome, aunque hay otras como AXA o Helperbird.

▼ **Realizar pruebas manuales**: además de las herramientas automatizadas, es importante realizar pruebas manuales para evaluar la accesibilidad.

Esto implica navegar por el sitio web utilizando tecnologías de asistencia, como lectores de pantalla, teclados y navegadores de voz, para identificar posibles barreras de acceso.

▸ **Evaluar el cumplimiento de las pautas de accesibilidad**: las pautas de accesibilidad más ampliamente reconocidas son las Pautas de Accesibilidad al Contenido Web (WCAG) desarrolladas por la W3C. Estas pautas establecen principios, pautas y criterios de éxito para hacer que el contenido web sea más accesible para personas con cualquier tipo de discapacidad o condición. Es importante evaluar si el sitio web cumple con estos criterios. Una de las herramientas para conseguir este cometido es el uso de la aplicación de QuickRef (*https://www.w3.org/WAI/WCAG22/quickref/*).

▸ **Corregir problemas detectados**: una vez identificados los problemas de accesibilidad, es fundamental corregirlos para mejorar la accesibilidad del sitio web. Esto puede implicar ajustes en el diseño, la estructura del contenido y/o la navegación del sitio.

▸ **Realizar pruebas de usuario**: después de realizar correcciones, es recomendable realizar pruebas de usuario con personas que presenten algún tipo de discapacidad, y que sean diferentes, para obtener una buena retroalimentación sobre la accesibilidad del sitio web en un entorno del mundo real.

▸ **Mantener la accesibilidad**: la accesibilidad es un proceso continuo y debe integrarse en todas las etapas del desarrollo web. Es importante realizar auditorías periódicas de accesibilidad y mantenerse al tanto de las actualizaciones en las pautas y estándares de accesibilidad.

3.14.1.3 OPTIMIZACIÓN

El cumplimiento de los estándares de la W3C puede mejorar el rendimiento y la velocidad de carga de la página web, así como su posicionamiento en los motores de búsqueda.

Como se ha dicho anteriormente, aunque la W3C no proporciona herramientas específicas para verificar la optimización de un sitio web, sí que ofrece estándares y directrices que los desarrolladores pueden seguir para optimizar el rendimiento y la eficiencia de sus sitios web. A continuación, se presentan algunos pasos que se pueden seguir para verificar y mejorar la optimización de los sitios web, incluidos los comercios electrónicos, según las mejores prácticas de la W3C:

▶ **Validación del HTML y CSS**: utilizar herramientas como el Servicio de validación de marcado de la W3C (*Markup Validation Service*) nos permite comprobar la gramática y el correcto uso de HTML y el Servicio de validación CSS (*CSS Validation Service*) nos permite verificar las hojas de Estilo en cascada (CSS) y documentos (X)HTML con hojas de estilo.

▶ **Optimización de imágenes**: comprimir y optimizar las imágenes permite reducir el tamaño de los archivos y mejorar los tiempos de carga de las páginas. Puede utilizar herramientas online como TinyPNG (*https:// tinypng.com/*) u otros servicios de optimización de imágenes online.

▶ **Minificación de recursos**: minimizar y combinar los archivos CSS y JavaScript permite reducir el número de solicitudes HTTP y mejorar los tiempos de carga de las páginas. Herramientas como UglifyJS (*https:// github.com/mishoo/UglifyJS*) y CSSNano (*https://cssnano.co/*) pueden ayudar en este proceso.

▶ **Compresión de archivos**: habilitar la compresión GZIP en el servidor web permite reducir el tamaño de los archivos HTML, CSS y JavaScript antes de enviarlos al navegador del usuario. Esto puede mejorar significativamente los tiempos de carga de la página.

▶ **Optimización del código JavaScript**: escribir código JavaScript eficiente y optimizado evitará el uso excesivo de recursos del navegador y mejorará el rendimiento general de las páginas. Por ejemplo, utilizar técnicas como la carga asíncrona o diferida de scripts y eliminar el código no utilizado nos permitirá optimizar el rendimiento.

▶ **Pruebas de rendimiento**: utilizar herramientas de prueba de rendimiento web, como PageSpeed Insights de Google (*https://developers.google. com/speed/pagespeed/insights/*) o GTmetrix (*https://gtmetrix.com/*), para evaluar el rendimiento de su sitio web e identificar áreas de mejora.

▶ **Cumplimiento de las mejores prácticas**: seguir las mejores prácticas recomendadas por la W3C y otras organizaciones nos permitirá garantizar un rendimiento óptimo en términos de velocidad de carga, tiempos de respuesta y eficiencia de recursos.

3.14.1.4 MANTENIMIENTO

El código bien estructurado y válido según los estándares de la W3C es más fácil de mantener y actualizar a medida que cambian las necesidades y tecnologías web. A continuación, se comentan algunas recomendaciones para verificar y mantener un sitio web según las mejores prácticas:

- **Actualización del contenido**: verificar regularmente nuestros contenidos nos permitirá asegurar que todo esté actualizado y sea relevante para nuestra audiencia. Esto suele implicar la eliminación o actualización de cualquier información obsoleta y/o la adición/agregación de nuevos contenidos según sea necesario.

- **Monitoreo del rendimiento**: identificar y utilizar herramientas de análisis nos permitirá monitorear el rendimiento y comprobar los tiempos de carga de página, la tasa de rebote o el tráfico de visitantes, entre otras medidas o métricas.

- **Pruebas de funcionalidad**: realizar pruebas periódicas permitirá garantizar que todas las funciones y características estén funcionando correctamente. Esto podrá incluir funciones de búsqueda, procesos de pago, formularios de contacto, etc.

- **Seguridad**: es importante mantener la seguridad mediante la aplicación de las últimas actualizaciones de software y parches de seguridad. Para ello, podemos recurrir a certificados SSL/TLS para proteger la comunicación y asegurarse de que los datos de usuario estén protegidos.

- **Compatibilidad del navegador**: verificar la compatibilidad con diferentes navegadores y dispositivos nos permitirá garantizar una buena experiencia de usuario en todas las plataformas.

- **Cumplimiento de normativas**: asegurarse de que se cumpla con las normativas legales y las políticas de privacidad vigentes. Esto puede incluir el cumplimiento del Reglamento General de Protección de Datos (RGPD) en la Unión Europea u otras regulaciones locales.

- **Copias de seguridad**: realizar copias de seguridad regulares o periódicas nos permitirá protegernos contra la pérdida de datos y posibles problemas técnicos.

▼ **Optimización en buscadores**: Mantener una buena optimización para motores de búsqueda (SEO) revisando regularmente las palabras clave, metadatos o microdatos, enlaces rotos y otros aspectos que puedan afectar al posicionamiento en los resultados de búsqueda.

3.14.2 Como Verificar los Estándares de una Web

▼ **Validación del HTML y CSS**: la validación de HTML y CSS se puede hacer a través de herramientas online como el validador HTML y CSS de la W3C (*https://validator.w3.org/*).

▼ **Pruebas de accesibilidad**: las pruebas de accesibilidad se pueden hacer a través de herramientas accesibilidad como las que se muestran en *https://www.w3.org/WAI/ER/tools/*, las cuales permiten identificar los problemas de accesibilidad y sugerir respuestas o mejoras para hacer que la web sea más accesible para todos los usuarios.

▼ **Comprobación de enlaces rotos**: las pruebas de testeo de enlaces rotos se pueden hacer con herramientas como el verificador de enlaces de la W3C (*https://validator.w3.org/checklink*), el cual permite identificar y corregir enlaces rotos o incorrectos en la página web.

▼ **Pruebas de compatibilidad**: las pruebas de compatibilidad se deben hacer, básicamente, de forma manual.

Todas las pruebas anteriores pueden realizarse también a través de las diferentes extensiones que nos proveen los navegadores y, algunas de ellas, mediante las herramientas de desarrollo como Visual Code, DreamWeaber, IntelliJ, Eclipse, NetBeans, etc.

4

DISEÑO Y DESARROLLO DE APLICACIONES WEB

4.1 ELECCIÓN DE LA PLATAFORMA WEB

La elección de la plataforma web adecuada para un proyecto depende de una serie de factores que deben considerarse de forma cuidadosa. A continuación, se muestran algunas premisas para tomar una decisión sobre la elección de la plataforma web:

4.1.1 Definir los objetivos del proyecto

Antes de elegir una plataforma web, es importante definir claramente los objetivos del proyecto. ¿Qué tipo de sitio web se necesita? ¿Cuáles son los objetivos a corto, medio y largo plazo para el sitio? ¿Cuántos usuarios se va a tener de manera concurrente?

Por ejemplo, Shopify es más indicada para PYMES que nunca han tenido tienda online, PRESTASHOP más indicada para el comercio minorista, WooCommerce más para empresas pequeñas y Adobe Commerce más para empresas grandes.

4.1.2 Identificar las necesidades del negocio

Analiza las necesidades específicas del negocio en términos de funcionalidad, escalabilidad, seguridad y otros requisitos importantes. ¿Se necesita un comercio online, un blog, un sitio informativo o una aplicación web compleja?

Por ejemplo, si necesitamos sólo un comercio online se puede recurrir a una plataforma como Shopify, pero si, además, necesitamos un blog, se puede recurrir a un PrestaShop o Adobe Commerce.

4.1.3 Evaluar las opciones disponibles

Se debe investigar las diferentes plataformas web disponibles en el mercado y comparar sus características, capacidades y precios.

Por ejemplo, algunas de las plataformas más populares son Shopify, Adobe Commerce, WooCommerce, Drupal, Joomla y Squarespace, entre otras y todas ellas pueden ser una buena opción dependiendo de los requisitos.

4.1.4 Considerar la facilidad de uso

Es importante elegir una plataforma web que sea fácil de usar y administrar, especialmente si no se tiene experiencia técnica previa. En este contexto, PrestaShop y Shopify son dos de las más amigables y fáciles de usar.

4.1.5 Revisar la personalización y flexibilidad

Se debe considerar la capacidad de personalización y flexibilidad de la plataforma web. ¿Se puede personalizar el diseño y la funcionalidad del sitio según las necesidades específicas? ¿Ofrece la plataforma una amplia gama de complementos, temas y extensiones para extender la funcionalidad del sitio?

Por ejemplo, tanto Shopify, como PrestaShop, WooCommerce y Adobe Commerce permiten la personalización del sitio web a través plantillas y temas.

4.1.6 Evaluar la seguridad y el soporte

La seguridad es fundamental en cualquier plataforma web. Debemos asegurarnos de elegir bien una plataforma que ofrezca medidas de seguridad robustas, actualizaciones regulares y soporte técnico confiable. Para ello, se puede investigar las políticas de seguridad y las opciones de soporte ofrecidas por cada plataforma.

En este sentido, las más seguras y frecuentemente actualizadas son Shopify, como PrestaShop, WooCommerce y Adobe Commerce. Sin embargo, en el tema de soporte y asistencia, Shopify ofrece un servicio de 24x7, WooCommerce y PrestaShop a través de sus comunidades online y, Adobe Commerce, ofrece varias opciones de servicio de asistencia técnica según lo contratado.

4.1.7 Considerar el coste

Se debe analizar el coste total de propiedad de cada plataforma, incluidos los gastos iniciales, costes de mantenimiento y tarifas de transacción, si procede. Además, debemos asegurarnos de entender completamente la estructura de precios de cada plataforma y como se relaciona con el presupuesto.

En este sentido, se debe considerar que WooCommerce y PrestaShop siempre van a requerir una inversión menor que Adobe Commerce y otras plataformas.

4.1.8 Revisar las integraciones y la escalabilidad

Se debe considerar todas las posibles integraciones con otras herramientas y servicios que se puedan necesitar en el negocio, como sistemas de pago (como TPV o PayPal), herramientas de marketing por correo electrónico (como MailChimp, Drip, Mailify, etcétera), sistemas de gestión de relaciones con el cliente CRM (como Salesforce, ForceManager, Zendesk, etcétera) y más.

Además, se debe evaluar la capacidad de escalabilidad de la plataforma para garantizar que pueda crecer con el negocio a largo plazo.

4.2 LENGUAJES WEB

Los lenguajes web son lenguajes de programación utilizados para desarrollar aplicaciones y sitios web, entre los que están los e-commerce. A continuación, se muestran los lenguajes web más comunes:

4.2.1 HTML y CSS

Como ya se comentó en el apartado 3.6.1, HTML (HyperText Markup Language) es el lenguaje estándar para crear páginas web. Se utiliza para estructurar el contenido de una página web mediante etiquetas y elementos. En el comercio electrónico, HTML se utiliza para crear la estructura básica de las páginas de productos, carritos de compra, páginas de pago, etc.

Por su parte, y como ya se comentó también en el apartado 3.6.3, CSS (Cascading Style Sheets) se utiliza para dar estilo y diseño a las páginas web creadas con HTML. Permite controlar la apariencia de los elementos HTML, como el color, la fuente, el tamaño y el diseño, etcétera En el comercio electrónico, CSS se suele utilizar, entre otras cosas, para diseñar la interfaz y mejorar la experiencia del usuario.

4.2.2 JavaScript

JavaScript es un lenguaje de programación interpretado, basado en el estándar ECMAScript (European Computer Manufacturer's Association Script). Se caracteriza por ser un lenguaje de programación orientado a eventos y basado en prototipos, dinámico y no demasiado tipado.

Sus orígenes se sitúan en 1995 y su nombre original era Mocha. Sin embargo, no tardó mucho en ser renombrado a LiveScript hasta que, finalmente, fue bautizado como JavaScript. La razón de este último cambio fue porque Sun Microsystems (propietaria de Java) compró Netscape y, como estrategia de marketing, decidió llamarlo como su "perla" más preciada. En resumen, que JavaScript no es el lenguaje script de Java.

Cabe destacar que ya, en el año 2012, todos los navegadores soportaban el estándar ECMAScript 5.1, con alguna excepción. No obstante, fue en el año 2015 cuando JavaScript alcanzó casi todo su potencial, con la llegada de ECMAScript 6.

El uso que se le da a JavaScript está, básicamente, en el lado del cliente y son los navegadores quienes lo implementan como parte de su potencial. Es por esta razón que muchas sentencias, métodos y eventos no funcionan igual, dependiendo de en que navegador estemos trabajando y puede que, incluso, algunas funcionalidades ni si siquiera, funcionen. Por suerte parece que, no tardando mucho, esto va a cambiar.

También existe, como muchos sabrán, un JavaScript que trabaja en el lado del servidor, aunque su uso está más encaminado a la programación orientada a objetos, desarrollo de microservicios y diseño de aplicaciones con alta carga de computación.

En lo referente a su sintaxis, JavaScript resulta tener un cierto parecido con Java, sin embargo, fue construido basándose en la sintaxis de C.

En el contexto del comercio electrónico, JavaScript se utiliza para desarrollar funciones avanzadas, como carritos de compra interactivos, filtros de productos, galerías de imágenes, etc.

A continuación, se muestra un ejemplo básico de JavaScript que muestra un mensaje de alerta con "Hola Mundo":

```html
<!DOCTYPE html>
<html lang="es">
<head>
    <meta charset="UTF-8">
    <meta name="viewport"
          content="width=device-width, initial-scale=1.0">
    <title>Ejemplo JavaScript</title>
```

```
    </head>

    <body>
        <h1>Ejemplo JavaScript</h1>

        <!-- Contenido de la página -->

        <script>
            // Código Javascript de ejemplo:
            // Función que muestra un mensaje emergente
            function mostrarMensaje() {
                alert("Hola mundo");
            }

            window.onload = function(){
                mostrarMensaje();
            }
        </script>
    </body>
    </html>
```

En este ejemplo, se ha incluido una etiqueta <script> dentro del elemento <body> del documento HTML. Dentro de esta etiqueta, se ha definido una función llamada mostrarMensaje() que utiliza la función alert() de JavaScript para mostrar una ventana emergente con el mensaje de "Hola mundo".

Posteriormente, se llama a la función mostrarMensaje() una vez se haya definido la función y la página esté cargada, lo que se controla con el evento "onload" del objeto window. Al tener una única función y no tener procesos asíncronos, la ejecución de este código JavaScript se realizará de manera secuencial, lo que garantizará que el mensaje emergente se muestre automáticamente cuando un usuario visite la página y se haya cargado todo lo necesario.

4.2.3 PHP y otros lenguajes de servidor

4.2.3.1 PHP

PHP (Hypertext Preprocessor) es un lenguaje de alto nivel, interpretado, multiparadigma y con tipado dinámico débil (dinámico débil quiere decir que el tipo de una variable puede cambiar durante el proceso de ejecución). Se utiliza para procesar formularios, interactuar con bases de datos, generar contenido dinámico y mucho más. En el comercio electrónico, PHP se utiliza para desarrollar plataformas de e-commerce, sistemas de gestión de contenido (CMS) como WordPress, Joomla y Drupal, así como para crear funciones personalizadas relacionadas con el comercio electrónico.

A continuación, se muestra un ejemplo básico de PHP que muestra el típico mensaje de "Hola mundo" cuando se accede a la página web que lo contiene:

```html
<!DOCTYPE html>
<html lang="es">
<head>
    <meta charset="UTF-8">
    <meta name="viewport"
          content="width=device-width, initial-scale=1.0">
    <title>Ejemplo PHP</title>
</head>
<body>
    <h1>Ejemplo PHP</h1>

    <?php
        // Código PHP para imprimir un mensaje
        echo "Hola mundo";
    ?>
</body>
</html>
```

En este ejemplo, el código PHP está incrustado dentro del código HTML utilizando las etiquetas <?php y ?>, las cuales indican inicio y fin de código PHP, respectivamente. La línea con la instrucción echo imprimirá el mensaje "Hola mundo" en la página web cuando se cargue.

Una vez que se haya ejecutado e interpretado el código PHP se enviará el resultado al navegador del usuario como si de una página HTML estática se tratase.

4.2.3.2 PYTHON

Python es un lenguaje de programación de alto nivel, interpretado y multiparadigma como PHP, pero con un tipado dinámico fuerte(dinámico fuerte quiere decir que el tipo de una variable no puede cambiar durante el proceso de ejecución). Es conocido por su sintaxis simple y legible, lo que lo hace ideal para principiantes y también es utilizado en una amplia gama de aplicaciones, incluyendo desarrollo web, análisis de datos, inteligencia artificial, scripting y más.

A continuación, se muestra un ejemplo básico que combina Python con HTML para crear una página web simple que muestra un mensaje "Hola mundo":

```python
# Primero se define la función que generará el contenido HTML
def generar_pagina():
    contenido_html = """
    <!DOCTYPE html>
    <html lang="es">
    <head>
        <meta charset="UTF-8">
        <meta name="viewport"
                content="width=device-width, initial-scale=1.0">
        <title>Ejemplo Python y HTML</title>
    </head>
    <body>
        <h1>¡Hola, mundo!</h1>
    </body>
    </html>
    """
    return contenido_html

# Ahora, generamos y mostramos el código resultante
with open("pagina.html", "w") as archivo:
    archivo.write(generar_pagina())
```

En este ejemplo, primero se define una función llamada generar_pagina() que devuelve una cadena de texto que representa el contenido HTML que se desea mostrar en la página. Posteriormente, se abre un archivo llamado "pagina.html" en modo de escritura y escribimos el código HTML devuelto por la función generar_pagina() en ese archivo.

Para ejecutar este código, sólo se deberá guardar en un archivo con extensión .py, por ejemplo generar_pagina.py, y ejecutarlo con Python desde la línea de comandos. Después de ejecutar este script, se generará un archivo llamado "pagina.html" en el mismo directorio, lo que nos permitirá abrir este archivo en un navegador web y ver la página resultante HTML.

4.2.3.3 NODEJS

Node.js es un entorno de ejecución de JavaScript de código abierto, multiplataforma y que permite a los desarrolladores crear toda clase de herramientas del lado servidor y aplicaciones en JavaScript. En general, se puede decir que está diseñado para ser eficiente y escalable en el manejo de operaciones de entrada y salida (I/O), lo que lo hace ideal para aplicaciones web en tiempo real y de alta concurrencia.

Node.js se basa en un modelo de E/S no bloqueante y basado en eventos, lo que significa que las operaciones de entrada y salida no bloquean el hilo principal del servidor. En su lugar, Node.js utiliza callbacks y eventos para manejar las operaciones de manera asíncrona, lo que permite a Node.js manejar múltiples conexiones simultáneamente sin incurrir en la sobrecarga asociada con la creación de un nuevo hilo para cada conexión.

A continuación, se muestra un ejemplo básico de como crear la típica página de "Hola mundo":

Primero, crearemos un archivo denominado server.js con el siguiente código:

```
const http = require('http');
const fs = require('fs');

// Creamos el servidor
const server = http.createServer((req, res) => {
    // Leemos el archivo HTML
    fs.readFile('index.html', (err, data) => {
        if (err) {
            // Si ocurre un error, enviamos un código de estado 500
            res.writeHead(500);
            return res.end('Error cargando el archivo HTML');
        }
        // Si todo va bien, respondemos con el contenido del archivo
HTML
        res.writeHead(200, {'Content-Type': 'text/html'});
        res.end(data);
    });
});

// Escuchamos en el puerto 3000
server.listen(3000, () => {
    console.log('Servidor corriendo en http://localhost:3000/');
});
```

A continuación, crearemos un archivo HTML denominado index.html en el mismo directorio que el archivo server.js con el siguiente código:

```
<!DOCTYPE html>
<html lang="es">
<head>
    <meta charset="UTF-8">
    <meta name="viewport"
          content="width=device-width, initial-scale=1.0">
    <title>Ejemplo Node.js y HTML</title>
</head>

<body>
    <h1>Hola mundo</h1>
</body>
</html>
```

Finalmente, abriremos una sesión de terminal, navegaremos o iremos al directorio donde se tienen guardados los archivos y ejecutaremos el servidor Node.js con el siguiente comando:

```
node server.js
```

Esto iniciará el servidor Node.js en el puerto 3000 (el puerto por defecto), lo que nos permitirá, debería permitir, llamar a la URL http://localhost:3000/ desde cualquier navegador y ver la página HTML que hemos creado.

4.2.4 Lenguajes de bases de datos

4.2.4.1 SQL

SQL (Structured Query Language) es un lenguaje de programación utilizado para gestionar y manipular bases de datos relacionales. Fue desarrollado originalmente por IBM en la década de 1970 y desde entonces se ha convertido en el estándar para interactuar con sistemas de gestión de bases de datos relacionales (RDBMS) como son MySQL, MariaDB, PostgreSQL, SQL Server, Oracle o SQLite, entre otros.

SQL se utiliza para realizar una amplia variedad de tareas relacionadas con las bases de datos como son:

- ▶ **La creación de bases de datos y tablas**: SQL permite definir la estructura de una base de datos, crear tablas para almacenar datos, definir relaciones entre tablas, y establecer restricciones de integridad como claves primarias y foráneas.

▶ **La manipulación de datos**: SQL proporciona comandos para insertar, actualizar y eliminar datos en una base de datos. Esto incluye la capacidad de seleccionar datos de una tabla utilizando la cláusula SELECT, filtrar y ordenar datos, y realizar operaciones de agregación como suma, promedio, conteo, etc.

▶ **La consulta de datos**: SQL permite realizar consultas complejas para recuperar datos de una o más tablas, utilizando operadores lógicos, funciones de agregación, y combinando múltiples criterios de búsqueda.

▶ **La modificación de la estructura de la base de datos**: SQL proporciona comandos para modificar la estructura de la base de datos, como agregar o eliminar columnas de una tabla, cambiar el tipo de datos de una columna, y crear o eliminar índices para mejorar el rendimiento de las consultas.

▶ **El control de acceso y seguridad**: SQL incluye comandos para gestionar permisos de usuario, conceder y revocar privilegios de acceso a la base de datos y sus objetos, y proteger los datos sensibles mediante la aplicación de políticas de seguridad.

4.2.4.2 NOSQL (NOT ONLY SQL)

Es un término general que se refiere a una amplia gama de sistemas de gestión de bases de datos que difieren del modelo tradicional de bases de datos relacionales basado en SQL (Structured Query Language) y están diseñados para manejar grandes volúmenes de información y proporcionar soluciones eficientes y escalables para casos de uso que pueden no adaptarse bien al modelo relacional tradicional. En general, se suele decir que estas bases de datos son orientadas u objetos o documentos. Ejemplos de sistemas de bases de datos NoSQL son MongoDB (orientado a documentos), Cassandra (orientado a datos ampliamente distribuidos), IndexedDB (orientado a transacciones), Neo4j (orientado a datos de tipo grafo) y Redis (orientado a datos de tipo clave-valor), entre otras.

Algunas características comunes de las bases de datos NoSQL son:

▶ **Escalabilidad horizontal**: las bases de datos NoSQL están diseñadas para escalar horizontalmente de forma más fácil y eficiente que las bases de datos relacionales, lo que las hace ideales para aplicaciones que requieren manejar grandes volúmenes de datos o un alto rendimiento.

▶ **Flexibilidad en el esquema de datos**: a diferencia de las bases de datos relacionales SQL, que tienen un esquema fijo y predefinido, las bases de datos NoSQL suelen ser esquemas dinámicos o flexibles, lo que permite almacenar datos de forma más variada y sin una estructura fija.

▶ **Alto rendimiento**: las bases de datos NoSQL están optimizadas para operaciones de lectura y escritura de alto rendimiento, lo que las hace adecuadas para aplicaciones que requieren una rápida recuperación y manipulación de datos.

▶ **Modelos de datos específicos**: las bases de datos NoSQL están diseñadas para manejar diferentes tipos de datos y estructuras de datos, lo que las hace adecuadas para una variedad de casos de uso, como almacenar datos JSON en bases de datos de documentos o modelar relaciones complejas en bases de datos de grafos.

4.2.5 Elección del lenguaje

En cuanto a que lenguaje elegir para el desarrollo de un comercio electrónico, generalmente se utilizan múltiples lenguajes en conjunto para formar una aplicación completa. Por ejemplo, HTML y CSS se utilizan para la estructura y el diseño de la página, JavaScript se utiliza para la interactividad del cliente, PHP (o cualquier otro lenguaje del lado del servidor como Python, Java o C++) se utiliza para el procesamiento de datos en el servidor, y SQL se utiliza para interactuar con la base de datos.

La elección de los lenguajes específicos dependerá de los requisitos del proyecto, las habilidades del equipo de desarrollo y otros factores como la escalabilidad, el rendimiento y la seguridad. En muchos casos, los desarrolladores optan por utilizar marcos y bibliotecas que simplifican el desarrollo web, como Laravel (PHP), React.js (JavaScript), y Bootstrap (CSS), entre otros.

4.3 COMPONENTES DEL ESTÁNDAR J2EE: SERVLETS Y JSPS

J2EE (Java 2 Platform, Enterprise Edition) es una plataforma de desarrollo empresarial que proporciona un conjunto de especificaciones, APIs y tecnologías para el desarrollo y despliegue de aplicaciones empresariales escalables y robustas en Java. Dos de los componentes principales de J2EE son Serles y GPS:

4.3.1 Servlets (Servidores de Servlet)

Los servlets son programas Java que se ejecutan en el servidor web para procesar las solicitudes del cliente y generar respuestas dinámicas. Los servlets extienden la clase HttpServlet y pueden manejar una variedad de solicitudes HTTP, como GET, POST, PUT, DELETE, etc. Los servlets son especialmente útiles para realizar tareas como el procesamiento de formularios, la autenticación de usuarios, la generación de contenido dinámico y la interacción con bases de datos.

A continuación, se muestra un ejemplo simple de un servlet que responde con un mensaje de "Hola Mundo":

```java
import java.io.*;
import javax.servlet.*;
import javax.servlet.http.*;

public class HolaMundoServlet extends HttpServlet {
    public void doGet(HttpServletRequest request, HttpServletResponse
response) throws ServletException, IOException {
        response.setContentType("text/html");
        PrintWriter out = response.getWriter();
        out.println("<!DOCTYPE html>");
        out.println("<html>");
        out.println("<head>");
        out.println("    <meta charset=\"UTF-8\">");
        out.println("    <title>Hola Mundo JSP</title>");
        out.println("</head>");
        out.println("<body>");
        out.println("    <h1>Hola Mundo desde un Servlet</h1>");
        out.println("</body></html>");
    }
}
```

Para utilizar este servlet, se debe compilar y desplegar en un contenedor de servlets compatible, como Apache Tomcat o Jetty.

4.3.2 JSPs (JavaServer Pages)

JSPs son páginas web dinámicas que contienen código Java incrustado en HTML o XHTML para generar contenido dinámico. Los JSPs se compilan en servlets por el contenedor JSP durante el tiempo de ejecución y luego se ejecutan en el servidor web para generar la salida HTML que se enviará al cliente. Los JSPs permiten una separación clara entre la lógica de presentación y la lógica de negocio, lo que facilita el desarrollo y el mantenimiento de aplicaciones web.

A continuación, se muestra un ejemplo de un JSP que muestra un mensaje de "Hola Mundo":

```
<%@ page language="java" contentType="text/html; charset=UTF-8"
pageEncoding="UTF-8"%>
<!DOCTYPE html>
<html>
    <head>
        <meta charset="UTF-8">
        <title>Hola Mundo JSP</title>
    </head>
    <body>
        <h1><% out.println("Hola Mundo desde un JSP"); %></h1>
    </body>
</html>
```

Este JSP se compilará en un servlet por el contenedor JSP durante el tiempo de ejecución y se ejecutará en el servidor web para producir la salida HTML correspondiente, que, curiosamente, será exactamente la misma que la salida del anterior ejemplo de servlet.

4.3.3 Otras consideraciones a tener en cuenta

Ambos componentes son fundamentales para el desarrollo de aplicaciones web empresariales en Java. Los servlets proporcionan un mecanismo de procesamiento de solicitudes flexible y potente (lo que viene siendo más la lógica de negocio), mientras que los JSPs facilitan la creación de interfaces de usuario y la generación de contenido web dinámico (lo que viene siendo más la lógica de presentación). Juntos, estos dos componentes permiten a los desarrolladores crear aplicaciones web escalables, seguras y de alto rendimiento en la plataforma J2EE.

Por tanto, en resumen, los servlets manejan la lógica de negocio y la interacción con el servidor, mientras que los JSPs se utilizan para presentar la información de manera dinámica al usuario final.

4.4 ELEMENTOS CRÍTICOS EN PÁGINAS E-COMMERCE

Los elementos críticos en las páginas de comercio electrónico son aquellos que influyen directamente en la experiencia del usuario y en la capacidad de convertir visitantes en clientes. A continuación, se muestran algunos elementos críticos a tener en cuenta en los comercios electrónicos:

- **Diseño responsivo o receptivo**: es fundamental que el diseño de la página sea compatible con todos los dispositivos móviles y que se adapte a los diferentes tamaños de pantalla. Esto garantizará, entre otras cosas, una experiencia de usuario óptima para los usuarios que acceden al sitio desde dispositivos portátiles, lo que representa una parte muy significativa del tráfico.

- **Navegación intuitiva**: la navegación debe ser clara, sencilla y fácil de entender para los usuarios. Se deben proporcionar menús de navegación bien organizados, categorías claramente diferenciables y una barra de búsqueda visible para ayudar a los usuarios a encontrar lo que estén buscando de forma rápida.

- **Imágenes de alta calidad**: las imágenes de los productos deben ser claras, nítidas y de alta resolución. Si se piensa, los usuarios confían en las imágenes para evaluar los productos y tomar decisiones de compra, por lo que es muy buena idea mostrar imágenes de alta calidad desde diferentes ángulos y contextos.

- **Descripciones detalladas de los productos**: las descripciones de los productos deben ser informativas, detalladas y precisas. Deben incluir información relevante como características, especificaciones técnicas, dimensiones, materiales e instrucciones de instalación y cuidado, entre otros detalles, para que los usuarios puedan tomar las decisiones de compra adecuadamente.

- **Botón de compra claro**: el botón de compra (como "Agregar al carrito" o "Comprar ahora") debe ser prominente, visible y fácil de encontrar en la página del producto. Además, debe destacarse con un color llamativo y un texto descriptivo para alentar a los usuarios a realizar la compra.

- **Proceso de pago simplificado**: el proceso de pago debe ser lo más simple y transparente posible. Se deben minimizar los pasos requeridos para completar una compra y proporcionar opciones de pago seguras y confiables para los usuarios.

► **Opiniones y testimonios**: las opiniones y testimonios de clientes anteriores pueden influir en las decisiones de compra de los usuarios. Por ello, es importante mostrar las reseñas de productos y testimonios de clientes fidedignas para aumentar la confianza y la credibilidad en el sitio.

► **Seguridad y confianza**: los usuarios deben sentirse seguros al realizar transacciones en el sitio. Por ello, es importante mostrar los sellos de seguridad y certificaciones de confianza apropiados, así como proporcionar las políticas claras de privacidad, devolución y seguridad de la información del cliente.

Cabe destacar que, éstos, son sólo algunos de los elementos críticos en las páginas de comercio electrónico y que es muy importante optimizar la experiencia del usuario de manera continua y realizar pruebas para identificar las posibles áreas de mejora y, así, aumentar las conversiones.

4.5 IMÁGENES DIGITALES

Las imágenes digitales y la edición multimedia son elementos fundamentales en el diseño web y en la comunicación visual en general. A continuación, se proporciona una explicación detallada sobre que son, como se editan y algunos ejemplos:

4.5.1 ¿Qué son las imágenes digitales?

Las imágenes digitales son representaciones visuales de datos en forma de píxeles, que se almacenan y procesan en formato digital. Estas imágenes pueden ser fotografías, ilustraciones, gráficos, infografías o cualquier otro tipo de representación visual.

4.5.2 ¿Cómo se editan las imágenes digitales?

Las imágenes digitales se pueden editar utilizando software de edición de imágenes como Adobe Photoshop, GIMP o Canva, entre otros. Algunas de las técnicas comunes de edición incluyen:

- **Recorte y redimensionamiento**: permite ajustar el tamaño y la composición de la imagen.

- **Corrección de color y exposición**: se utilizan para ajustar el brillo, contraste, temperatura de color y otros atributos para mejorar la apariencia de la imagen.

- **Retoque y restauración**: se utilizan para eliminar imperfecciones, suavizar la piel, eliminar elementos no deseados o restaurar imágenes antiguas.

- **Filtros y efectos**: se aplican para agregar estilo, textura, efectos artísticos u otros elementos creativos a la imagen.

- **Capas y máscaras**: permite trabajar de forma no destructiva y realizar ajustes selectivos en diferentes partes de la imagen. Esto incluye, por ejemplo, la incrustación de textos, iconos, emoticonos, o la superposición de otras imágenes digitales dentro de la misma (por ejemplo, un collage).

4.5.3 Ejemplos de uso de imágenes digitales

- **Fotografía digital**: fotografías de paisajes, retratos, productos o eventos que se capturan con cámaras digitales.

- **Gráficos vectoriales**: ilustraciones y gráficos creados con software de diseño vectorial como Adobe Illustrator o Inkscape que se pueden utilizar para crear logotipos, iconos, ilustraciones, infografías y otros elementos gráficos.

- **Gráficos web**: imágenes utilizadas en el diseño de sitios y páginas web como banners, botones, fondos, imágenes de productos y otros elementos visuales que complementan el contenido.

- **Publicidad digital**: anuncios gráficos y banners, animados o no, diseñados para su uso en campañas de publicidad online y que pueden incluir texto, imágenes y efectos visuales para captar la atención del espectador.

- **Arte digital**: obras de arte creadas digitalmente utilizando tabletas gráficas, lápices ópticos, software de dibujo u otras técnicas como el uso de determinadas propiedades de CSS, que pueden variar desde ilustraciones digitales hasta arte conceptual y animaciones.

En resumen, las imágenes digitales y la edición multimedia son herramientas poderosas para comunicar ideas, mejorar la estética visual y crear contenido atractivo en diversos contextos, incluido el diseño web, la publicidad, el arte y el comercio online.

4.6 EDICIÓN MULTIMEDIA

La edición multimedia se refiere al proceso de combinar diferentes tipos de medios, como imágenes, audio, vídeo, texto y gráficos, para crear un contenido interactivo y atractivo. Esta práctica se utiliza en una amplia variedad de campos, incluyendo el diseño web, la producción de vídeos, la creación de presentaciones, el desarrollo de aplicaciones multimedia y muchos otros más.

4.6.1 ¿Qué es la edición multimedia?

La edición multimedia es un proceso de manipulación y combinación de diferentes elementos de medios digitales para crear contenido cohesivo y atractivo. Esto puede incluir tareas como la edición de vídeo con herramientas como Adobe Premiere o Kinemaster, la composición de imágenes con herramientas como Gimp o Adobe Photoshop, la mezcla de audio con herramientas como Sound Forge o Audacity o la animación y la creación de gráficos con herramientas como Canva, Visme o Adobe Animate. La edición multimedia, por tanto, es fundamental en la creación de experiencias interactivas y envolventes para el público.

4.6.2 Ejemplo de edición multimedia

Un ejemplo común de edición multimedia es la creación de un vídeo promocional para una empresa. En este proceso, se pueden combinar diferentes elementos multimedia, como clips de vídeo, música de fondo, efectos visuales, gráficos animados y texto, para contar una historia convincente sobre los productos o servicios de la empresa.

Imaginemos una empresa de viajes que quiere promocionar sus destinos turísticos. El equipo de edición multimedia puede combinar imágenes y vídeos de paisajes exóticos, testimonios de clientes satisfechos, información sobre paquetes turísticos y datos interesantes sobre cada destino. Además, pueden agregar efectos visuales, transiciones suaves, música inspiradora y texto dinámico para captar la atención del espectador y transmitir la emoción y la belleza de viajar.

En resumen, la edición multimedia es una herramienta versátil y poderosa para crear contenido atractivo y emocionante que puede influir en las percepciones y acciones del público objetivo. Desde vídeos promocionales hasta presentaciones interactivas y aplicaciones multimedia, la edición multimedia desempeña un papel clave en la comunicación visual en la era digital.

4.7 EL VÍDEO DIGITAL

El vídeo digital es un formato de archivo que almacena y reproduce secuencias de imágenes en movimiento, también conocidas como vídeo, de forma digital. Este formato ha revolucionado la manera en que consumimos y creamos contenido audiovisual, ya que ofrece numerosas ventajas sobre los medios tradicionales, como la cinta de vídeo o el cine analógico. A continuación, se proporciona una explicación más detallada sobre el vídeo digital:

4.7.1 Características del vídeo digital

- **Formato digital**: los vídeos digitales se almacenan en formato digital, lo que significa que la información se codifica en datos binarios que pueden ser procesados y reproducidos por dispositivos electrónicos, como ordenadores, smartphones, tablets y televisores.

- **Compresión de datos**: para reducir el tamaño del archivo y facilitar su almacenamiento y distribución, los vídeos digitales suelen ser comprimidos utilizando algoritmos de compresión de datos. Esto permite mantener una alta calidad de imagen y sonido, incluso en tamaños de archivo relativamente pequeños.

- **Codificación de vídeo y audio**: los vídeos digitales pueden contener tanto información de vídeo como de audio, que se codifica utilizando diversos estándares y códecs (codificadores-decodificadores). Los códecs populares incluyen H.264, MPEG-4, AVI, MKV, entre otros.

- **Resolución y calidad**: los vídeos digitales pueden tener una amplia gama de resoluciones y calidades, desde definición estándar (SD) hasta alta definición (HD), FHD, 2K, 4K, 8K y más allá. La resolución determina la nitidez y claridad de la imagen, mientras que la calidad del audio afecta la fidelidad del sonido.

▶ **Compatibilidad y reproducción**: los vídeos digitales pueden reproducirse en una variedad de dispositivos y plataformas, incluyendo ordenadores, dispositivos móviles, Smart TVS, reproductores de medios (MP3/MP4 players) y servicios de streaming online.

4.7.2 Ejemplos de uso de vídeo digital

▶ **Cine y televisión**: la industria del cine y la televisión ha adoptado ampliamente el formato digital para la producción, distribución y proyección de películas, series y programas de televisión.

▶ **Publicidad y marketing**: las empresas utilizan vídeos digitales para crear anuncios publicitarios, promocionar productos o servicios, y compartir mensajes de marca con su audiencia.

▶ **Educación y capacitación**: en el ámbito educativo, los vídeos digitales se utilizan para crear material didáctico, tutoriales online, cursos de formación y conferencias virtuales.

▶ **Entretenimiento**: plataformas de streaming como YouTube, Netflix, Amazon Prime Video, Max, Disney+ ofrecen una amplia variedad de contenido de vídeo digital, incluyendo vídeos musicales, series web, películas, vídeo blogs (vlogs) y más.

▶ **Comunicación y redes sociales**: las redes sociales permiten a los usuarios compartir y consumir vídeos digitales de manera rápida y sencilla, lo que ha dado lugar a fenómenos virales, memes y contenido generado por los usuarios o por IA.

En resumen, el vídeo digital ha cambiado la forma en que interactuamos con el contenido audiovisual, proporcionando una plataforma versátil y accesible para contar historias, transmitir información y expresar creatividad en el mundo digital.

4.8 HISTORIA. PÍXEL

El término "píxel" es una abreviatura de "elemento de imagen" en inglés (picture element). Se refiere a la unidad más pequeña de una imagen digital que puede ser controlada o representada. La historia del píxel se remonta al desarrollo de la tecnología de visualización y captura de imágenes, y ha evolucionado a lo largo del tiempo junto con los avances en la informática y la tecnología de la imagen.

4.8.1 Orígenes y desarrollo temprano

En la década de 1960 es cuando surgieron los primeros conceptos de píxeles dentro de unos laboratorios de investigación que buscaban formas de digitalizar y visualizar imágenes. Los primeros dispositivos de visualización, como los monitores CRT (Tubo de Rayos Catódicos), dividían la pantalla en una cuadrícula de puntos individuales llamados píxeles.

Pero no fue hasta la década de 1970, con la llegada de las primeros ordenadores personales y sistemas de gráficos por ordenador, cuando el concepto de píxel se hizo más relevante. Esto es así porque fue, por aquel entonces, cuando los gráficos en pantalla se representaron utilizando matrices de píxeles, donde cada píxel podía ser controlado para mostrar un color específico.

Posteriormente, en la década de 1980, llegaron los avances en tecnología y la resolución de pantalla y la calidad de la imagen mejoraron con el desarrollo de nuevas tecnologías de visualización, como las pantallas de matriz activa (LCD) y los monitores en color. Es aquí, donde los píxeles se volvieron más pequeños y numerosos, lo que permitió una representación más detallada de las imágenes.

Tras la popularización de Internet y las cámaras digitales, en la década de 1990, se llegó a una mayor demanda de imágenes digitales y los píxeles se convirtieron en una medida estándar de la resolución de imagen, con especificaciones como "megapíxeles" utilizadas para describir la calidad de las cámaras y los dispositivos de visualización.

Y ya entrando en el siglo XXI, con la evolución de la era digital, el surgimiento de dispositivos móviles, cámaras digitales de alta resolución y pantallas de alta definición ha llevado a una mayor atención en la calidad y precisión de los píxeles. Los desarrolladores y diseñadores web trabajan con imágenes de alta resolución y píxeles densamente empaquetados para crear experiencias visuales envolventes y realistas.

4.8.2 Impacto en la cultura digital

▶ **Arte digital**: los artistas digitales utilizan píxeles como bloques de construcción fundamentales en sus obras, explorando estilos como el arte de píxeles (pixel art, una forma de arte digital donde cada pixel es de un color y, por decirlo así, de gran tamaño como si cada píxel fuese una caja o un cuadrado) y el arte generativo a través de algoritmos de IA.

▶ **Videojuegos**: evidentemente, los píxeles son una parte esencial en los videojuegos, pero tienen una especial significación en aquellos que son indie y/o retro, donde el estilo de píxeles es, o era, una estética distintiva. Por ejemplo, Pac-Man, Mario Bros (original), Galaxian, Tetris.

▸ **Cultura popular**: los emojis, los memes y los GIF animados son formas populares de comunicación digital que se basan en la representación de imágenes mediante píxeles.

4.9 FRAME (FOTOGRAMA)

Un "frame" o fotograma es una unidad individual de una secuencia de vídeo o animación. En el contexto del vídeo digital, un fotograma representa una imagen estática en un momento específico en el tiempo dentro de la secuencia de vídeo. Estas imágenes se muestran en rápida sucesión para crear la ilusión de movimiento.

4.9.1 Características de un fotograma

▸ **Imagen estática**: cada fotograma es una imagen fija que muestra una instantánea de la acción en el vídeo en un momento específico.

▸ **Velocidad**: la velocidad a la que se muestran los fotogramas consecutivos determina la fluidez y la percepción del movimiento en el vídeo. La velocidad de fotogramas se mide en fotogramas (o frames) por segundo (fps).

▸ **Resolución**: la resolución de un fotograma determina la calidad de la imagen. Los fotogramas pueden tener diferentes resoluciones, como definición estándar (SD), alta definición (HD), Full HD, 2K, 4K, etc.

▸ **Compresión de datos**: los fotogramas pueden estar comprimidos utilizando diversos algoritmos de compresión para reducir el peso y facilitar el almacenamiento y la transmisión.

4.9.2 Ejemplos de uso de los fotogramas

▸ **Producción de vídeo**: durante la producción de vídeo, los fotogramas individuales se capturan mediante cámaras de vídeo (a diferentes velocidades) o se generan mediante software de animación. Estos fotogramas se combinan luego en una secuencia para crear el vídeo final.

▶ **Edición y postproducción**: en la etapa de edición y postproducción, los fotogramas se manipulan y editan para ajustar el color, el contraste, la saturación y otros aspectos visuales. También se pueden aplicar efectos especiales y transiciones entre fotogramas.

▶ **Reproducción**: durante la reproducción de un vídeo, los fotogramas se muestran en rápida sucesión para crear la ilusión de movimiento. Cuanto mayor sea la velocidad de fotogramas, más suave y fluida será la reproducción.

▶ **Análisis y referencia**: los fotogramas individuales a menudo se utilizan para análisis detallados o como referencia en la producción de vídeo. Los fotogramas clave, también conocidos como "keyframes", son fotogramas específicos que definen cambios importantes en la animación o la acción y marcan la sincronización para que no haya desajustes no deseados como el audio no vaya en sincronía con la imagen.

4.10 RELACIÓN DE ASPECTO (ASPECT RATIO)

La relación de aspecto, conocida también como "aspect ratio" en inglés, se refiere a la proporción entre la anchura y la altura de una imagen, pantalla o fotograma de vídeo. Esta relación se expresa como una fracción o un número decimal que indica cuántas unidades de anchura hay en relación con las unidades de altura.

Por ejemplo, una relación de aspecto de 16:9 significa que por cada 16 unidades de ancho hay 9 unidades de alto. Esta relación se encuentra comúnmente en la mayoría de las pantallas de televisión de alta definición (Full HD) y se utiliza ampliamente en la producción de contenido de vídeo para televisión y streaming.

Otro ejemplo común es la relación de aspecto 4:3, que era estándar en las televisiones y monitores CRT más antiguos. Esta relación, por tanto, se refiere a 4 unidades de anchura por cada 3 unidades de altura.

Algunas otras relaciones de aspecto comunes incluyen 1:1 (cuadrada), 3:2 (utilizada en cámaras fotográficas DSLR), 2.35:1 (anamórfica, utilizada en el cine) y muchas más.

Es importante tener en cuenta la relación de aspecto al diseñar contenido visual, ya que puede afectar la apariencia y la experiencia del espectador. Por ejemplo, una relación de aspecto más ancha puede ser más interesante para películas panorámicas, mientras que una relación más cuadrada puede ser más idónea para presentaciones de diapositivas o contenido en redes sociales.

4.11 FPS (FRAMES PER SECOND)

FPS o Frames per Second (Fotogramas por Segundo), es una medida que indica la cantidad de imágenes individuales o fotogramas que se muestran en un segundo en una secuencia de vídeo o animación. Es una métrica fundamental en la producción y visualización de contenido multimedia, ya que determina la fluidez y la apariencia del movimiento.

En términos simples, FPS describe la velocidad a la que se reproducen los fotogramas en un vídeo. Cuanto mayor sea el número de FPS, más fluida y realista será la apariencia del movimiento. Por otro lado, si la velocidad de cuadros es baja, es decir, menos FPS, el movimiento puede parecer entrecortado o menos natural.

La cantidad de FPS idónea depende del tipo de contenido y del contexto de visualización. Por ejemplo:

- **Cine y televisión**: la mayoría de las películas y programas de televisión antiguos se grababan y proyectaban a 24 FPS, lo que proporciona una apariencia cinematográfica clásica. Sin embargo, en la televisión actual y el streaming digital, se utilizan frecuencias de cuadro más altas, como 30 FPS o 60 FPS, para una experiencia más suave y nítida.

- **Videojuegos**: los videojuegos suelen requerir velocidades de cuadro más altas para una experiencia de juego fluida y receptiva. Los estándares comunes incluyen 30 FPS para juegos de consola antiguas y 60 FPS o más para juegos de PC y consolas de nueva generación.

- **Contenido web y redes sociales**: en plataformas de vídeo online como YouTube o Vimeo, y en redes sociales como Instagram o TikTok, es común ver contenido con una variedad de velocidades de cuadro que van desde los 24 FPS hasta los 60 FPS o más, dependiendo de las preferencias del creador y los requisitos de la plataforma.

4.12 VÍDEO PROGRESIVO/ENTRELAZADO

El término "vídeo progresivo" y "vídeo entrelazado" se refieren a dos métodos diferentes de mostrar imágenes en movimiento en una pantalla, especialmente en televisores y monitores.

Cabe destacar que el vídeo progresivo proporciona una calidad de imagen superior y una reproducción más suave del movimiento en comparación con el vídeo entrelazado, pero, a medida que las tecnologías de visualización han ido avanzando, el vídeo progresivo se ha vuelto más dominante y preferido en la mayoría de los casos, especialmente en las transmisiones de alta definición y las pantallas de alta resolución.

4.12.1 Vídeo Progresivo (Progressive Scan)

En el vídeo progresivo, cada fotograma del vídeo se muestra secuencialmente en la pantalla de manera completa, línea por línea, de arriba a abajo. En otras palabras, la imagen completa se muestra en cada fotograma, lo que resulta en una visualización más nítida y detallada. Este método es común en la mayoría de las transmisiones de alta definición (HD) y resoluciones superiores, como Full HD (1080p) y Ultra HD (4K), 8K, etcétera, así como en la mayoría de los reproductores de DVD y Blu-ray.

4.12.2 Video Entrelazado (Interlaced Scan)

En el vídeo entrelazado, cada fotograma del vídeo se divide en dos campos, conocidos como campos impares y pares. Primero se muestra el campo impar, que contiene las líneas impares de la imagen, y luego se muestra el campo par, que contiene las líneas pares. Estos campos se muestran alternativamente, lo que puede resultar en artefactos visuales, especialmente en escenas con mucho movimiento. El vídeo entrelazado fue común en las transmisiones de televisión analógica y en los primeros formatos de vídeo, como el estándar de definición (SD) y algunos formatos de alta definición (HD) más antiguos.

4.13 COMPRESIÓN DE VÍDEO Y FORMATOS ESTÁNDAR

La compresión de vídeo es un proceso mediante el cual se reduce el tamaño de un archivo de vídeo al eliminar datos redundantes o menos importantes sin comprometer significativamente la calidad visual. Este proceso es esencial para la transmisión eficiente de vídeos a través de Internet, almacenamiento de vídeos en dispositivos con recursos limitados y distribución de contenido multimedia en general.

Existen dos tipos principales de compresión de vídeo:

4.13.1 Compresión sin pérdida (Lossless)

En este método, la compresión se realiza de tal manera que no se pierde ningún detalle o calidad visual durante el proceso. Para ello, se recurre a el uso de algoritmos de compresión que eliminan redundancias en los datos, como patrones repetitivos o información innecesaria, pero conservan cada píxel de la imagen original. La compresión sin pérdida es útil cuando se necesita mantener la más alta calidad posible, pero puede no reducir el tamaño del archivo de vídeo tanto como la compresión con pérdida.

4.13.2 Compresión con pérdida (Lossy)

Este método de compresión elimina datos redundantes y menos importantes de manera más agresiva que el método de compresión sin pérdidas para reducir el tamaño del archivo. Durante este proceso, se pierde cierta información visual, lo que puede resultar en una ligera degradación de la calidad del vídeo. Sin embargo, la compresión con pérdida suele ser más efectiva para reducir el tamaño del archivo de vídeo significativamente sin una pérdida perceptible de calidad, especialmente cuando se utiliza una tasa de bits adecuada y algoritmos de compresión avanzados.

4.13.3 Formatos o códecs estándar

Algunos de los formatos de compresión de vídeo más comunes que utilizan en la actualidad son:

4.13.3.1 FORMATOS O CÓDECS ESTÁNDAR SIN PÉRDIDA

Los formatos de compresión de vídeo más comunes que utilizan compresión sin pérdida son:

- **FFV1 (Fast Forward vídeo 1)**: es un formato de compresión de vídeo sin pérdida desarrollado como parte del proyecto FFmpeg. Es utilizado principalmente en aplicaciones de archivo y preservación digital debido a su capacidad para conservar cada píxel de vídeo sin pérdida de calidad.

- **Huffyuv**: este es otro formato de compresión de vídeo sin pérdida que es ampliamente utilizado en aplicaciones de edición de vídeo y transcodificación de alta calidad. Es especialmente popular en el entorno de Windows.

▶ **UT vídeo Codec Suite**: es una colección de formatos de compresión de vídeo sin pérdida, incluyendo UTVídeo, UTVideo RGB, y UT vídeo YUV. Se utiliza comúnmente en aplicaciones donde se requiere una calidad de vídeo excepcional sin sacrificar el rendimiento.

▶ **Apple ProRes 4444 XQ**: aunque ProRes es generalmente un formato de compresión con pérdida, la variante ProRes 4444 XQ es sin pérdida. Es ampliamente utilizado en la industria del cine y la producción de vídeo profesional debido a su capacidad para preservar la calidad original del vídeo.

4.13.3.2 FORMATOS O CÓDECS ESTÁNDAR CON PÉRDIDA

Los formatos de compresión de vídeo más comunes que utilizan compresión con pérdida son:

▶ **H.264 (también conocido como AVC)**: es uno de los formatos de compresión de vídeo más utilizados y es compatible con una amplia gama de dispositivos y plataformas. Ofrece una buena calidad de vídeo con un tamaño de archivo relativamente pequeño, lo que lo hace ideal para la transmisión por Internet y la distribución de contenido multimedia.

▶ **HEVC (High Efficiency vídeo Coding), también conocido como H.265**: es una evolución del estándar H.264 y ofrece una mejor compresión y calidad de vídeo. Es compatible con resoluciones más altas y tasas de bits más bajas, lo que lo hace adecuado para la transmisión de vídeo en resoluciones como 4K, 8K y superiores.

▶ **VP9**: es un formato de compresión de vídeo desarrollado por Google y utilizado principalmente en su plataforma de transmisión de vídeo, YouTube. Ofrece una buena calidad de vídeo con un tamaño de archivo más pequeño en comparación con otros códecs o formatos.

▶ **AV1**: es un formato de vídeo de código abierto y libre de regalías desarrollado por la Alliance for Open Media. Está diseñado para proporcionar una alta eficiencia de compresión y una calidad de vídeo superior, pero aún está en proceso de adopción y compatibilidad generalizada. Por ejemplo, YouTube ya da soporte a este formato y Firefox, Edge y Chrome ya están probando este formato para poder soportarlo y manipularlo.

4.14 CONTENEDOR DE VÍDEO

Un contenedor de vídeo es un tipo o formato de archivo que contiene datos de vídeo, audio, subtítulos y metadatos relacionados en un solo paquete. Funciona como un "envoltorio" que almacena y organiza estos diferentes tipos de datos en una estructura específica, lo que permite la reproducción y distribución de contenido multimedia de manera eficiente.

Los contenedores de vídeo pueden contener varios formatos de vídeo y audio (que se verán más tarde), así como diferentes pistas de audio y subtítulos, lo que los hace flexibles y compatibles con una gran variedad de dispositivos y plataformas de reproducción. Algunos de los contenedores de vídeo más comunes son:

- **MP4 (MPEG-4 Part 14)**: es un contenedor ampliamente utilizado para almacenar vídeo y audio, así como otros datos multimedia, que utiliza tecnología de compresión avanzada para reducir el tamaño del archivo sin comprometer significativamente la calidad del video. Es compatible con una amplia gama de dispositivos y reproductores multimedia, incluidos smartphones, tablets, ordenadores y dispositivos de transmisión y puede contener varios flujos de datos, como vídeo H.264, audio AAC y subtítulos. De hecho, es uno de los formatos preferidos para la distribución de vídeo Internet y la transmisión de contenido multimedia en plataformas de streaming.

- **AVI (Audio vídeo Interleave)**: es un contenedor de vídeo desarrollado por Microsoft en 1992 como parte de su tecnología vídeo for Windows que es compatible con varios códecs de compresión de vídeo y audio, lo que lo hace adecuado para una amplia variedad de usos. Aunque es muy compatible con reproductores multimedia y muchos sistemas operativos, AVI tiende a producir archivos más grandes en comparación con otros formatos de vídeo más modernos como MP4. No obstante, y a pesar de su antigüedad, AVI sigue siendo utilizado en aplicaciones de edición de vídeo y otros sistemas de transmisión de vídeo ya que puede contener una gran variedad de códecs de vídeo, como MPEG-4, DivX, XviD, y códecs de audio como MP3 y PCM.

- **MKV (Matroska Multimedia Container)**: es un contenedor de código abierto que admite múltiples pistas de audio y subtítulos, así como metadatos avanzados. Es popular entre los entusiastas del vídeo debido a su capacidad para almacenar contenido de alta calidad y soportar códecs de vídeo de alta eficiencia y rendimiento.

▶ **MOV (QuickTime Movie)**: el contenedor MOV fue desarrollado por Apple y comúnmente utilizado en sistemas MacOS y dispositivos Apple, aunque su aplicación actual está un poco en desuso, por no decir en desuso completamente. Puede contener múltiples flujos de datos multimedia y es compatible con una amplia variedad de códecs de vídeo y audio.

▶ **WebM**: es un contenedor de código abierto desarrollado específicamente para contenidos multimedia online y está pensado para ser eficiente en términos de ancho de banda y compatible con formatos de vídeo de alta eficiencia como VP9 y AV1.

Estos son sólo algunos ejemplos de contenedores de vídeo comunes, pero existen otros formatos disponibles que varían en términos de características, compatibilidad y eficiencia. La elección del contenedor de vídeo adecuado depende de factores como la plataforma de reproducción, los códecs o formatos utilizados y los requisitos específicos de distribución y reproducción del contenido multimedia.

4.15 ESTÁNDARES DE VÍDEO ANALÓGICO Y DIGITAL

Los estándares de vídeo analógico y digital se refieren a las especificaciones técnicas que determinan como se captura, almacena, transmite y muestra la información de vídeo. A continuación, se muestra una descripción de los estándares más comunes:

4.15.1 Estándares de vídeo analógico

▶ **NTSC (National Television System Committee)**: este estándar se utiliza principalmente en América del Norte, América del Sur, Japón y algunos otros países. Se caracteriza por tener una velocidad de reproducción y captura de 30 fps y una resolución de 525 líneas horizontales.

▶ **PAL (Phase Alternating Line)**: es el estándar utilizado en la mayor parte de Europa, Asia, África y Oceanía. Se caracteriza por tener una velocidad de reproducción y captura de 25 fps y una resolución de 625 líneas horizontales.

▶ **SECAM (Séquentiel couleur à mémoire)**: este estándar se utiliza principalmente en Francia, Rusia y algunos otros países. Se caracteriza por tener una velocidad de reproducción y captura de 25 fps y una resolución de 625 líneas horizontales, pero utiliza un método de codificación de color diferente al de PAL.

4.15.2 Estándares de vídeo digital

▸ **SD (Standard Definition)**: este es el estándar ofrece una resolución de vídeo digital que se suele corresponder con resoluciones que van desde 352x240 píxeles hasta 858x480 píxeles.

▸ **HD (High Definition)**: HD ofrece una mayor resolución y calidad de imagen en comparación con SD. Se suele denominar como 720p y posee una resolución de 1280x720 píxeles, con una velocidad de 30 fps o 60 fps.

▸ **FHD (Full High Definition)**: FHD o FullHD ofrece una mayor resolución y calidad de imagen en comparación con HD, se suele denominar como 1080p y posee una resolución de 1920x1080 píxeles, con una velocidad de 30 fps o 60 fps.

▸ **UHD (Ultra High Definition)**: también conocidos como 2K, 4K y 8K, UHD ofrece una resolución aún mayor que FHD y se suele corresponder con una resolución de 2.048x1.080 píxeles para 2K, 3840x2160 píxeles para 4K y 7680x4320 píxeles para 8K.

4.15.3 Técnicas de mejora de vídeo digital

▸ **HDR (High Dynamic Range)**: que mejora el rango dinámico de la imagen, lo que resulta en una mayor diferencia entre las áreas más claras y más oscuras de una imagen.

▸ **HFR (High Frame Rate)**: que permite velocidades de reproducción y captura más altas, como 60fps, 120fps, 240fps o 960fps, lo que puede proporcionar una reproducción de movimiento más suave y sorprendente o impactante.

Estos son sólo algunos de los estándares más comunes en vídeo analógico y digital. La elección del estándar adecuado depende de factores como la región geográfica, el equipo disponible y las necesidades específicas del proyecto de producción de vídeo.

4.16 INTERFACES DE SEÑAL DE VÍDEO: ANALÓGICAS Y DIGITALES

Las interfaces de señal de vídeo es un concepto que se refiere a métodos para transmitir información de vídeo desde una fuente (como una cámara o un reproductor multimedia) a un dispositivo de visualización (como un monitor o un televisor). Estas interfaces pueden ser tanto analógicas como digitales, y cada una tiene sus propias características y aplicaciones. A continuación, se describe cada una de ellas.

4.16.1 Interfaces de señal de vídeo analógicas

▶ **VGA (Video Graphics Array)**: es una de las interfaces de vídeo analógicas más antiguas y comunes utilizadas principalmente en ordenadores. Transmite señales de vídeo analógicas a través de un conector VGA de 15 pines y es capaz de soportar resoluciones que van desde 320×400 píxeles hasta 2048×1536 píxeles. Eso sí, la resolución podrá estar condicionada con la frecuencia en hercios y otros posibles factores.

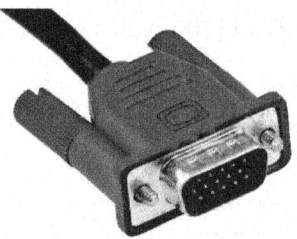

▶ **Componente**: es una interfaz que divide la señal de vídeo en tres conectores RCA. Uno verde que transmite el brillo o luminancia y otros dos de color rojo y azul que transmiten la crominancia. Se solía utilizar usualmente en equipos de vídeo de alta calidad, como reproductores de DVD y consolas de juegos, y puede admitir resoluciones de hasta 1080p, aunque ahora está dejando de usar y sustituyéndose por la interfaz de vídeo digital HDMI.

▼ **S-Video (Separate vídeo)**: también conocido como Super vídeo, es una interfaz que transmite las señales de vídeo de luminancia (Y) y crominancia (C) separadas a través de un conector de 4 pines. En general, proporciona una calidad de imagen superior en comparación con conexiones compuestas estándar.

▼ **Compuesto**: es una interfaz que combina las señales de vídeo y audio en un solo cable RCA. Uno amarillo que transmite el brillo y cromancia, uno negro o blanco que transmite el canal de audio izquierdo y otro rojo que transmite el canal de audio derecho. Es una de las interfaces más básicas y comunes utilizadas en equipos de vídeo y televisores, pero ofrece una calidad de imagen relativamente baja.

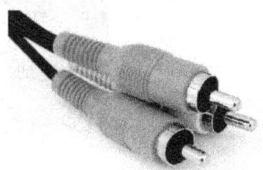

Cabe destacar que éstas, son algunas de las interfaces de señal de vídeo analógicas más comunes. La elección de la interfaz adecuada depende de factores como la calidad de la imagen, la compatibilidad del dispositivo y las necesidades específicas de conectividad.

4.16.2 Interfaces de señal de vídeo digitales

▼ **HDMI (High-Definition Multimedia Interface)**: es una interfaz de vídeo digital estándar utilizada en una amplia variedad de dispositivos, incluidos televisores, monitores de ordenador, reproductores de DVD y

Blu-Ray, y consolas de videojuegos. Ofrece una calidad de vídeo de alta definición y admite resoluciones de hasta 4K.

▸ **DisplayPort**: es una interfaz de vídeo digital utilizada principalmente en los ordenadores y monitores actuales porque ofrece una calidad de vídeo excepcional y es capaz de admitir resoluciones muy altas y tasas de actualización rápidas.

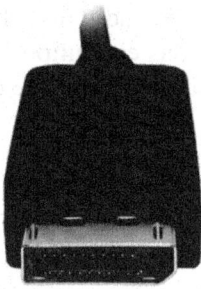

▸ **DVI (Digital Visual Interface)**: es una interfaz de vídeo digital utilizada principalmente en ordenadores y monitores. Viene en tres variantes: DVI-A (analógica), DVI-D (digital) y DVI-I (integrad). Aunque está siendo reemplazada por HDMI y DisplayPort en muchos dispositivos, todavía se encuentra en uso en algunas configuraciones.

> ▶ **Thunderbolt**: desarrollado por Intel y Apple, Thunderbolt es una interfaz de E/S de alta velocidad que combina vídeo, datos y energía en un solo cable. Es comúnmente utilizado en dispositivos Mac y ofrece velocidades de transferencia de datos extremadamente rápidas.

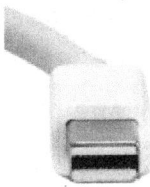

Cabe destacar que éstas, son algunas de las interfaces de señal de vídeo digitales más comunes. La elección de la interfaz adecuada depende de factores como la calidad de la imagen, la compatibilidad del dispositivo y las necesidades específicas de conectividad.

4.17 AUDIO DIGITAL

El audio digital se refiere al proceso de representar señales de audio mediante datos digitales, en contraste con el audio analógico que se representa mediante señales continuas. A continuación, se ofrece una explicación detallada de como funciona el audio digital:

4.17.1 Conversión analógico-digital (ADC)

> ▶ **Muestreo**: es un proceso en donde la señal de audio analógica se captura a intervalos regulares de tiempo y se convierte en una secuencia de valores digitales. La frecuencia de muestreo en Hz, determinará la cantidad de muestras tomadas por segundo y, como consecuencia, la calidad del audio o sonido. Por ejemplo, un CD de audio estándar tiene una frecuencia de muestreo de 44.1 kHz, lo que significa que se toman 44100 muestras por segundo. No obstante, en composición musical se suele recurrir a 48Khz o 96 kHz, lo que significa que se toman 48000 o 96000 muestras por segundo.

▼ **Cuantificación**: es el siguiente proceso donde se asigna un valor numérico a cada muestra tomada durante el proceso de muestreo. La resolución de bits, medida en bits por muestra, determina el rango dinámico del audio digital. Por ejemplo, un CD de audio utiliza una resolución de 16 bits por muestra, lo que permite 65.536 niveles de amplitud diferentes. No obstante, en composición musical se suele recurrir a 24 bits, lo que permite 16.777.216 niveles de amplitud diferentes.

4.18 LA SEÑAL DE AUDIO COMO ARCHIVO

La conversión de una señal de audio o sonido a un archivo digital implica la digitalización del audio analógico para que pueda ser almacenado en una computadora, disco duro o cualquier otro dispositivo digital. En general, este proceso se realiza recurriendo a un dispositivo de entrada de audio, como un micrófono o una interfaz de audio, y un software de grabación o captura de audio.

A continuación, se comentan los pasos involucrados en la conversión de una señal de audio a un archivo digital de forma general:

▼ **Captura de la señal de audio**: la señal de audio analógica, sea voz, música o de cualquier otro tipo de sonido, se captura utilizando un micrófono u otro dispositivo de entrada de audio. La señal de audio se convierte en una señal eléctrica que representa las vibraciones del sonido.

▼ **Conversión de analógico a digital (ADC)**: una vez que se ha capturado la señal de audio analógica, se convierte en una señal digital utilizando un convertidor analógico a digital (ADC). Este proceso implica muestrear la señal de audio en intervalos regulares y cuantificar cada muestra en valores digitales, generalmente utilizando una resolución de 16 bits o 24 bits para representar la amplitud de la señal.

▼ **Almacenamiento del audio digitalizado**: tras haber convertido la señal de audio analógica en una señal digital, se debe almacenar en un archivo digital con un formato de audio específico (como pueda ser WAV, MP3, AAC o FLAC). El formato de archivo a elegir y sus configuraciones de codificación podrán variar según las necesidades específicas y preferencias que se requieran.

▼ **Edición y procesamiento (opcional)**: después de que la señal de audio se ha convertido en un archivo digital, también existe la posibilidad de que sea editada y procesada utilizando software de edición de audio. El objetivo de esta edición suele ser, por ejemplo, la eliminación de ruido, ajuste de niveles, ecualización, adición de efectos de sonido u otras manipulaciones para mejorar la calidad o modificar el contenido del audio.

4.18.1 Representación digital

Una vez que se han muestreado y cuantificado las muestras de audio, se almacenan como datos digitales en los distintos dispositivos. Estos datos se pueden manipular, procesar y transmitir de varias formas:

- ▸ **Formatos de archivo**: los datos de audio digital se pueden almacenar en una variedad de formatos de archivo, como WAV, MP3, AAC, FLAC, entre otros. Cada formato tiene sus propias características de compresión, calidad de audio y compatibilidad.

- ▸ **Procesamiento digital de señales (DSP)**: los datos de audio digital se pueden procesar utilizando algoritmos de DSP para aplicar efectos, ecualización, compresión, limitación y otros procesamientos, lo que permite una manipulación flexible y precisa del audio.

- ▸ **Transmisión y reproducción**: el audio digital se puede transmitir y reproducir a través de una variedad de dispositivos y medios, como reproductores de audio, ordenadores, teléfonos móviles, servicios de streaming y sistemas de sonido profesionales.

4.18.2 Ventajas del audio digital

- ▸ **Calidad de sonido**: el audio digital puede ofrecer una calidad de sonido excepcional, especialmente en formatos sin pérdida como WAV o FLAC con altas frecuencias de muestreo.

- ▸ **Flexibilidad**: el audio digital permite una manipulación precisa del audio mediante procesos digitales, como la edición, mezcla, masterización y remasterización.

- ▸ **Portabilidad y compatibilidad**: el audio digital es fácilmente transportable y compatible con una amplia gama de dispositivos y plataformas.

▶ **Compresión**: el audio digital permite la compresión de audio y permite introducir efectos que afecten la calidad del sonido.

▶ **Latencia**: el audio digital presenta una latencia que puede ser un problema debido al procesamiento digital, sobre todo, en aplicaciones en tiempo real como la grabación y transmisión en vivo.

4.19 COMPRESIÓN DE AUDIO Y FORMATOS ESTÁNDAR

La comprensión de audio se refiere a la capacidad de entender y trabajar con archivos de audio en diferentes formatos. En el contexto digital, existen varios formatos estándar de audio que se utilizan para almacenar y transmitir información de audio de manera eficiente y con calidad. Estos formatos están diseñados para adaptarse a diferentes necesidades y requisitos, ya sea para la reproducción de música, la grabación de voz o la transmisión de sonido online (streaming), entre otros.

La compresión de audio se puede clasificar en dos categorías principales, al igual que el vídeo: con pérdida (lossy) y sin pérdida (lossless). A continuación, se explican cada una de ellas:

4.19.1 Compresión sin pérdida (lossless)

La compresión de audio sin pérdida es un método que reduce el tamaño del archivo de audio original sin perder ninguna información de audio durante el proceso de compresión. A diferencia de la compresión con pérdida, los algoritmos de compresión sin pérdida eliminan la redundancia en el archivo de audio original sin comprometer la calidad del sonido.

La compresión sin pérdida permite recuperar el archivo de audio original exactamente como era antes de la compresión, lo que significa que no se producirá ninguna pérdida de calidad de la fuente original.

Los formatos o códecs de compresión de audio sin pérdida más comunes son FLAC (Free Lossless Audio Codec), ALAC (Apple Lossless Audio Codec), WAV (Waveform Audio File Format) y AIFF (Audio Interchange File Format).

Estos formatos son ideales para aquellos que desean conservar la máxima calidad de audio posible, como audiófilos, músicos y profesionales de audio, aunque los archivos resultantes son mucho más grandes que los archivos comprimidos con pérdida.

4.19.2 Compresión con pérdida (lossy)

La compresión de audio con pérdida es un método que reduce el tamaño del archivo eliminando datos redundantes o menos perceptibles del archivo de audio original. Por tanto, este proceso implica la pérdida de cierta información de audio durante la compresión, lo que puede resultar en una ligera degradación de la calidad del sonido.

Los algoritmos de compresión con pérdida están diseñados para minimizar la pérdida de calidad perceptible al eliminar componentes de audio que son menos audibles para el oído humano (aproximadamente entre 16Hz y 20000Hz).

Los formatos o códecs de compresión de audio con pérdida más comunes son MP3 (MPEG-1 Audio Layer III), AAC (Advanced Audio Coding), OGG Vorbis (abreviatura de Ogging Vorbis) y WMA (Windows Media Audio).

Estos formatos son ampliamente utilizados para la distribución de música en línea, la transmisión de audio en servicios de música en streaming y la compresión de archivos de audio para dispositivos portátiles.

4.19.3 Formatos estándar

Algunos de los formatos estándar de audio más comunes incluyen:

▶ **MP3 (MPEG-1 Audio Layer III)**: es un formato o códec de audio con pérdida y uno de los formatos de compresión de audio más populares y extendidos del mundo, ya que proporciona una buena calidad de audio con un tamaño de archivo relativamente pequeño, lo que lo hace ideal para la distribución y reproducción de música en, prácticamente, cualquier dispositivos o plataforma (como YouTube, Spotify o Amazon Music). La calidad del audio, en este formato, se consigue a través del bitrate, que suele ir desde los 128kbps hasta los 320kbps. No obstante, es importante destacar que MP3 sólo admite 2 canales de sonido, a diferencia de ACC, que admite hasta 7.

▶ **WAV (Waveform Audio File Format)**: es un formato de audio sin pérdida que almacena datos de audio en bruto sin comprimir. Ofrece una calidad de audio bastante realista, pero los archivos tienden a ser más grandes en comparación con otros formatos comprimidos, como el MP3. Se utiliza comúnmente en aplicaciones de producción de audio y grabación profesional en entornos Windows.

▶ **AAC (Advanced Audio Coding)**: es un formato o códec de audio digital con pérdida diseñado para ofrecer una mejor calidad de sonido que el formato MP3 con un tamaño de archivo similar. Es ampliamente utilizado en servicios de streaming y en dispositivos móviles. A modo de curiosidad, este formato o códec se diferencia del MP3 en que permite una mayor distribución y personalización del sonido o audio a través de 3 tipos de perfiles:

- **AAC-LC**: de 16 kbps a 256/448/1344/1536 kbps (mono/estéreo/5.1/6.1 y 7.1).

- **HE-AAC**: de 16 kbps a 160/256/384/ kbps (mono/estéreo/5.1, 6.1 y 7.1).

- **HE-AACv2**: de 16 kbps a 160/256/384 kbps (mono/estéreo/5.1, 6.1 y 7.1).

▶ **FLAC (Free Lossless Audio Codec)**: es un formato de audio sin pérdida que comprime los datos de audio sin perder calidad. Proporciona una reproducción de audio de alta fidelidad y es popular entre los audiófilos y entusiastas de la música que desean conservar la calidad original del sonido.

▶ **OGG (Ogg Vorbis)**: es un formato o códec de compresión de audio con pérdida de código abierto que ofrece una buena calidad de sonido con un tamaño de archivo más pequeño que el formato MP3. Se utiliza comúnmente en aplicaciones multimedia y juegos online. Sin embargo, está un poco en desuso.

▶ **MIDI (Musical Instrument Digital Interface)**: es un formato de archivo de música que contiene instrucciones para reproducir notas musicales, en lugar de datos de audio reales. Es decir, que ni comprime ni descomprime el audio, porque no son datos, sino códigos asociados a vías de comunicación con un sonido o instrumento. Se utiliza principalmente para representar música en forma de notas y eventos de control, y es ampliamente utilizado en la producción de música electrónica y la creación de partituras.

Cabe destacar que, éstos, son sólo algunos ejemplos de formatos estándar de audio que se encuentran comúnmente en la industria y que, cada formato, tiene sus propias características, ventajas y desventajas, y la elección del formato adecuado depende de los requisitos específicos de cada proyecto y aplicación.

4.20 STORYBOARD PARA DISEÑAR PELÍCULAS Y ANIMACIONES

Un storyboard es una herramienta visual utilizada en la industria cinematográfica y de animación para planificar y diseñar películas, vídeos o animaciones de forma secuencial. Consiste en una serie de dibujos o ilustraciones que representan cada escena o plano de la historia, junto con notas descriptivas y detalles técnicos. A continuación, se comenta como crear un storyboard:

4.20.1 Paso 1: desarrollo del Concepto

▶ **Guion o historia**: antes de comenzar con el storyboard, es necesario tener un guion o una idea clara de la historia que se va a contar.

4.20.2 Paso 2: estructura y Planificación

▶ **División en escenas**: divide la historia en escenas o secuencias principales, identificando los momentos clave y las transiciones importantes.

4.20.3 Paso 3: creación del Storyboard

▶ **Dibujo de paneles**: para cada escena, crea dibujos simples que representen los elementos visuales más importantes, como personajes, objetos, fondos y acciones.

▶ **Secuencia temporal**: organiza los dibujos en una secuencia cronológica que refleje la progresión de la historia. Utiliza flechas o indicadores de dirección para mostrar la transición entre los paneles.

▶ **Notas y descripciones**: agrega notas descriptivas en cada panel para proporcionar detalles sobre el diálogo, la acción, los efectos visuales y otros elementos importantes.

▶ **Detalles técnicos**: incluye detalles técnicos relevantes, como ángulos de cámara, movimientos de cámara, efectos especiales y cambios de escenario.

4.20.4 Paso 4: revisión y edición

▶ **Revisión**: revisa el storyboard para asegurarte de que cuenta la historia de manera clara y efectiva, y realiza ajustes según sea necesario.

▶ **Edición**: realiza cualquier cambio o ajuste necesario en el storyboard para refinar la narrativa y mejorar la coherencia visual.

4.20.5 Importancia del storyboard

▶ **Visualización de la historia**: permite visualizar la narrativa de una historia de principio a fin, ayudando a identificar problemas de flujo y coherencia.

▶ **Comunicación visual**: facilita la comunicación entre los miembros del equipo al proporcionar una representación visual muy creativa.

▶ **Planificación técnica**: ayuda a planificar la producción y el rodaje al especificar detalles técnicos y requisitos visuales.

▶ **Ahorro de tiempo y recursos**: permite identificar y solucionar problemas antes de la producción principal, lo que ayuda a evitar costosos retrabajos.

4.21 HARDWARE PARA LA MANIPULACIÓN DE AUDIO/VIDEO DIGITAL

Para la manipulación de audio y vídeo digital, se requiere una combinación de hardware y software especializado que pueda capturar, editar, procesar y reproducir estos medios de manera eficiente y efectiva. A continuación, se presentan algunos de los componentes de hardware comunes utilizados en este proceso:

4.21.1 Ordenador (PC o Mac)

▶ **Procesador potente**: un procesador multicore de alto rendimiento es fundamental para manejar las cargas de trabajo intensivas de audio y vídeo.

▶ **Memoria RAM**: cuanta más RAM tenga el ordenador, mejor será su rendimiento al manipular archivos grandes y realizar múltiples tareas de forma simultánea.

▼ **Tarjeta gráfica dedicada**: para la edición de vídeo y renderizado de efectos visuales, se recomienda disponer de una tarjeta gráfica dedicada con una buena capacidad de procesamiento y memoria de vídeo.

▼ **Almacenamiento rápido**: un disco duro de estado sólido (SSD) o unidades de almacenamiento de alta velocidad son ideales para la edición de medios debido a su rapidez en la transferencia de datos.

4.21.2 Dispositivos de captura y entrada

▼ **Tarjetas de captura de vídeo**: para la importación de vídeo analógico o digital desde cámaras, videocámaras o fuentes externas. Por ejemplo, para pasar un vídeo de VHS a MP4.

▼ **Interfaces de audio**: para la conexión de micrófonos, instrumentos musicales y otros dispositivos de audio (como MP3 Players) a la computadora para la grabación y producción de audio.

4.21.3 Monitores y pantallas

▼ **Monitores de alta resolución**: para una visualización precisa y detallada durante la edición de vídeo y diseño de efectos visuales.

▼ **Monitores calibrados**: es importante contar con monitores calibrados para garantizar la precisión del color y la reproducción fiel de los medios.

4.21.4 Dispositivos de salida

▼ **Tarjetas de sonido externas**: para una mejor calidad de audio durante la reproducción y mezcla de pistas de audio se recomienda tener una tarjeta de sonido que no sea la propia del ordenador o dispositivo.

▼ **Tarjetas de vídeo externas**: su función es la misma que el audio, pero para la salida de vídeo de alta calidad a monitores externos o proyectores.

4.21.5 Controladores y superficies de control

▼ **Controladores MIDI**: para la producción musical y el control de instrumentos virtuales y efectos de audio. Estos controladores MIDI pueden estar interconectar diferentes instrumentos de diversa índole y calidad.

▼ **Superficies de control de vídeo**: para la edición de vídeo en tiempo real y el control de parámetros de efectos visuales.

4.21.6 Periféricos de entrada

▼ **Teclados y ratones ergonómicos**: es importante tener dispositivos de entrada cómodos y precisos para una experiencia de edición más fluida.

▼ **Tabletas gráficas**: pueden venir bien para la edición precisa de imágenes y la creación de efectos visuales mediante el dibujo y la manipulación de trazos.

4.21.7 Dispositivos de almacenamiento externo

▼ **Unidades de disco duro externas**: para realizar copias de seguridad y almacenar archivos de medios grandes.

▼ **Unidades de estado sólido externas**: para una transferencia de datos rápida y un acceso rápido a los archivos de medios.

Recordar que, éstos, son sólo algunos de los componentes de hardware comunes utilizados en la manipulación de audio y vídeo digital. La combinación exacta de hardware dependerá de las necesidades específicas de cada proyecto y del presupuesto disponible.

5

INTRODUCCIÓN A INTERNET

5.1 INTRODUCCIÓN A INTERNET

Internet se define como una red global de computadoras interconectadas que se comunican entre sí a través de una serie de protocolos estándar. Fue concebida como un sistema descentralizado de comunicaciones que permitía el intercambio de información entre computadoras ubicadas en diferentes partes del mundo y su creación y desarrollo han sido un proceso evolutivo que ha involucrado a múltiples investigadores, instituciones y organizaciones a lo largo de varias décadas.

Según se cree, el origen de Internet se remonta a los primeros experimentos de redes de computadoras en la década de 1960, como el proyecto ARPANET financiado por el Departamento de Defensa de los Estados Unidos. ARPANET fue una red pionera que utilizó el conmutado de paquetes como método de transmisión de datos, sentando las bases para el desarrollo de la red global que conocemos hoy.

No obstante, a medida que la tecnología de redes fue evolucionando, surgieron nuevos protocolos y estándares que permitieron la conexión de redes más amplias y la creación de servicios y aplicaciones innovadoras. Entre los protocolos fundamentales que sustentan Internet podemos encontrar el Protocolo de Internet (IP), que permite la identificación y el enrutamiento de paquetes de datos, y el Protocolo de Control de Transmisión (TCP), que facilita la transmisión confiable de datos entre sistemas finales.

El objetivo principal de Internet es facilitar la comunicación y el intercambio de información a escala mundial y, entre sus principales usos y funciones destaca:

▶ **Comunicación**:

Puesto que permite la comunicación instantánea entre personas ubicadas en diferentes partes del mundo a través de servicios como el correo electrónico, la mensajería instantánea, las redes sociales y las videoconferencias.

▶ **Acceso a la información**:

Puesto que proporciona acceso a una vasta cantidad de información y recursos en línea, incluidos sitios web, enciclopedias en línea, bibliotecas digitales, blogs y foros de discusión.

▶ **Comercio electrónico**:

Puesto que ha transformado la forma en que se realizan las transacciones comerciales, permitiendo la compra y venta de bienes y servicios a través de tiendas online, plataformas de comercio electrónico y sistemas de pago digitales.

▶ **Educación y entretenimiento**:

También es importante destacar este punto puesto que se ha convertido en una herramienta invaluable para la educación, ofreciendo recursos educativos en línea, cursos en línea, tutoriales, clases virtuales y plataformas de aprendizaje colaborativo. Y, como no, también se ha vuelto una fuente importante en el entretenimiento ya que ofrece múltiples opciones, como la reproducción de música y vídeo, juegos online, interacción en redes sociales, creación y reproducción de podcasts y publicación de blogs especializados y de contenido multimedia.

5.2 NAVEGADORES DE INTERNET

Los navegadores de Internet son aplicaciones de software diseñadas para permitir a los usuarios acceder y visualizar contenido en Internet. Estas aplicaciones interpretan el código HTML, CSS y JavaScript de los sitios web y presentan el contenido de manera gráfica en la pantalla del usuario. Fueron creados para facilitar la navegación por la World Wide Web, permitiendo a los usuarios buscar, acceder y consumir información en línea de manera intuitiva y eficiente.

El primer navegador web fue desarrollado por Tim Berners-Lee en 1990 y fue denominado como WorldWideWeb, aunque más tarde fue rebautizado como Nexus. Este navegador fue diseñado como parte del proyecto World Wide Web (WWW) que

Berners-Lee había iniciado en el CERN (Organización Europea para la Investigación Nuclear) y su objetivo principal era el de crear un sistema de información distribuido que permitiera a los científicos compartir y acceder a documentos y recursos de investigación de una manera fácil y eficiente.

El navegador WorldWideWeb (o Nexus) fue una aplicación de software bastante rudimentaria en comparación con los navegadores actuales. Sin embargo, sentó las bases para el desarrollo de navegadores más avanzados que surgirían en los años venideros.

En la actualidad, los navegadores web permiten a los usuarios acceder y consumir contenidos de manera rápida, segura y eficiente. Algunas de sus funciones principales son:

▶ **Navegación por páginas web**:

Permitiendo a los usuarios visitar sitios web escribiendo la dirección o URL en la barra de direcciones o haciendo clic en enlaces.

▶ **Renderización de contenido**:

Interpretando el código HTML, CSS y JavaScript de los sitios web y presentar el contenido de manera adecuada y legible en los dispositivos de usuario, generalmente pantallas.

▶ **Gestión de sitios favoritos**:

Permitiendo guardar y organizar sus direcciones o URLs favoritas (actualmente más conocidos como marcadores) para acceder rápidamente a sitios web específicos.

▶ **Gestión de pestañas**:

Permitiendo tener abiertas múltiples páginas o sitios web en pestañas separadas dentro de la misma ventana del navegador.

▶ **Búsqueda Web**:

Ofreciendo herramientas de búsqueda integradas que permitan a los usuarios buscar información en Internet utilizando motores de búsqueda tan populares como Google, Bing o Yahoo.

▶ **Seguridad y Privacidad**:

Proporcionando características de seguridad y privacidad, como bloqueo de ventanas emergentes, navegación privada, protección contra malware y phishing, y administración de cookies.

5.3 EL CORREO ELECTRÓNICO EN INTERNET

El correo electrónico, comúnmente conocido como email, es uno de los servicios más antiguos y fundamentales de Internet. Permite el intercambio de mensajes y archivos digitales entre usuarios a través de la red.

El correo electrónico es una herramienta fundamental en el mundo moderno, ya que proporciona un medio eficiente, rápido y económico para la comunicación y la transferencia de información online. Es ampliamente utilizado tanto a nivel personal como profesional y sigue siendo uno de los servicios más utilizados en Internet, a pesar del surgimiento de nuevas formas de comunicación digital.

Su historia se remonta a la década de 1960, cuando se desarrollaron los primeros sistemas de mensajería electrónica en las redes de computadoras. Sin embargo, el correo electrónico moderno, tal y como hoy lo conocemos, surgió en la década de 1970 con la creación del protocolo SMTP (Simple Mail Transfer Protocol), que es el responsable de estandarizar o normalizar el intercambio de mensajes entre servidores de correo.

Su funcionamiento es, a grandes rasgos, sencillo. Esto es, se realiza a través del intercambio de mensajes entre diferentes direcciones de correo electrónico. Cada dirección de correo electrónico está asociada a una cuenta de correo que puede ser gestionada a través dc un cliente de correo electrónico o una interfaz web. Cuando se envía un mensaje, este se transfiere desde el cliente de correo del remitente al servidor de correo saliente (SMTP) que lo envía al servidor de correo entrante (POP3, IMAP) del destinatario, desde donde se entrega al cliente de correo del destinatario.

Pero, ¿qué se necesita para que se produzca esta comunicación? Pues, básicamente, tres cosas:

▼ **Dirección de correo electrónico**:

Habitualmente definida como una cadena de caracteres que identifica de manera única una cuenta de correo electrónico y que se compone de un nombre de usuario seguido del símbolo "@" y un nombre de dominio de proveedor.

▼ **Cliente de correo electrónico**:

Una aplicación informática utilizada para enviar, recibir, organizar y gestionar todos los posibles correos electrónicos. Entre los más populares podríamos destacar Gmail, Outlook y Thunderbird.

▶ **Servidor de correo**:

Un sistema que almacene, envíe y reciba los mensajes de correo electrónico en un disco duro o sistema de almacenamiento interno o externo. Los servidores de correo saliente (SMTP) se encargan de enviar mensajes, mientras que los servidores de correo entrante (POP3, IMAP) almacenan y entregan los mensajes entrantes a los destinatarios.

Por último, cabe destacar que el correo electrónico se utiliza para una gran variedad de objetivos o propósitos, tanto personales como profesionales, que incluyen cosas como comunicación personal y social, el intercambio de correo empresarial y comunicación interna, el envío de documentos, archivos y otros contenidos multimedia, acceso a boletines informativos y comunicaciones comerciales y confirmaciones de registro, recibos y notificaciones automáticas.

5.4 OTRAS APLICACIONES DE INTERNET

Además de las funciones básicas de comunicación, como es caso del correo electrónico o el acceso a la información, Internet puede proveer de otras aplicaciones y usos como son:

▶ **Telemedicina**:

Permitiendo la prestación de servicios médicos a distancia, como consultas médicas en línea, telecirugía, telediagnóstico, seguimiento de pacientes y educación médica a distancia.

▶ **Trabajo remoto**:

Facilitando la colaboración en equipo, la comunicación entre colegas, la gestión de proyectos y la realización de reuniones virtuales a través de herramientas como videoconferencias y aplicaciones de productividad online.

▶ **IoT (Internet de las Cosas)**:

Posibilitando la conexión de dispositivos inteligentes y sensores a la red, permitiendo la recopilación y el intercambio de datos en tiempo real para una variedad de aplicaciones, como domótica, salud, agricultura, industria y transporte.

▼ **Banca online**:

Permitiendo a los usuarios realizar transacciones bancarias, pagos de facturas, transferencias de fondos, consultas de saldo y gestión de cuentas desde cualquier lugar con acceso a Internet.

▼ **Gobierno electrónico**:

Ofreciendo servicios online, como trámites administrativos, pago de impuestos, solicitud de documentos y acceso a información pública, a través de portales gubernamentales y plataformas electrónicas.

▼ **Redes sociales y aplicaciones de mensajería instantánea**:

Permitiendo a los usuarios conectarse, compartir contenido, interactuar y comunicarse entre sí. Estas plataformas se utilizan para diversos fines, como mantenerse en contacto con amigos y familiares, establecer contactos profesionales, compartir noticias y promocionar productos o servicios.

▼ **E-learning**:

Transformando la educación con la proliferación de plataformas de aprendizaje online, cursos virtuales, tutoriales, recursos educativos abiertos y herramientas de colaboración que permiten el aprendizaje a distancia y la formación continua.

▼ **Streaming de contenido**:

Creando y dando acceso a servicios de streaming de música, películas, series de televisión, podcasts y vídeos online, los cuales permiten a los usuarios acceder a una amplia variedad de contenido multimedia bajo demanda a través de Internet.

▼ **Comunicación VoIP**:

Permitiendo realizar llamadas de voz y vídeo a través de Internet, a menudo de forma gratuita o a costes reducidos en comparación con las llamadas tradicionales.

En realidad, éstas son sólo algunas de las muchas aplicaciones que posee Internet en la actualidad. Esto es porque la versatilidad y la omnipresencia de Internet ha transformado fundamentalmente la forma en que vivimos, trabajamos, nos comunicamos y nos relacionamos con todo lo que nos rodea.

5.5 HERRAMIENTAS DE DISEÑO DE PÁGINAS WEB

Existen diversas herramientas de diseño de páginas web disponibles en el mercado, cada una con sus propias características y funcionalidades. A continuación, se presentan algunas de las herramientas más populares para diseñar y desarrollar páginas web:

- ▶ **Adobe Dreamweaver**

  Dreamweaver es una herramienta de desarrollo web líder en la industria que proporciona un entorno visual y de código para diseñar, codificar y administrar sitios web. Ofrece funciones de diseño responsivo, previsualización en tiempo real y compatibilidad con numerosos lenguajes de programación.

- ▶ **WordPress**:

  WordPress es un sistema de gestión de contenidos (CMS) que permite crear sitios web dinámicos y flexibles mediante la utilización de temas y plugins. Es especialmente popular para la creación de blogs y sitios web de contenido, ofreciendo una interfaz intuitiva y una amplia comunidad de desarrolladores.

- ▶ **Wix**:

  Wix es una plataforma de diseño y desarrollo web online que proporciona herramientas drag-and-drop para crear sitios web de aspecto profesional sin necesidad de conocimientos de programación. Ofrece una amplia variedad de plantillas y widgets personalizables para adaptarse a las necesidades de cualquier proyecto.

- ▶ **Squarespace**:

  Squarespace es otra plataforma de diseño web que ofrece plantillas elegantes y personalizables, así como herramientas integradas para la gestión de contenido, comercio electrónico y análisis de sitios web. Es ideal para diseñadores y emprendedores que buscan crear sitios web visualmente impactantes.

- ▶ **Notion**:

  Notion es una plataforma de productividad y gestión de proyectos "no code" que permite a los usuarios crear, organizar y colaborar en una variedad de contenido, como notas, documentos, listas de tareas, bases de datos, calendarios y mucho más. Se destaca por su flexibilidad y capacidad para adaptarse a una amplia gama de casos de uso, desde la organización personal hasta la colaboración en equipo en entornos empresariales.

▶ Sketch:

Sketch es una herramienta de diseño gráfico centrada en la creación de interfaces de usuario (UI) y diseño de experiencia de usuario (UX). Es ampliamente utilizado por diseñadores para crear wireframes, mockups y diseños de sitios web y aplicaciones móviles.

▶ Adobe XD:

Adobe XD es otra herramienta de diseño de experiencia de usuario (UX) y prototipado que permite a los diseñadores crear diseños interactivos, wireframes y prototipos de alta fidelidad para sitios web y aplicaciones móviles.

▶ Bootstrap, Foundation, Bulma:

Bootstrap, Foundation, Bulma y otros so frameworks de desarrollo front-end que proporcionan un conjunto de herramientas y componentes preestablecidos para crear interfaces web responsivas y adaptables. En este contexto, quizás el más popular sea Bootstrap, por su facilidad integración con otros frameworks y sistemas, por su facilidad de uso y su enfoque en el diseño receptivo.

6

LENGUAJE HTML

6.1 PROGRAMACIÓN EN HTML

El lenguaje HTML (HyperText Markup Language o lenguaje de marcado de hipertexto) es un lenguaje de marcado dedicado a la elaboración de páginas web. Fue definido por primera vez en 1991 y, en aquel entonces, se caracterizaba por tener algo más de una docena de etiquetas. Más tarde, en 1995 se publicó el primer estándar oficial de HTML al que denominaron HTML 2.0.

En 1997 entró en juego la W3C y desarrolló tres estándares más hasta llegar a lo que hoy conocemos como HTML5 en 2014.

Si bien HTML es un lenguaje formado por entidades que ayudan a estructurar y proporcionar significado a las diferentes partes del documento, cada una de estas entidades, usualmente denominadas elementos o etiquetas, están formadas por un contenido y cero, uno o varios atributos.

```
<p>Esto es un párrafo</p>
<div class="layer">Esto es una capa</div>
```

Cada uno de los atributos tiene una función y puede estar o no asociado a un comportamiento o definición específica. Por ejemplo, el atributo ID habitualmente es utilizado para poder manipular el elemento a través de un nombre corto, sin embargo, también puede ser declarado para vincularse con otro elemento generando una entidad mayor, como es el caso del siguiente código.

```
<label for="nombre">Nombre</label>
<input id="nombre" placeholder="Inserte el nombre completo" />
```

Ilustración 2.2. Etiquetado de un campo de formulario en HTML

El atributo FOR, utiliza el atributo ID para vincular el LABEL con el INPUT y generar un elemento combinado o pequeño componente.

Cabe destacar que, aunque puede haber etiquetas sin cierre, como es el caso del elemento INPUT, lo normal es que todas las etiquetas o marcas tengan un principio y un final, como es el caso de la etiqueta LABEL.

En lo referente a las novedades de HTML5, como muchos sabrán, una de las más significativas es el valor semántico. La semántica es una característica que dota a los documentos web de mayor significado porque, entre otras cosas, proporciona una mayor estructuración y ayuda a la compresión gracias a lo que se denomina identificador semántico.

El identificador semántico es un término que hace referencia a lo que contiene o representa la etiqueta, es decir, cada etiqueta o elemento tiene un nombre asociado que representa o indica su objetivo. Por ejemplo, en general, la etiqueta SECTION siempre contendrá un conjunto de elementos agrupados que tendrán o guardarán una relación.

6.2 CREACIÓN DE UNA PÁGINA EN HTML

6.2.1 Definición del tipo de documento DTD (!DOCTYPE)

Cuando uno decide trabajar con HTML, lo primero que debe hacer es declarar es el elemento !DOCTYPE. Este elemento tiene, como objetivo, informar al navegador del tipo de documento que se va a definir.

La Declaración del Tipo de Documento (DTD) puede cambiar, y de hecho cambia, para cada versión de HTML. La versión del lenguaje de marcado puede ser muy diferente según que tipo se utilice, y puede tener más o menos restricciones en función del modo y versión. Sin ir más lejos, el tipo de documento que se debe definir para indicar que es un documento XHTML es muy distinto al que se debe usar para indicar que es HTML5 o SVG.

A continuación, se muestran los principales DTD para documentos de HTML, SVG y MathML.

6.2.1.1 DTDS DE HTML

HTML5
```
<!DOCTYPE html>
```

6.2.1.2 DTDS DE MATHML

MathML 2.0
```
<!DOCTYPE math PUBLIC "-//W3C//DTD MathML 2.0//EN"
                      "http://www.w3.org/TR/MathML2/dtd/mathml2.dtd">
```

6.2.1.3 DTDS DE SVG

SVG 1.1 Full
```
<!DOCTYPE svg PUBLIC
        "-//W3C//DTD SVG 1.1//EN"
        "http://www.w3.org/Graphics/SVG/1.1/DTD/svg11.dtd">
```

SVG 1.1 Básico
```
<!DOCTYPE svg PUBLIC
        "-//W3C//DTD SVG 1.1 Basic//EN"
        "http://www.w3.org/Graphics/SVG/1.1/DTD/svg11-basic.dtd">
```

SVG 1.1 Reducido
```
<!DOCTYPE svg PUBLIC
        "-//W3C//DTD SVG 1.1 Tiny//EN"
        "http://www.w3.org/Graphics/SVG/1.1/DTD/svg11-tiny.dtd">
```

6.2.1.4 DTDS DE XHTML

XHTML1.1
```
<!DOCTYPE html PUBLIC
        "-//W3C//DTD XHTML 1.1//EN"
        "http://www.w3.org/TR/xhtml11/DTD/xhtml11.dtd">
```

6.2.2 Etiqueta html

La etiqueta HTML es el elemento que representa la raíz o base de un documento HTML y supone el cierre automático del resto de los elementos declarados posteriormente a él.

La etiqueta HTML admite varios atributos, la mayoría en desuso. El único que sigue estando vigente es LANG y es el encargado de definir el lenguaje del documento.

Es un atributo muy útil cuando se dispone de documentos en distintos idiomas y para aquellos usuarios que dependen de herramientas de asistencia como lectores de pantalla.

```
<html lang="es">...</html>
```

6.2.3 Etiqueta head

La etiqueta HEAD es el elemento o la estructura que proporciona información general acerca del documento. Esta información general viene definida a modo de metadatos, o lo que es lo mismo, datos que informan sobre los datos y, pueden ser de muy diferente índole. Esto es, el tipo de codificación, el título del documento, las palabras clave que lo describen, la descripción sobre lo que contiene, el autor del documento, etc.

No obstante, lo que más abunda dentro de esta estructura suelen ser elementos LINK o STYLE, los cuales recogen todas las reglas CSS aplicables en el documento.

```
<head>
    <!-- Información del documento -->
</head>
```

> **ⓘ NOTA**
>
> Aunque la etiqueta SCRIPT puede estar definida dentro del elemento HEAD, lo mejor es que esté al final de la etiqueta BODY para evitar bloqueos o retrasos en la muestra del primer renderizado.

6.2.4 Etiqueta body

La etiqueta BODY es el elemento o la estructura en que se define todo el contenido útil del documento. Aquí es donde se definirán todos los textos, capas, botones, controles de entrada y salida, etcétera para que los usuarios puedan utilizarlo o consultarlo.

Al final de esta estructura, habitualmente, suele contener uno o varios elementos SCRIPT que todas las funcionalidades que se ejecutan en el navegador, como validaciones o animaciones.

```
<body>
    <!-- Contenido del cuerpo de la página -->
</body>
```

6.2.5 Comentarios

Los comentarios en HTML se establecen a través de las marcas <!-- y -->. Estas etiquetas o marcas indican al navegador que la información contenida no debe ser interpretada y, por tanto, tampoco renderizada. Un ejemplo podría ser:

```
<!-- Esto es un comentario de HTML -->
```

6.3 CABECERAS Y TÍTULOS

6.3.1 Elemento title

El elemento TITLE especifica el nombre del recurso o documento para darlo a conocer.

```
<title>Curso de creación de páginas web</title>
```

En lo referente a los posibles valores admitidos, puede ser cualquier valor de texto que respete las normas de ortografía y gramática. Esto es, no se debe capitalizar la descripción del título, a no ser que sea un nombre propio, y se deben respetar los signos de puntuación.

6.3.2 Elementos h1..h6

Los elementos H1...H6 especifican diferentes niveles de encabezado. El más relevante en la jerarquía o de mayor peso es H1 (al cual se le suele atribuir el título del documento) y, el menos relevante en la jerarquía o de menor peso es H6. Un ejemplo podría ser:

```
<h1>Esto es un encabezado de nivel 1</h1>
<h2>Esto es un encabezado de nivel 2</h2>
<h3>Esto es un encabezado de nivel 3</h3>
<h4>Esto es un encabezado de nivel 4</h4>
<h5>Esto es un encabezado de nivel 5</h5>
<h6>Esto es un encabezado de nivel 6</h6>
```

Los elementos H1...H6 pueden ser elementos clave para el posicionamiento SEO, y son de vital importancia para la accesibilidad y semántica web. Es muy importante que no se especifique más de un encabezado de primer nivel y que no se realicen saltos en la jerarquía por temas de apariencia o gusto, es decir, después de un H1 siempre debe ir un H2, después de un H2 siempre debe ir un H3, y así sucesivamente.

También, es importante matizar que, la utilización de elementos de jerarquía dentro de las etiquetas HEADER puede ser una técnica muy interesante para definir el contenido y reforzar su importancia y significado.

6.3.3 Elemento header

El elemento HEADER puede especificar una cabecera de página o una cabecera de artículo, dependiendo de donde se declare. Si es un descendiente directo del elemento ARTICLE, se considerará cabecera de artículo. Si es un descendiente directo del elemento BODY, se considerará cabecera de página o documento.

El elemento HEADER sólo puede ser declarado una única vez por artículo y por página, sin embargo, dependiendo de donde se defina, su intencionalidad es muy diferente.

Si está dentro de una estructura ARTICLE, lo habitual es que contenga el título del artículo que se está describiendo, pero, si es una cabecera de página, lo habitual es que contenga el logo de la empresa u organización, el menú principal de navegación, el acceso a la zona privada y registro, los enlaces hacia sus redes sociales o, incluso, otras acciones relacionadas con el contexto de la web y la empresa u organización de primer orden como un buscador.

También, es habitual encontrar en la definición de cabecera, la declaración de elementos de cabecera H1...H6. Estos elementos, bien utilizados, aportan al documento un orden de jerarquía y valor semántico.

Un ejemplo podría ser:

```
<article>
    <header>
        <h2>HTML5</h2>
    </header>
    ...
</article>
```

6.3.4 Elemento hgroup

El elemento HGROUP especifica un bloque de encabezado de sección que representa la estructura del documento HTML. Habitualmente, este elemento se utiliza para agrupar encabezados consecutivos a modo de subtítulos o eslóganes. Un ejemplo podría ser:

```
<hgroup>
    <h1>Fast and Furious 4</h1>
    <h2>Aún más rápido</h2>
</hgroup>
```

6.4 INSERCIÓN DE TEXTOS

6.4.1 Elemento abbr

El elemento ABBR especifica que el contenido que se va a representar es una abreviatura o un acrónimo. Admite varios atributos, sin embargo, el único "obligatorio" es el atributo TITLE que indica el significado de dicha abreviatura.

Un ejemplo podría ser:

```
<abbr title="Cascading Style Sheets">CSS</abbr> es un lenguaje de dise-
ño gráfico para definir y crear la presentación de un documento estructu-
rado escrito en un lenguaje de marcado.
```

> **ⓘ NOTA**
>
> Al poner el puntero del ratón encima de CSS debería aprecer un tooltip con el mensaje "Cascading Style Sheets".

6.4.2 Elemento address

El elemento ADDRESS especifica una información de contacto para el documento actual.

Un ejemplo podría ser:

```
<address>
    Escrito por Pablo Enrique Fernández Casado.
    Visita <a href="https://ejemplo.com">Ejemplo.com</a>
    Castellana 58, local
    28046 Madrid
    España
</address>
```

Y otro ejemplo podría ser:

```
<address>
    Email de contacto:
    <a href="mailto:ejemplo@gmail.com">ejemplo@gmail.com</a><br>
    Teléfono: <a href="tel:+34999999999">(+34) 999.999.999</a>
</address>
```

6.4.3 Elemento bdo

El elemento BDO especifica la direccionalidad del contenido que está dentro de él. Requiere del atributo DIR para asignar la dirección del texto.

Un ejemplo podría ser:

```
<p dir="ltr">Esta palabara arábica <bdo dir="rtl">ARABIC PLACEHOLDER</
bdo>, está escrita de izquierda a derecha, pero se muestra al revés.</
p>
```

El resultado debería ser algo como:

Esta palabra arábica REDLOHECALP CIBARA, está escrita de izquierda a derecha, pero se muestra al revés.

6.4.4 Elementos blockquote y cite

Los elementos BLOCKQUOTE y CITE especifican que el contenido que se va a representar es una cita. La diferencia estriba en que, BLOCKQUOTE, se mostrará a modo de bloque y, CITE, se mostrará o representará como una cita en línea.

Un ejemplo con BLOCKQUOTE podría ser:

```
<blockquote cite="https://blog.com/einstein">
    Hay dos cosas infinitas, el Universo y la estupidez humana
</blockquote>
```

Y un ejemplo con CITE podría ser:

```
<p>
    <cite>
        Hay dos cosas infinitas, el Universo y la estupidez humana
    </cite>, dicho por Albert Einstein
</p>
```

6.4.5 Elemento code

El elemento CODE especifica que el contenido que se va a representar es un fragmento de código.

Un ejemplo podría ser:

```
<code>
    <script type="text/javascript">
        document.querySelector("body").style.fontSize = "14px";
    </script>
</code>
```

6.4.6 Elemento data

El elemento DATA especifica y vincula un contenido textual con un valor legible para el sistema o aplicación. En el ejemplo siguiente, el valor del atributo VALUE podría ser un identificador de código de barras.

Un ejemplo podría ser:

```
<ul>
    <li><data value="3967381398">Producto pequeño</data></li>
    <li><data value="3967381399">Producto mediano</data></li>
    <li><data value="3967381400">Producto grande</data></li>
</ul>
```

6.4.7 Elemento dfn

El elemento DFN especifica que, a continuación, se va a definir el contenido que está dentro de él.

Un ejemplo podría ser:

```
<p>
    El <dfn>HTML</dfn> es un lenguaje de marcado para hipertextos.
</p>
```

6.4.8 Elemento em

El elemento EM especifica que el contenido que se va a representar debe aparecer enfatizado. Normalmente, este énfasis suele ser el resultado de aplicar un estilo en cursiva, por lo que se puede confundir con la etiqueta I.

Un ejemplo podría ser:

```
<p>
    Este texto no tiene énfasis,
    <em>pero este texto sí está con énfasis</em>
</p>
```

6.4.9 Elemento i

El elemento I especifica que el contenido que se va a representar debe aparecer en cursiva. Cabe destacar que, este estilo cursivo puede confundirse con el resultado de la aplicación de la etiqueta EM.

Un ejemplo podría ser:

```
<p>
    Este texto no tiene énfasis,
    <i>pero este texto sí está con énfasis</i>
</p>
```

6.4.10 Elementos ins y del

Los elementos INS y DEL especifican que el contenido que se va a representar ha sufrido una alteración que afecta a un texto, o parte de él, anteriormente escrito. La etiqueta DEL indica el texto que estaba antes y se representa como si estuviese anulado o tachado. La etiqueta INS representa el texto nuevo que ha cambiado.

Un ejemplo podría ser:

```
<p>
    El cometa <del>C/2020 F3</del> <ins>Neowise</ins>, descubierto ...
</p>
```

6.4.11 Elemento kbd

El elemento KBD especifica que el contenido que se va a declarar es una tecla o combinación de teclas.

Un ejemplo podría ser:

```
<kbd>alt + S</kbd>
```

Y otro ejemplo algo más completo podría ser:

```
<p>
    Pulse <kbd><kbd style="border: 1px solid #000; border-radius: 4px;
padding: 2px;">Ctrl</kbd> + <kbd style="border: 1px solid #000; border-
radius: 4px; padding: 2px;">R</kbd></kbd> para recargar la página.

</p>
```

En este último caso, el resultado debiera ser similar a:

Pulse [Ctrl] + [R] para recargar la página.

6.4.12 Elemento mark

El elemento MARK especifica que el contenido que se va a representar debe estar marcado o resaltado por su relevancia o importancia dentro del contexto en el que se encuentra.

Un ejemplo podría ser:

```
<p>
    Los <mark>elementos P no deben contener etiquetas que no sean de
texto</mark>. Esto es, no es aconsejable introducir en una etiqueta de
párrafo un elemento DIV, SECTION, ARTICLE, ...
</p>
```

El resultado debiera ser similar a:

Los elementos P no deben contener etiquetas que no sean de texto. Esto es, no es aconsejable introducir en una etiqueta de párrafo un elemento DIV, SECTION, ARTICLE, ...

6.4.13 Elemento math

El elemento MATH especifica que lo que se va a definir es una fórmula o ecuación matemática. Esto es posible gracias al lenguaje MathML que lleva incorporado y permite utilizar etiquetas HTML para escribir anotaciones matemáticas.

El elemento MATH es el nivel superior del MathML, que es un lenguaje de marcado basado en XML cuyo objetivo es expresar mediante notación de marcas una notación matemática de forma que sea legible para las máquinas y seres humanos.

Entre sus posibles elementos, los más comunes, son MI (que representa a un identificador o variable), MN (que representa un valor o número), MO (que representa un operador) y MS (que representa una cadena), aunque dispone de muchos más.

Si se desea información más detallada se puede visitar la dirección web o URL de *https://www.w3.org/TR/MathML2/ (MathML2 de W3C)*.

A continuación se exponen los casos más usuales de uso de MathML.

6.4.13.1 EJEMPLO DE SUPERÍNDICES

```
<math>
    <msup>
        <mi>n</mi>
        <mn>7</mn>
    </msup>
</math>
```

El resultado debiera ser similar a:

$$n^7$$

6.4.13.2 EJEMPLO DE SUBÍNDICES

```
<math>
    <msub>
        <mi>n</mi>
        <mn>7</mn>
    </msub>
</math>
```

El resultado debiera ser similar a:

$$n_7$$

6.4.13.3 EJEMPLO DE FRACCIONES

```
<math>
    <mfrac>
        <mn>1</mn>
        <mn>2</mn>
    </mfrac>
</math>
```

El resultado debiera ser similar a:

$$\frac{1}{2}$$

6.4.13.4 EJEMPLO DE RAÍCES

```
<math>
    <mroot>
        <mn>-8</mn>
        <mn>3</mn>
    </mroot>
</math>
```

El resultado debiera ser similar a:

$$\sqrt[3]{-8}$$

6.4.13.5 EJEMPLO DE SUMATORIOS

```
<math>
    <mrow>
        <munderover>
            <mo>∑</mo>
            <mrow>
                <mi>n</mi>
                <mo>=</mo>
                <mn>1</mn>
            </mrow>
            <mrow>
                <mo>+</mo>
                <mn>∞</mn>
            </mrow>
        </munderover>
        <mfrac>
            <mn>1</mn>
            <msup>
                <mi>n</mi>
                <mn>2</mn>
            </msup>
        </mfrac>
    </mrow>
</math>
```

El resultado debiera ser similar a:

$$\sum_{n=1}^{+\infty} \frac{1}{n^2}$$

6.4.13.6 EJEMPLO DE MATRICES

```
<math>
    <mrow>
        <mo>[</mo>
        <mtable>
            <mtr>
                <mtd> <mn style="color: var(--color2-bg);">x</mn> </
mtd>
                <mtd> <mn>1</mn> </mtd>
            </mtr>
            <mtr>
                <mtd> <mn>2</mn> </mtd>
                <mtd> <mn>3</mn> </mtd>
            </mtr>
        </mtable>
        <mo>]</mo>
    </mrow>
</math>
```

El resultado debiera ser similar a:

$$\begin{bmatrix} 4 & 1 \\ 2 & 3 \end{bmatrix}$$

6.4.13.7 EJEMPLO DE INTEGRALES

```
<math>
    <munderover>
        <mo>∫</mo>
        <mi>a</mi>
        <mi>b</mi>
    </munderover>
    <mrow>
        <mo>(</mo>
        <mn>5</mn>
        <mi>x</mi>
        <mo>+</mo>
        <mn>2</mn>
        <mi>cos</mi>
```

```
    <mrow>
        <mo>(</mo>
        <mi>x</mi>
        <mo>)</mo>
    </mrow>
    <mo>)</mo>
    </mrow>
    <mi>dx</mi>
</math>
```

El resultado debiera ser similar a:

$$\int_a^b \left(5x + 2\cos\left(x \right) \right) \mathrm{d}x$$

6.4.14 Elemento pre

El elemento PRE especifica que el contenido que se va a representar es un texto preformateado. En general, este elemento se suele representar con una fuente Courier o Monospace y conserva todos los espacios y saltos de línea.

Un ejemplo podría ser:

```
<pre>
    <p>
        Los  espacios repetidos y
        Saltos de línea de    este   elemento se muestran tal cuál!
    </p>
</pre>
```

El resultado debiera ser similar a:

Los espacios repetidos y saltos de línea de este elemento se muestran tal cual.

6.4.15 Elementos sub y sup

Los elementos SUB y SUP especifican que el contenido que se va a representar debe aparecer como subíndice o superíndice, es decir, por debajo de la línea normal y en una fuente de menor tamaño o por encima de la línea normal y en una fuente de menor tamaño.

Un ejemplo con SUB podría ser:

```
<p>La fórmula del agua es H<sub>2</sub>O</p>
```

El resultado debiera ser similar a:

La fórmula del agua es H_2O

Y un ejemplo con SUB podría ser:

```
<p>E = MC<sup>2</sup></p>
```

Resultado

$E = MC^2$

6.4.16 Elemento var

El elemento VAR especifica que el contenido que se va a representar es el nombre de una variable.

Un ejemplo podría ser:

```
<var>x</var> = Millones de personas;
```

6.5 SEPARACIÓN DE BLOQUES DE TEXTOS

6.5.1 Elemento article

Especifica un contenido que, habitualmente, es considerado como una entidad independiente o autónoma que cobra sentido por sí sola sin depender de los demás elementos colindantes. Un ejemplo podría ser:

```
<article>
    <header>
        <h2>HTML5</h2>
    </header>

    <div>
```

```
    <p> El lenguaje HTML5 (HyperText Markup Language Versión 5) es
un lenguaje de marcado de hipertexto que está vigente desde el año 2014
y puede ser utilizado para...</p>
    </div>

    <footer>
        <a href="html-usos.html">Seguir leyendo</a>
    </footer>
</article>
```

El elemento ARTICLE es uno los elementos clave para el posicionamiento SEO, y es de vital importancia para la accesibilidad y semántica web. Por ello, cuando se declara este elemento, se debe especificar, al menos, una etiqueta HEADER con el título y una etiqueta FOOTER con las posibles acciones, si procede.

Además, también es importante tener claro que ARTICLE no puede contener elementos SECTION contenidos en él, puesto que, de lo contrario, se perdería el valor de entidad única, independiente y significativa.

6.5.2 Elemento aside

Especifica un contenido que, habitualmente, es considerado como una entidad independiente a todo elemento colindante. Su uso está especialmente arraigado para listas u opciones de navegación, nubes de etiquetas y menús Off Canvas, aunque se puede utilizar para cualquier cometido mientras no se pierda su significado u ontología. Un ejemplo podría ser:

```
<aside>
    <h3>Artículos relaccionados</h3>
    <ul>
        <li><a href="#">Artículo 1</a></li>
        <li><a href="#">Artículo 2</a></li>
        <li><a href="#">Artículo 3</a></li>
    </ul>
</aside>
```

6.5.3 Elemento div

El elemento DIV especifica que el contenido que se va a representar es una división o sección.

Aunque el uso de la etiqueta DIV no tiene restricciones, su aplicación está más pensada para realizar divisiones que no tengan, o tengan poco, valor semántico, es decir, su uso debe debería darse cuando no se puedan utilizar elementos de mayor significado como puedan ser MAIN, NAV, SECTION, ARTICLE, HEADER o FOOTER.

```
<div>
    <p>Esto puede ser un texto descriptivo sobre HTML5</p>
    <img src="./html5.png" />
</div>
```

6.5.4 Elemento footer

El elemento FOOTER puede especificar un pie de página o un pie de artículo, dependiendo de donde se declare. Si es un descendiente directo del elemento ARTICLE, se considerará pie de artículo. Si es un descendiente directo del elemento BODY, se considerará pie de página o documento.

El elemento FOOTER sólo puede ser declarado una única vez por artículo y por página, sin embargo, dependiendo de donde se defina, su intencionalidad es muy diferente.

Si está dentro de una estructura ARTICLE, lo habitual es que contenga las acciones asociadas o en relación con el artículo que se está describiendo, pero, si es un pie de página, lo habitual es que contenga los datos de contacto, acceso a documentos importantes como la Política de Privacidad, Términos de uso o la Declaración de cookies, información de copyright, los enlaces hacia sus redes sociales o, incluso, otras acciones relacionadas con el contexto de la web y la empresa u organización como apuntarse a la newsletter.

Un ejemplo podría ser:

```
<footer>
    <ul>
        <li>Copyright ©2020</li>
        <li>Polícita de Privacidad</li>
        <li>Versión para móviles</li>
    </ul>
</footer>
```

6.5.5 Elemento main

El elemento MAIN especifica el bloque de contenido principal de un documento web. Su uso es importante para no perder semántica y, por ello, sólo se debe definir un elemento MAIN en todo el documento.

No obstante, tampoco puede ser un descendiente de ASIDE, SECTION, ARTICLE, HEADER, FOOTER o NAV y, salvo excepciones, no debe incluir secciones laterales, cabeceras o pies de página, menús de navegación principales, formularios de búsqueda ni ningún otro elemento que, por definición o contexto, deban estar fuera de la sección principal del documento.

Un ejemplo podría ser:

```
<main>
    <h1>CSS</h1>
    <p>CSS es un lenguaje de marcado para proveer estilos al conteni-
do.</p>


    <!--Más contenidos -->


    <aside>Otros contenidos</aside>
</main>
```

6.5.6 Elemento nav

El elemento NAV especifica un conjunto de enlaces de navegación. Este conjunto de enlaces debe estar destinado únicamente para el bloque principal, es decir, no se debe usar el elemento NAV para acciones, botones o enlaces que no pertenezcan al menú principal de navegación. Un ejemplo podría ser:

```
<nav>
    <ul class="nav navbar-nav navbar-right">
        <li><a href="#home">Inicio</a></li>
        <li><a href="#about">Acerca de Nosotros</a></li>
        <li><a href="#features">Servicios</a></li>
        <li><a href="#blog">Blog</a></li>
        <li><a href="#support">Contactar</a></li>
        <li><a href="javascript:showSearchLayer()">Buscar</a></li>
    </ul>
</nav>
```

Cabe destacar que, la utilización correcta de este elemento es importante para la usabilidad web, la semántica web, el posicionamiento SEO y, especialmente, para la accesibilidad web.

La razón de su importancia en accesibilidad es que las herramientas de asistencia, como los lectores de pantalla, usan este elemento para determinar si omitir o no la representación inicial del contenido del documento.

6.5.7 Elemento section

El elemento SECTION especifica un contenido que, habitualmente, contiene entidades independientes como artículos y tiene una temática definida.

Al igual que sucede con el elemento ARTICLE, el elemento SECTION suele llevar asociado un elemento de encabezado por su naturaleza semántica, aunque no es una cualidad requerida. Un ejemplo podría ser:

```
<section>
    <article>
        <h3>Atmósfera de Mercurio</h3>
        <p>La atmósfera de Mercurio contiene un 31.7% de Potasio, un
24.9% de Sodio, un 9.5% de Oxígeno atómico, un 7.0% de Argón, un 5.9%
de Helio, un 5.6% de Oxígeno molecular, un 5.2% de Nitrógeno, un 3.6%
de Dióxido de carbono, un 3.4% de Agua y un 3.2% de Hidrógeno.</p>
    </article>
</section>
```

El elemento SECTION es otro de los elementos clave para el posicionamiento SEO, y es de vital importancia para la accesibilidad y semántica web. Por ello, cuando se declara este elemento, se debe especificar, al menos, una etiqueta H1...H6 con el título.

Además, también es importante tener claro que SECTION puede contener varios elementos SECTION a su vez, o tener varios elementos ARTICLE, pero un elemento ARTICLE no puede contener elementos SECTION contenidos en él.

6.6 INSERCIÓN DE GRÁFICOS

HTML5 es un lenguaje versátil que permite manejar audio, vídeo e imágenes adaptativas de múltiples formas, no obstante, los elementos más recurrentes siguen siendo AUDIO, VÍDEO e IMG.

6.6.1 Elementos figure y figcaption

El elemento FIGURE especifica que el contenido que se va a representar es una ilustración, diagrama, fotografía, listado de códigos o algo similar. Para describir el contenido del FIGURE puede ser descrito a través del elemento FIGCAPTION.

```
<figure>
    <img src="./images/gantt.jpg" alt="diagrama-de-gantt" />
    <figcaption>Ejemplo de diagrama de Gantt</figcaption>
</figure>
```

Cabe destacar que el elemento FIGURE es un elemento de sección que está excluido del esquema principal del documento por considerarse que su propósito es introducir contenidos externos y que no tiene porque estar formado por un único elemento de contenido. De hecho, es frecuente verlo para definir un conjunto de elementos multimedia que representan una única entidad que se desea, se interprete, como una única figura.

6.6.2 Elemento img

El elemento IMG especifica que el contenido que se va a representar es una imagen. Este elemento imagen no es incrustado en el documento, aunque sí que se reserva un espacio de retención para la imagen.

```
<img src="./images/gantt.jpg" alt="diagrama-de-gantt" />
```

El elemento IMG no se debería utilizar si el contenido que muestra no está relacionado directamente con el contenido del documento, es decir, sólo se debe utilizar cuando su representación sea significativa para el contenido del documento.

También es importante saber que la inserción de imágenes en un documento puede afectar al rendimiento global y a la accesibilidad, por lo que se deben definir de forma precisa utilizando todos los atributos necesarios.

Entre los atributos que admite en su configuración, se deben destacar **ALT**, que especifica el texto descriptivo que se debe mostrar cuando la imagen no esté disponible, **HEIGHT** y **WIDTH**, que especifican la altura y anchura en píxeles de la imagen dentro del documento y **SRC** y que especifica la URL del archivo a cargar.

6.6.3 Elemento picture

El elemento PICTURE fue diseñado con la idea de proporcionar soporte nativo a imágenes responsive o adaptativas. En general, se utiliza de forma conjunta con el elemento SOURCE y IMG para ofrecer las diferentes alternativas de la imagen en distintos escenarios o resoluciones.

```
<picture>
    <source srcset="./img/land-desktop.png" media="(min-width: 1680px)"
/>
    <source srcset="./img/land-laptop.png" media="(min-width: 1366px)"
/>
    <source srcset="./img/land-tablet.png" media="(min-width: 640px)"
/>
    <source srcset="./img/land-mobile.png" media="(min-width: 360px)"
/>

    <img src="./img/land-laptop.png" />
</picture>
```

Cuando se definen todos los elementos, el agente de usuario seleccionará, entre todos los elementos secundarios SOURCE, el que mejor coincida con el escenario actual. Si no encuentra una coincidencia que se ajuste lo suficientemente, o no soporta el elemento PICTURE, lo que se representará será la imagen asociada al elemento IMG.

6.6.4 Elemento source

El elemento SOURCE permite especificar los recursos alternativos de medios que están disponibles para ser gestionados por los elementos AUDIO, PICTURE y VÍDEO.

Estos recursos serán seleccionados de forma automática por el agente de usuario en función del tipo de medio, códec o consulta de medios.

```
<picture>
  <source srcset="./img/land-laptop.png" media="(min-width: 1366px)" />
  <source srcset="./img/land-tablet.png" media="(min-width: 900px)" />
  <source srcset="./img/land-mobile.png" media="(min-width: 768px)" />
</picture>
```

Entre los atributos que admite en su configuración, se deben destacar los siguientes:

6.6.4.1 ATRIBUTO SRCSET

Especifica una lista de imágenes, separadas por coma, a seleccionar según sea el medio, resolución, etc. Cada elemento de esta lista se compone de una URL, un descriptor de ancho seguido de la letra W minúscula (por ejemplo, 360w o 480w) y un descriptor de densidad seguido de la letra X minúscula (por ejemplo, 2x).

Aunque las opciones de descriptor de ancho y descriptor de densidad son opcionales, al menos, una de ellas siempre debe estar presente. Es un elemento obligatorio cuando está definido dentro de una estructura **PICTURE**.

6.6.4.2 ATRIBUTO MEDIA

Especifica la consulta de medios que se debería cumplir para poder ser aplicado el recurso. Sigue las mismas normas y validaciones que las consultas de medios definidas por la regla **@MEDIA**.

6.6.4.3 ATRIBUTO TYPE

Especifica el tipo MIME del recurso. Todos los posibles valores que puede tomar este atributo están disponibles en la dirección *http://www.iana.org/assignments/media-types/*.

6.7 CREACIÓN DE HIPERVÍNCULOS A OTRAS PÁGINAS

6.7.1 Elemento a

El elemento A especifica que el contenido que se va a representar es un hipervínculo que, habitualmente, lanzará una acción a otro lugar del documento actual o a otro documento diferente.

Por defecto, los enlaces se estilizan de la misma forma para ayudar a la accesibilidad y usabilidad web. Es por esta razón que, en general, todos los agentes de usuario suelen mostrar los enlaces no visitados en azul y subrayado, los enlaces visitados en morado y subrayado y, los enlaces activos en rojo y subrayado.

```
<a href="https://www.google.es">Visitar Google España</a>
```

Entre los atributos que admite en su configuración, los más utilizados son:

Atributo	Descripción
download	Especifica que el contenido al que apunta el enlace debe ser descargado. Aunque casi todos los navegadores lo soportan, no es funcional con ningún navegador de Microsoft hasta la versión 18 de Microsoft Edge.
href	Especifica el destino hacia donde se irá cuando se pulse en el enlace. Si este valor empieza por el símbolo almohadilla, indicará que se desea ir a otra sección del documento actual. De no ser así, indicará la dirección hacia otro documento diferente.
hreflang	Especifica el idioma del documento vinculado.
rel	Especifica la relación existente entre el documento actual y el vinculado. Entre los posibles valores que puede tomar, los más frecuentes son NOREFERRER, para indicar que no se envíe ningún encabezado, NOFOLLOW, para indicar que el enlace no sea rastreado por los crawlers y SEARCH, para indicar que el documento es una página de búsqueda.
target	Especifica donde se abrirá el vínculo. Entre los posibles valores que puede tomar, los más frecuentes son _BLANK, para indicar que se abra en una nueva pestaña, _SELF, para indicar que se abra en la misma pestaña y _TOP, para que se abra en el primer elemento BODY de la ventana.

Cabe destacar que, si el atributo HREF no está presente, los atributos DOWNLOAD, HREFLANG, MEDIA, REL, TARGET y TYPE no tendrán ningún efecto y serán ignorados.

6.8 CREACIÓN DE TABLAS

Las tablas no son nada más que una forma de organizar la información a través de filas y columnas. El problema reside cuando estas estructuras contienen mucha información y no pueden representarse de manera correcta en dispositivos con poca resolución o de pequeño tamaño.

En este capítulo vamos a ver como definir tablas, como hacerlas decorativas, como hacerlas adaptativas o Responsive y como hacerlas usables y accesibles.

6.8.1 Elementos disponibles en HTML5

6.8.1.1 ELEMENTO CAPTION

El elemento CAPTION especifica que el contenido que se va a representar es el título de una tabla. Sólo puede definirse un elemento CAPTION por tabla y es importante que el elemento CAPTION sea el primer hijo directo del elemento TABLE.

6.8.1.2 ELEMENTO TABLE

El elemento TABLE especifica que el contenido que se va a representar es una estructura de datos tabulados en forma de filas y columnas, es decir, una tabla.

Entre los atributos que admite en su configuración, se deben destacar **BORDER**, **CELLPADDING**, **CELLSPACING** y **WIDTH**, pero todos ellos es mejor declararlos a través de sus homólogos de CSS.

Las tablas es uno de los elementos de HTML menos accesibles que, a menudo, encontramos en las páginas. Primero porque los desarrolladores no conocen todas las posibilidades de configuración y, segundo, porque si no se ve toda ella en su conjunto puede ser algo muy difícil de entender o contextualizar. Como ejemplo extremo, piense que, si un usuario sólo puede ver un dato en una tabla que, además, no presenta una cabecera por la circunstancia que sea, puede no saber a que se refiere dicho dato.

Por tanto, si se han de utilizar, se deben especificar las dimensiones en términos de porcentaje y establecer todas sus propiedades para que no se pierda semántica y/o accesibilidad.

La declaración de los elementos de cabecera y pie de tabla (THEAD y TFOOT) deben establecerse antes que el elemento del contenido de la tabla TBODY para que el agente de usuario pueda renderizar la información de contexto antes de recibir el detalle con todas las filas de datos, que pueden ser muchas.

Cabe destacar que, los atributos ID, HEADERS y SCOPE, no tienen ningún efecto visual, sin embargo, junto con el elemento CAPTION, son muy útiles para las tecnologías asistivas como los lectores de pantalla puesto que aclaran y fortalecen su significado.

6.8.1.3 ELEMENTO COLGROUP

El elemento COLGROUP especifica que el contenido que se va a representar es un grupo de una o más columnas de una tabla. Suele ser útil para aplicar estilos de forma agrupada en vez de tener que repetirlos de uno en uno.

Es importante que el elemento COLGROUP sea hijo directo del elemento TABLE, que esté declarado justo después del elemento CAPTION y justo antes de los elementos THEAD, TBODY o TFOOT porque, de no ser así, puede afectar a la usabilidad web y a la accesibilidad web.

Para especificar o definir las propiedades de cada columna dentro de cada elemento COLGROUP se debe utilizar el elemento COL. Este elemento sólo permite el atributo SPAN para definir el número de columnas que debe abarcar.

```
<colgroup>
    <col style="background: whitesmoke;"></col>
    <col span="2" style="background: lavender;"></col>
</colgroup>
```

6.8.1.4 ELEMENTOS THEAD Y TFOOT

El elemento THEAD especifica que el contenido que se va a representar es el encabezado de una tabla. El elemento TFOOT es idéntico al elemento THEAD, con la diferencia de que el contenido que se va a representar es el pie de página de una tabla.

Cabe destacar que los elementos THEAD y TFOOT deben declararse justo después del elemento CAPTION y COLGROUP y justo antes del elemento TBODY. También es importante constatar que el elemento THEAD no se debe omitir puesto que su omisión puede perjudicar de forma notable a la usabilidad web y a la accesibilidad web de la página.

6.8.1.5 ELEMENTO TBODY

El elemento TBODY especifica que el contenido que se va a representar es el cuerpo de una tabla.

Cabe destacar que elemento TBODY debe declararse justo después de los elementos THEAD y TFOOT. Además, no se debe omitir puesto que su omisión puede perjudicar de forma notable a la usabilidad web y a la accesibilidad web de la página.

6.8.1.6 ELEMENTO TR

El elemento TR especifica que el contenido que se va a representar es una fila perteneciente a un encabezado, cuerpo o pie de página en una tabla.

6.8.1.7 ELEMENTO TH

El elemento TH especifica que el contenido que se va a representar es una celda de encabezado.

Entre los atributos que admite en su configuración, se deben destacar **COLSPAN**, que especifica el número de columnas que se deben unificar, **ROWSPAN**, que especifica el número de filas que se deben unificar, **ID**, que especifica el identificador de la columna y que es necesario para utilizarlo con el atributo HEADERS del elemento TD, **HEADERS**, que especifica la lista de identificadores únicos (separados por espacios en blanco) que se corresponden con los atributos ID pertenecientes a los elementos TH y **SCOPE**, que especifica un único valor que vincula la información entre las celdas de la cabecera y las celdas de datos para indicar si una celda de encabezado es un encabezado para una columna, una fila o un grupo de columnas o un grupo de filas.

6.8.1.8 ELEMENTO TD

El elemento TD especifica que el contenido que se va a representar es una celda de datos.

Entre los atributos que admite en su configuración, se deben destacar **COLSPAN**, que especifica el número de columnas que se deben unificar, **ROWSPAN**, que especifica el número de filas que se deben unificar y **HEADERS**, que especifica la lista de identificadores únicos (separados por espacios en blanco) que se corresponden con los atributos ID pertenecientes a los elementos TH.

6.9 INSERCIÓN DE DISTINTOS FRAMES EN UNA PÁGINA

Los marcos (frames) y los objetos son utilizados para insertar contenidos de otras tecnologías en un documento HTML y, en ocasiones, incluso para insertar otro documento HTML.

Históricamente se usaban para poder tener los elementos de cabeceras, menús de navegación y pies de página comunes y, de esta forma, actualizar el menor contenido posible, provocando que la carga fuese más rápida. Sin embargo, uno de los pocos usos que tienen los objetos hoy día es la incrustación de vídeos de YouTube o Vimeo. El proceso de inserción en una web es francamente sencillo, sin embargo, conseguir que estos contenidos multimedia se vean de forma adecuada puede ser algo tedioso.

El uso de marcos y objetos es posible, básicamente gracias a los elementos IFRAME, que especifica que el contenido que se va a representar es un marco en línea que contiene otro documento dentro del propio documento actual y al elemento OBJECT, que especifica que el contenido que se va a representar es un objeto incrustado que contiene otro documento dentro del propio documento actual.

Aunque no es frecuente, el elemento OBJECT permite la inserción de una página web, sin embargo, este elemento es más recomendable para aquellos contenidos que sean de otras tecnologías diferentes a HTML. Si el objeto o documento que se desea agregar es HTML es mejor incrustarlo en línea o como parte del propio documento a través de alguna tecnología que permita la inclusión de contenidos externos, como pueda ser JavaScript.

Tampoco es una buena idea insertar imágenes a través de este elemento porque puede no ser procesada de manera correcta y, de hacerlo, su aplicación puede tener efectos no deseados tanto en temas de posicionamiento SEO, como en accesibilidad web.

Dicho esto, para conseguir que los contenidos multimedia insertados a través de IFRAME u OBJECT se vuelvan receptivos y, por tanto, más usables, lo primero que se debe hacer es embeberlos en una capa externa a modo de contenedor.

```
<div class=" vídeo-responsive">
    <iframe src="https://www.youtube.com/embed/0sAc60jzKv4"
            frameborder="0"
            allow="accelerometer; autoplay; encrypted-media;
                   gyroscope; picture-in-picture"
            allowfullscreen>
    </iframe>
</div>
```

Una vez hecho esto, al contendor se le asignará una relación de aspecto intrínseca para el vídeo. La forma de conseguir esta relación de aspecto es a través de la propiedad PADDING, la cual permite que una caja tome una relación de aspecto determinada en función del ancho de la capa contenedora.

```
.vídeo-responsive {
    overflow: hidden;
    padding-bottom: 56.25% !important;
    padding-top: 25px !important;
    position: relative !important;
}
```

La razón de por qué este PADDING es 56.25%, es porque la relación del vídeo esperada es 16:9. De hecho, calcular este valor resulta tan sencillo como aplicar una sencilla regla de tres:

$$PADDING_{BOTTOM} = 9 * \frac{100}{16} = 56.25\%$$

Sin embargo, si la relación de aspecto esperada fuese 4:3, el valor del PADDING sería muy diferente:

$$PADDING_{BOTTOM} = 3 * \frac{100}{4} = 75\%$$

Ahora bien, la razón de por qué el PADDING-TOP es 25 píxeles es muy diferente. La altura del cromo es estática, independientemente de resolución del vídeo y, por ello, hay que ajustarlo de forma fija.

Si ahora aprovechamos las ventajas que nos da el posicionamiento absoluto sobre el último relativo y ponemos el elemento IFRAME al cien por cien del ancho y alto del contendor, ya tenemos un vídeo totalmente responsive.

```
.vídeo-responsive iframe,
.vídeo-responsive object,
.vídeo-responsive embed {
    height: 100%;
    left: 0;
    position: absolute;
    top: 0;
    width: 100%;
}
```

Si quisiéramos hacer esto mismo a través de OBJECT, en vez de IFRAME, sólo tendríamos que cambiar el atributo SRC por el atributo DATA.

```
<div class=" vídeo-responsive">
    <object data="https://www.youtube.com/embed/0sAc60jzKv4"
            frameborder="0"
            allow="accelerometer; autoplay; encrypted-media;
                gyroscope; picture-in-picture"
            allowfullscreen>
    </object>
</div>
```

Como se puede apreciar, no es tan difícil como se podría pensar, sin embargo, esta solución no es la única. Existen otras opciones que presentan algunas modificaciones, pero que resultan útiles en situaciones particulares.

Otra posible forma de hacer que este tipo de recursos se vuelvan adaptables a cualquier dispositivo es hacer lo siguiente:

```
<style>
    .vídeo-container {
        overflow: hidden;
        position: relative;
        width:100%;
    }

    .vídeo-container::after {
        padding-top: 56.25%;        /* Esto es porque 9 es el 56.25% de 16 */
        display: block;
        content: '';
    }

    .vídeo-container iframe {
        position: absolute;
        top: 0;
        left: 0;
        width: 100%;
        height: 100%;
    }
</style>

<div class="vídeo-container">
    <iframe allow="accelerometer; autoplay; encrypted-media; gyroscope;
                picture-in-picture"
            allowfullscreen
            frameborder="0"
            src="https://www.youtube.com/embed/x2D7jHfitzk">
    </iframe>
</div>
```

En esta ocasión, dado que el vídeo está en una relación de aspecto 16:9, la opción por la que se ha optado es establecer un contenedor que tiene asignado un posicionamiento relativo, sin posibilidad de desbordamiento y unos márgenes internos que mantengan las proporciones del vídeo. Luego, al marco, se le dota de un posicionamiento absoluto para que se ajuste al 100% del contenedor permitiendo, así, que se ajuste a todos los dispositivos y/o resoluciones.

7

ANIMACIÓN DE GRÁFICOS

7.1 CREACIÓN DE ANIMACIONES EN FORMATO VÍDEO

La creación de vídeos puede realizarse a través de múltiples herramientas que van desde soluciones profesiones de escritorio como Adobe Premiere, Adobe After Effects, Filmora o iMovie, hasta soluciones móvil o portátiles como Kinemaster, Canva o CapCut.

Para crear vídeos se pueden seguir los siguientes pasos:

- **Planificación y guionización**:

  Antes de comenzar, se debe definir el propósito y el mensaje del vídeo a través de un guión que detalle que contenido se desea incluir y como se desea presentarlo.

- **Grabación del vídeo**:

  Para hacer este cometido se puede recurrir a una cámara de vídeo o un dispositivo móvil para grabar el contenido visual. Eso sí, deberemos asegurarnos de tener una buena iluminación y un sonido claro, si procede.

- **Edición del vídeo**:

  Elegir la solución de software más adecuada a nuestro nivel de conocimiento y destreza (ejemplo de ellos son los mencionados antes como Adobe Premiere o Kinemaster) para editar y organizar el contenido grabado. Con estos programas podremos agregar efectos visuales, transiciones, música y subtítulos según sea necesario.

▶ **Optimización para la web**:

Una vez que se haya creado y editado el vídeo, deberemos asegurarnos de optimizarlo para su visualización en la web a través de una adecuada compresión para reducir su tamaño y mejorar su velocidad de carga.

▶ **Subida del vídeo**:

La subida al sitio web puede hacerse a través de múltiples vías, pero la más frecuente es recurrir a plataformas de alojamiento de vídeos online como YouTube, Vimeo o Wistia. Estas plataformas nos permitirán compartir fácilmente el vídeo y embeberlo en nuestro sitio web y redes sociales.

▶ **Incrustación en tu sitio web**:

Una vez que el vídeo esté online, se puede incrustar en los sitios web utilizando el código proporcionado por las plataformas de alojamiento de vídeos o realizarlo mediante código HTML como se mostrará a continuación.

▶ **Pruebas y optimización**:

Por último, deberemos realizar algunas pruebas para asegurarnos de que el vídeo se vea y funcione correctamente en los diferentes dispositivos y navegadores web. Este proceso puede que requiera de la realización de ajustes adicionales según sea necesario para garantizar una experiencia de visualización óptima.

7.1.1 Inserción de vídeos en una página web

7.1.1.1 ELEMENTO SOURCE

El elemento SOURCE permite especificar los recursos alternativos de medios que están disponibles para ser gestionados por los elementos AUDIO, PICTURE y VÍDEO.

Estos recursos serán seleccionados de forma automática por el agente de usuario en función del tipo de medio, códec o consulta de medios.

```
<picture>
  <source srcset="./img/land-laptop.png" media="(min-width: 1366px)" />
  <source srcset="./img/land-tablet.png" media="(min-width: 900px)" />
  <source srcset="./img/land-mobile.png" media="(min-width: 768px)" />
</picture>
```

Entre los atributos que admite en su configuración, se deben destacar los siguientes:

7.1.1.1.1 Atributo SRCSET

Especifica una lista de imágenes, separadas por coma, a seleccionar según sea el medio, resolución, etc. Cada elemento de esta lista se compone de una URL, un descriptor de ancho seguido de la letra W minúscula (por ejemplo, 360w o 480w) y un descriptor de densidad seguido de la letra X minúscula (por ejemplo, 2x).

Aunque las opciones de descriptor de ancho y descriptor de densidad son opcionales, al menos, una de ellas siempre debe estar presente. Es un elemento obligatorio cuando está definido dentro de una estructura **PICTURE**.

7.1.1.1.2 Atributo MEDIA

Especifica la consulta de medios que se debería cumplir para poder ser aplicado el recurso. Sigue las mismas normas y validaciones que las consultas de medios definidas por la regla **@MEDIA**.

7.1.1.1.3 Atributo TYPE

Especifica el tipo MIME del recurso. Todos los posibles valores que puede tomar este atributo están disponibles en la dirección *http://www.iana.org/assignments/media-types/*.

7.1.1.2 ELEMENTO VÍDEO

El elemento VÍDEO especifica que el contenido que se va a representar es una película, cortometraje o cualquier otro contenido de vídeo. Aunque actualmente existen varios formatos de vídeo, entre los que podemos encontrar el MP4, AVI, WEBM u OGG, el más compatible es el formato en MP4.

```
<vídeo controls>
    <source src=" el-quinto-elemento.mp4" type="audio/mp4">

    El navegador no soporta la etiqueta vídeo.
</vídeo>
```

Entre los atributos que admite en su configuración, hay que destacar la propiedad **AUTOPLAY**, para indicar si se debe poner automática en modo reproducción, **CONTROLS**, para especificar si se deben mostrar o no los controles de parar, reanudar, siguiente, etcétera, **LOOP**, para indicar si el audio se debe repetir de manera continuada cuando termine su reproducción, **MUTED**, para indicar si el volumen o salida de audio debe estar silenciada, **HEIGHT** y **WIDTH**, que especifican la altura y anchura en píxeles de la imagen dentro del documento y **SRC**, que especifica la URL del archivo de audio a cargar.

Si el elemento VÍDEO no puede reproducir ninguno de los vídeos propuestos con sonido o el agente de usuario indica que no es posible la reproducción de sonido, el elemento TRACK podrá adquirir un papel importante. Esto es así porque, el elemento TRACK especifica una pista adicional que servirá como descripción textual para el elemento VÍDEO.

7.2 TRANSFORMACIONES Y EFECTOS

Una transformación es un cambio de "estado" sobre la forma que la ejecuta. Esto se suele traducir en cambios en la escala, rotación, sesgado o desplazamiento del elemento en base a un sistema de coordenadas de dos dimensiones, aunque es posible conseguir efectos en sistemas de coordenadas de 3 dimensiones.

Por intentar ser más preciso y claro, a partir de este momento y para los ejemplos de esta sección, supondremos un elemento DIV al que se le han definido unos estilos de 100 píxeles de ancho, 100 píxeles de alto, un fondo con degradado vertical de blanco a negro y un borde de 2 píxeles negros, sin márgenes internos ni externos. Esto es:

```
div {
    width: 100px;
    height: 100px;
    background: linear-gradient(0deg, black 0, black 50%, white);
    border: 2px solid #000;
    margin: 0;
    padding: 0;
}
```

7.2.1 Función de escalado (scale)

La función SCALE permite cambiar el tamaño del objeto respecto de su tamaño original.

La manera de especificar la relación de tamaño es a través de un valor en tanto por uno. Este valor de relación de tamaño puede especificarse a nivel global, es decir, para ambos ejes X e Y o, de manera independiente, es decir, un valor concreto para cada eje, lo que permite romper la relación de aspecto de la figura u objeto original.

Forma original   **Valor 0.5**   **Valor 2.0**

Ejemplos:

```
div { transform: scale(0.5); }
div { transform: scale(0.5, 1.5); }
```

7.2.2 Función de rotación (rotate)

La función ROTATE permite girar un objeto respecto a cualquiera de los ejes de un sistema de coordenadas tridimensional.

La manera más sencilla de especificar la cuantía del giro es a través de un valor en grados, es decir, mediante un valor comprendido entre 0 y 360, seguido del sufijo DEG. No obstante, también es posible especificar el valor de la rotación en radianes. La forma de calcular los radianes a partir de los grados es:

$$RAD = Grados * \frac{\pi}{180} = 1° * \frac{3.14159265359...}{180} = 0.0174533 \text{ radianes}$$

Si se especifica un valor positivo, el giro se realizará en el sentido de las agujas del reloj y, si se especifica un valor negativo, el giro se realizará en el sentido contrario a las agujas del reloj.

Forma original   Valor positivo   Valor negativo

Ejemplos:

```
div { transform: rotate(45deg); }
div { transform: rotate(-45deg); }
```

Si se desea que el giro se realice en un eje en particular, se debe recurrir a ROTATEX, ROTATEY o ROTATEZ.

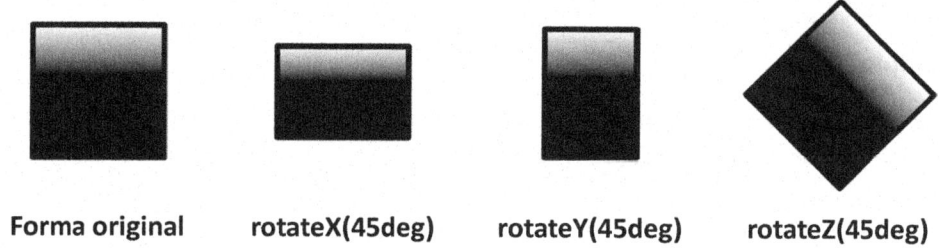

Forma original   rotateX(45deg)   rotateY(45deg)   rotateZ(45deg)

7.2.3 Función de sesgado (skew)

La función SKEW permite inclinar un objeto respecto a cualquiera de los ejes de un sistema de coordenadas bidimensional.

Al igual que sucede con la función de ROTATE, la manera más sencilla de especificar la cuantía de la inclinación es a través de un valor en grados, es decir, mediante un valor comprendido entre 0 y 360, seguido del sufijo DEG. No obstante, también es posible especificar el valor de la rotación en radianes. La forma de calcular los radianes a partir de los grados es:

$$RAD = Grados * \frac{\pi}{180} = 1° * \frac{3.14159265359...}{180} = 0.0174533 \text{ radianes}$$

Si se especifica un valor positivo, la inclinación se realizará de modo que, la parte superior, se irá posicionando más hacia la izquierda y, la parte inferior, más hacia la derecha. Por el contrario, si se especifica un valor negativo, la inclinación se realizará de modo que, la parte superior, se irá posicionando más hacia la derecha y, la parte inferior, más hacia la izquierda.

Forma original   **Inclinación positiva**   **Inclinación negativa**

Ejemplos:

```
div { transform: skew(45deg); }
div { transform: skew(-45deg); }
```

7.2.4 Función de traslado (translate)

La función TRANSLATE permite mover un objeto respecto en cualquiera de los ejes de un sistema de coordenadas tridimensional.

La manera habitual de especificar este desplazamiento es en píxeles o porcentajes, no obstante, es posible especificarlo en cualquiera de las unidades de medida compatibles con CSS.

Original   **Desplazamiento positivo**   **Desplazamiento negativo**

Ejemplos:

```
div { transform: translate(100px); }
div { transform: translate(-100px); }
```

Si se desea que el desplazamiento se realice en un eje en particular, se debe recurrir a TRANSLATEX, TRANSLATEY o TRANSLATEZ según el eje que se quiera manipular.

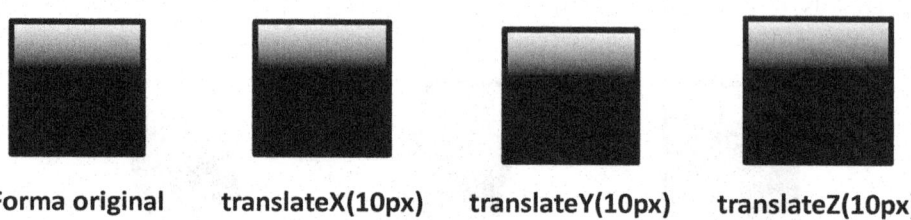

Forma original   translateX(10px)   translateY(10px)   translateZ(10px)

Por último, destacar que para que el desplazamiento en el eje Z se lleve a cabo, hay que especificar, al menos, un valor de perspectiva, es decir, un valor máximo para el eje Z. Por intentar ser algo más claros, si el contenedor donde está el elemento es de 100x100 píxeles, lo habitual es establecer la perspectiva a 100 píxeles:

Ejemplos:

```
div { transform: perspective(100px) translateZ(10px); }
```

7.2.5 Filtros o efectos en CSS

Un filtro de CSS es una transformación en la representación gráfica del elemento u objeto. En general, se aplican únicamente a imágenes rasterizadas, aunque también es posible aplicarlos a imágenes vectoriales.

7.2.5.1 DESENFOQUE (BLUR)

La función BLUR tiene como objetivo realizar un desenfoque gaussiano tomando como parámetro una desviación estándar. Esto significa que cuanto mayor sea este valor, mayor será el efecto de desenfoque.

Para quien no lo sepa, un desenfoque gaussiano es un efecto de suavizado realizado a través de un algoritmo o fórmula matemática y que se basa en calcular un nuevo color a partir del color de un pixel dado y los que están a su alrededor.

La consecuencia directa de esta nueva imagen será la pérdida de algunos detalles con respecto a la imagen original provocando una sensación de pérdida de nitidez o claridad en los bordes del pixel tratado.

Imagen Original   **Desenfoque Gaussiano 2px**   **Desenfoque Gaussiano 4px**

Ejemplos:

```
div { filter: blur(0px); /* Imagen izquierda */ }
div { filter: blur(2px); /* Imagen central */ }
div { filter: blur(4px); /* Imagen derecha */ }
```

7.2.5.2 BRILLO O ILUMINACIÓN (BRIGHTNESS)

La función BRIGHTNESS tiene como objetivo realizar una compensación de iluminación regular a todo el objeto o imagen. Los valores de esta función se suelen especificar en tanto por uno, aunque también es posible especificar sus valores en porcentajes.

Si estamos en la unidad de medida en tanto por uno, significa que, si el valor es menor de uno, la imagen se volverá más oscura y, si el valor es mayor que uno, la imagen se volverá más clara.

Imagen Original   **Iluminación al 200%**   **Iluminación al 400%**

Ejemplos:

```
div { filter: brightness(0); /* Imagen izquierda */ }
div { filter: brightness(2); /* Imagen central */ }
div { filter: brightness(4); /* Imagen derecha */ }
```

7.2.5.3 CONTRASTE (CONTRAST)

La función CONTRAST tiene como objetivo realizar una compensación de contraste a todo el objeto o imagen. Los valores de esta función se suelen especificar en tanto por uno, aunque también es posible especificar sus valores en porcentajes.

Si estamos en la unidad de medida en tanto por uno, los valores permitidos son entre 0 y 1. Esto significa que, si el valor es cero, la imagen eliminará todo el contraste disponible, por lo que el negro se volverá gris puro y, si el valor es uno, la imagen no aplicará ningún ajuste de contraste, por lo que se verá la imagen original.

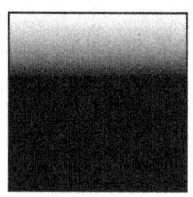  

Imagen Original   **filter: contrast(0.5)**   **filter: contrast(0);**

Ejemplos:

```
div { filter: contrast(1);   /* Imagen izquierda */ }
div { filter: contrast(0.5); /* Imagen central */ }
div { filter: contrast(0);   /* Imagen derecha */ }
```

7.2.5.4 SOMBRA PARALELA (DROP-SHADOW)

La función DROP-SHADOW tiene como objetivo realizar un efecto de sombra paralela sobre el objeto o imagen.

Por entendernos, una sombra podría definirse como una copia desenfocada e independiente del canal alfa con una tonalidad de color determinada y situada por debajo de la imagen original.

Los valores de esta función se suelen especificar en píxeles, aunque también es posible especificar sus valores en cualquiera de las unidades de medida compatibles de CSS.

La función DROP-SHADOW se alimenta de dos valores de posición, un valor para indicar el radio de desenfoque, un valor para indicar el radio de propagación y código de color.

Los dos primeros valores de posicionamiento son las coordenadas X e Y donde se trasladará la sombra con respecto a la posición original. Para un valor de X positivo, la sombra se desplazará hacia la derecha, mientras que, para un valor negativo, la sombra se desplazará hacia la izquierda. Algo similar pasa con el eje Y. Para un valor de Y positivo, la sombra se desplazará hacia abajo, mientras que, para un valor negativo, la sombra se desplazará hacia arriba.

El parámetro de radio de desenfoque, el tercer valor, producirá un mayor desenfoque cuanto mayor sea su valor. Un valor de 0 no aplicará ningún efecto de desenfoque y, como consecuencia de su lógica, no admitirá valores negativos.

El parámetro de radio de propagación, el cuarto valor, provocará que la sombra se expanda o contraiga en función de su valor. Por defecto es 0 lo que producirá que se aplique una sombra con un tamaño equivalente al tamaño de la imagen original. No obstante, este parámetro no es compatible con muchos navegadores, por lo que si se incluyen en la definición de la sombra, puede que no se realice el efecto por un error de sintaxis.

Imagen Original   **Sombra sin desenfoque**   **Sombra con desenfoque**

Ejemplos:

```
div { filter: drop-shadow(0px 0px 0px #000);      /* Imagen izquierda */
}
div { filter: drop-shadow(10px 10px 0px #000);    /* Imagen central */ }
div { filter: drop-shadow(10px 10px 10px #000);   /* Imagen derecha */ }
```

7.2.5.5 ESCALA DE GRISES (GRAYSCALE)

La función GRAYSCALE tiene como objetivo eliminar de la representación gráfica de un objeto sus matices de color. Los valores de esta función se suelen especificar en tanto por uno, aunque también es posible especificar sus valores en porcentajes.

Si estamos en la unidad de medida en tanto por uno, los valores permitidos son entre 0 y 1. Esto significa que, si el valor es cero, la imagen tendrá todos los matices de color y, si es uno, se aplicará el filtro de manera completa dejando la imagen en escala de grises.

Imagen Original   **Escala de grises al 50%**   **Escala de grises al 100%**

Aunque en una impresión en blanco y negro no se perciba, si estableciésemos un degradado rojo en la imagen de la izquierda, la imagen del centro se percibiría como rojo oscuro con matices marrones y, la imagen de la derecha, se percibiría como se ve en el papel, es decir, en tonos grisáceos.

Ejemplos:

```
div { filter: grayscale(0);   /* Imagen izquierda */ }
div { filter: grayscale(0.5); /* Imagen central */ }
div { filter: grayscale(1);   /* Imagen derecha */ }
```

7.2.5.6 ROTACIÓN DE COLOR (HUE-ROTATE)

La función HUE-ROTATE tiene como objetivo aplicar una modificación en la tonalidad de los colores en base a una desviación calculada a través de un ángulo.

Para entender mejor este concepto pongamos un ejemplo. Si tomamos una imagen cualquiera y nos fijamos en un color concreto de la misma, veremos que dicho color tiene una posición concreta dentro de lo que se denomina "círculo cromático natural degradado".

Por ejemplo, si tomamos como referencia el color amarillo, vemos que está situado, más o menos, a la 1 y media, es decir, formando un ángulo de 135 grados. Pero, si tomamos como referencia el color rojo, vemos que está situado, más o menos, a las 3 en punto, o formando un ángulo de 180 grados.

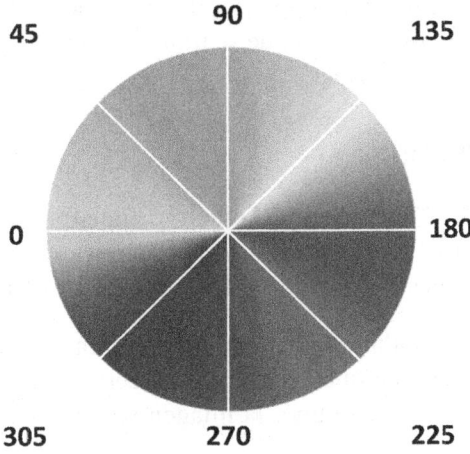

Círculo cromático natural degradado. Fuente: Wikipedia, la enciclopedia libre.

Al aplicar una rotación de color con un valor determinado de grados, lo que se consigue es, por decirlo así, que el circulo cromático gire en el sentido de las agujas del reloj, provocando que, el amarillo se convierta en turquesa y que, el rojo, se convierta en un verde.

Cabe destacar que, puede que, al aplicar este filtro, los resultados no se parezcan a los colores expuestos en el gráfico. Esto es porque la rotación de color sólo afecta al color y no al contraste, iluminación o saturación.

Imagen Original   **Rotación de 90 grados**   **Rotación de 180 grados**

Ejemplos:

```
div { filter: hue-rotate(0deg);     /* Imagen izquierda */ }
div { filter: hue-rotate(90deg);    /* Imagen central */ }
div { filter: hue-rotate(180deg);   /* Imagen derecha */ }
```

Si observamos el resultado de aplicar una rotación de color de 180 grados sobre el color rojo, lo que veremos es que se transforma en su color complementario, al igual que hace la función INVERT.

7.2.5.7 INVERSIÓN (INVERT)

La función INVERT tiene como objetivo transformar un color dado en su opuesto o complementario. Los valores de esta función se suelen especificar en tanto por uno, aunque también es posible especificar sus valores en porcentajes.

Si estamos en la unidad de medida en tanto por uno, los valores permitidos son entre 0 y 1. Esto significa que, si el valor es cero, la imagen será representada con sus colores originales y, si es uno, la imagen será representada con sus colores complementarios.

Imagen Original   **Inversión al 50%**   **Inversión al 100%**

Como se puede apreciar, cuando la inversión es equitativa (al 50 por ciento o 0.5), sea cual sea el color del pixel, se convierte en negro al 50%, es decir, un color RGB(128, 128, 128) o #808080 en hexadecimal. La razón de este resultado es porque la mezcla de un color con su complementario siempre genera un gris puro.

Ejemplos:

```
div { filter: invert(0);   /* Imagen izquierda */ }
div { filter: invert(0.5); /* Imagen central */ }
div { filter: invert(1);   /* Imagen derecha */ }
```

7.2.5.8 OPACIDAD (OPACITY)

La función OPACITY tiene como objetivo transformar el canal alfa de los colores para que se vuelva transparente. Esta función es básicamente la misma que la propiedad OPACITY de CSS, no obstante, es preferible aplicar esta funcionalidad a través de FILTER puesto que, algunos navegadores aprovechan la aceleración hardware en este filtro.

Los valores de esta función se suelen especificar en tanto por uno, aunque también es posible especificar sus valores en porcentajes.

Si estamos en la unidad de medida en tanto por uno, los valores permitidos son entre 0 y 1. Esto significa que, si el valor es cero, la imagen será totalmente transparente y, si es uno, la imagen será totalmente opaca.

Imagen Original   **Transparencia al 50%**   **Transparencia al 100%**

Ejemplos:

```
div { filter: opacity(1);   /* Imagen izquierda */ }
div { filter: opacity(0.5); /* Imagen central */ }
div { filter: opacity(0);   /* Imagen derecha */ }
```

7.2.5.9 SATURACIÓN (SATURATE)

La función SATURATE tiene como objetivo modificar la saturación de un color dado. Los valores de esta función se suelen especificar en tanto por uno, aunque también es posible especificar sus valores en porcentajes.

Si estamos en la unidad de medida en tanto por uno, significa que, si el valor es menor de uno, la imagen perderá saturación y, si el valor es mayor que uno, la imagen se irá sobresaturando. El valor cero, la convertirá en una imagen a escala de grises, equivalente a la función GRAYSCALE(1).

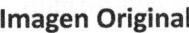

Imagen Original   **Saturación al 50%**   **Sin Saturación de Color**

Ejemplos:

```
div { filter: saturate(1);   /* Imagen izquierda */ }
div { filter: saturate(0.5); /* Imagen central */ }
div { filter: saturate(0);   /* Imagen derecha */ }
```

7.2.5.10 SEPIA (SEPIA)

El efecto SEPIA se suele corresponder con los pigmentos obtenidos de la tinta de la sepia y, en CSS, tiene como objetivo transformar los colores de forma que tomen un color rojo anaranjado con poca o muy poca saturación, como si de un envejecimiento o pérdida de pigmentos de color se tratase. Los valores de esta función se suelen especificar en tanto por uno, aunque también es posible especificar sus valores en porcentajes.

Si estamos en la unidad de medida en tanto por uno, los valores permitidos son entre 0 y 1. Esto significa que, si el valor es cero, la imagen será representada con sus colores originales y, si es uno, la imagen será representada con la aplicación del efecto por completo.

Imagen Original   **Sepia al 50%**   **Sepia al 100%**

Ejemplos:

```
div { filter: sepia(0);   /* Imagen izquierda */ }
div { filter: sepia(0.5); /* Imagen central */ }
div { filter: sepia(1);   /* Imagen derecha */ }
```

7.3 TRANSICIONES

Una transición es un efecto de animación que permite realizar cambios en las propiedades de un objeto de manera progresiva o escalonada controlando el tiempo y la velocidad. Por ejemplo, frecuentemente vemos que los botones cambian el color de fondo cuando el dispositivo señalador pasa por encima de ellos. Muchas veces este cambio de color se realiza de forma abrupta, es decir, el cambio de un color a otro se realiza en el mismo instante en el que el cursor se sitúa sobre el botón sin ningún tipo de mezcla ni degradación. Sin embargo, si definimos una transición, podemos conseguir que el cambio de color se realice de manera gradual en base a una medición de tiempo y velocidad determinadas.

Cabe destacar que, aunque en general, las transiciones se realizan de manera gradual, dependiendo de que propiedades intervengan en el proceso, podrían producirse cambios de estado bruscos no graduales.

También es importante aclarar que, aunque todos los navegadores actuales ya soportan la especificación de la W3C, puede que sea necesario la utilización de prefijos específicos como son -O-TRANSITION, -MOZ-TRANSITION y -WEBKIT-TRANSITION.

7.3.1 Propiedad transition-delay

Especifica el retraso de empiece, es decir, el tiempo que se debe esperar para iniciar la transición cuando el elemento sufre un cambio en la propiedad o propiedades indicadas por la propiedad TRANSITION-PROPERTY. Entre sus posibles valores podemos encontrar:

- **[TIEMPO]**:

  Es un valor decimal que expresa el número de segundos o milisegundos que se debe esperar antes de iniciar la transición. El valor por defecto es `0`, lo que indica que empiece inmediatamente sin retraso alguno, pero, además, permite el establecimiento de valores negativos, que representan un valor de tiempo que indica la duración de la transición como si ya hubiese estado reproduciéndose de antes.

Ejemplos:

```
div { transition-delay: 1s; }
div { transition-delay: 1.25s; }
div { transition-delay: 25ms; }
```

7.3.2 Propiedad transition-duration

Especifica la duración de la transición, es decir, el tiempo total que se debe invertir para el cambio en la propiedad o propiedades indicadas por la propiedad TRANSITION-PROPERTY. Entre sus posibles valores podemos encontrar:

▼ **[TIEMPO]**:

Es un valor decimal que expresa el número de segundos o milisegundos que se debe tardar en realizar la transición. Su valor por defecto es 0.

Ejemplos:

```
div { transition-duration: 1s; }
div { transition-duration: 0.75s; }
div { transition-duration: 250ms; }
```

7.3.3 Propiedad transition-property

Especifica la propiedad, o lista de propiedades, que disparará la transición, es decir, el nombre de la propiedad o propiedades que, cuando cambien, provocarán que un efecto de transición se lleve a cabo. Entre sus posibles valores podemos encontrar:

▼ **ALL**:

Indica que cualquier cambio en cualquier propiedad lanzará un efecto de transición.

▼ **NONE**:

Indica que ninguna propiedad lanzará un efecto de transición.

▼ **[PROPIEDAD]**:

Lista de propiedades CSS, separadas por coma, para las cuales el efecto de transición se llevará a cabo.

Ejemplos:

```
div { transition-property: all; }
div { transition-property: transform; }
div { transition-property: width, height, padding; }
```

7.3.4 Propiedad transition-timing-function

Especifica la función de sincronización de tiempo de la transición, es decir, cuál será la curva de velocidad que se deberá seguir durante el tiempo que dure la transición. Entre sus posibles valores podemos encontrar:

▶ **CUBIC-BEZIER**:

Indica los valores decimales de 0.0 a 1.0 para los cuatro puntos de la curva de Bézier. En la siguiente ilustración se puede observar, a modo de ejemplo, una curva de Bézier que muestra como cambia la velocidad durante la ejecución de la transición.

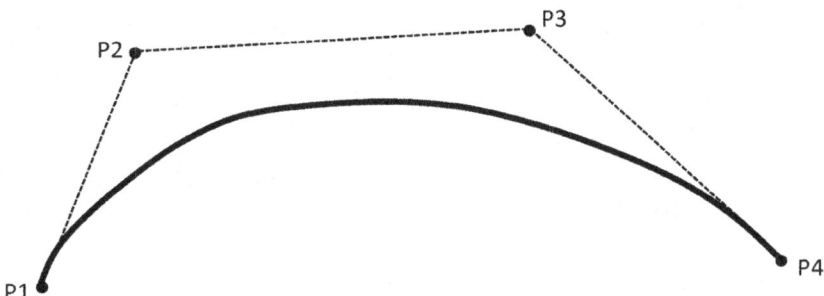

▶ **EASE**:

Indica que el efecto de transición debe empezar lento, luego volverse rápido y, al final, nuevamente lento. Es equivalente a una curva de Bézier cúbica CUBIC-BEZIER (0.25, 0.1, 0.25, 1). Es el valor por defecto.

▶ **EASE-IN**:

Indica que el efecto de transición debe empezar lento, equivalente a una curva de Bézier cúbica CUBIC-BEZIER (0, 0, 1, 1).

▶ **EASE-IN-OUT**:

Indica que el efecto de transición debe empezar y terminar lento, equivalente a una curva de Bézier cúbica CUBIC-BEZIER (0.42, 0, 0.58, 1).

▶ **EASE-OUT**:

Indica que el efecto de transición debe empezar lento, equivalente a una curva de Bézier cúbica CUBIC-BEZIER (0, 0, 1, 1).

▼ **LINEAR**:

Indica que el efecto de transición debe permanecer constante durante el tiempo que dure la transición, equivalente al valor EASE-OUT y a una curva de Bézier cúbica CUBIC-BEZIER (0, 0, 1, 1).

▼ **STEPS**:

Indica una función de pasos con dos parámetros. El primero especifica el número de intervalos mediante un valor positivo distinto de cero y, el segundo, una de las palabras clave START o END que especifican el punto donde se debe producir el cambio de intervalo.

▼ **STEP-END**:

Indica que es un único paso que se produce al final, equivalente a STEPS (1, END).

▼ **STEP-START**:

Indica que es un único paso que se produce en el comienzo, equivalente a STEPS (1, START).

Ejemplos:

```
div { transition-timing-function: linear; }
div { transition-timing-function: ease-in-out; }
div { transition-timing-function: cubic-bezier(0.20, 0.1, 0.50, 1); }
```

7.4 ANIMACIONES

7.4.1 Propiedad animation-delay

Especifica el retraso de empiece, es decir, el tiempo que se debe esperar para iniciar la animación. Entre sus posibles valores podemos encontrar:

▼ **[TIEMPO]**:

Es un valor decimal que expresa el número de segundos o milisegundos que se debe esperar antes de iniciar la animación. El valor por defecto es 0, lo que indica que empiece inmediatamente sin retraso alguno y permite el establecimiento de valores negativos, que representan un valor de tiempo que indica la duración de la animación como si ya hubiese estado reproduciéndose de antes.

Ejemplos:

```
div { animation-delay: 1.50s; }
div { animation-delay: 25ms; }
```

7.4.2 Propiedad animation-direction

Especifica la dirección de la animación, es decir, si debe reproducirse hacia adelante, hacia atrás o en ciclos alternos. Entre sus posibles valores podemos encontrar:

▶ **ALTERNATE**:

Indica que la animación debe reproducirse primero hacia adelante y, después, hacia atrás.

▶ **ALTERNATE-REVERSE**:

Indica que la animación debe reproducirse primero hacia atrás y, después, hacia adelante.

▶ **NORMAL**:

Indica que la animación debe reproducirse hacia adelante. Es el valor por defecto.

▶ **REVERSE**:

Indica que la animación debe reproducirse hacia atrás.

Ejemplos:

```
div { animation-direction: reverse; }
div { animation-direction: alternate; }
```

7.4.3 Propiedad animation-duration

Especifica la duración de la animación, es decir, el tiempo total que se debe invertirse en desarrollarla. Entre sus posibles valores podemos encontrar:

▶ **[TIEMPO]**:

Es un valor decimal que expresa el número de segundos o milisegundos que se debe tardar en realizar la animación. Su valor por defecto es 0.

Ejemplos:

```
div { animation-duration: 1s; }
div { animation-duration: 1.25s; }
div { animation-duration: 25ms; }
```

7.4.4 Propiedad animation-fill-mode

Especifica el estilo que debe presentar el elemento cuando la animación no se está reproduciendo, es decir, el estilo antes de empezar, después de terminar o en ambos casos. Entre sus posibles valores podemos encontrar:

▶ **BACKWARDS**:

El elemento aparecerá con los valores establecidos por el primer fotograma definido por una regla arroba KEYFRAMES, dependiendo de la propiedad ANIMATION-DURATION, y se mantendrá durante el periodo que esté establecido por la propiedad ANIMATION-DELAY.

▶ **FORWARDS**:

El elemento aparecerá con los valores establecidos por el último fotograma definido por una regla arroba KEYFRAMES, dependiendo de la propiedad ANIMATION-DURATION y del contador o recuento de iteraciones establecido por la propiedad ANIMATION-DELAY.

▶ **BOTH**:

La animación seguirá las reglas en ambos sentidos de la animación.

▶ **NONE**:

El elemento NO recibirá ningún estilo antes o después de la animación.

Ejemplos:

```
div { animation-fill-mode: both; }
div { animation-fill-mode: forwards; }
div { animation-fill-mode: backwards; }
```

7.4.5 Propiedad animation-iteration-count

Especifica el número de veces que la animación debe reproducirse. Entre sus posibles valores podemos encontrar:

▶ **INIFINITE**:

Indica que la animación NO debe parar nunca de reproducirse.

▶ **[NÚMERO]**:

Es un valor entero que indica el número total de ocasiones que debe reproducirse. Por defecto, está establecido a 1.

Ejemplos:

```
div   { animation-iteration-count: infinite; }
span  { animation-iteration-count: 3; }
aside { animation-iteration-count: 3; }
```

7.4.6 Propiedad animation-name

Especifica el nombre de la animación. Este nombre está directamente asociado al identificador definido por una regla arroba KEYFRAMES. Entre sus posibles valores podemos encontrar:

▶ **NONE**:

Indica que la animación NO se debe desarrollar ninguna animación.

▶ **[NOMBRE]**:

Es un valor de tipo cadena sin comillas simples o dobles que indica el nombre de la animación a utilizar. Debe ser el mismo que uno de los identificadores definidos por una regla arroba KEYFRAMES.

Ejemplos:

```
div   { animation-name: ejemplo1; }
span  { animation-name: FadeIn; }
aside { animation-name: movetotop; }
```

7.4.7 Propiedad animation-play-state

Especifica cuándo la animación debe ejecutarse (o continuar su ejecución) o debe ponerse en modo pausa. Entre sus posibles valores podemos encontrar:

▶ **PAUSED**:

Indica que la animación se ponga en pausa.

▶ **RUNNING**:

Indica que la animación se ejecute o siga ejecutándose.

Ejemplos:

```
div        { animation-play-state: running; }
div:hover  { animation-play-state: pause; }
```

7.4.8 Propiedad animation-timing-function

Especifica la función de sincronización de tiempo de la animación, es decir, cuál será la curva de velocidad que se deberá seguir durante el tiempo que dure la animación. Entre sus posibles valores podemos encontrar:

▶ **CUBIC-BEZIER**:

Indica los valores decimales de 0.0 a 1.0 para los cuatro puntos de la curva de Bézier. En la siguiente ilustración se puede observar, a modo de ejemplo, una curva de Bézier que muestra como cambia la velocidad durante la ejecución de la animación.

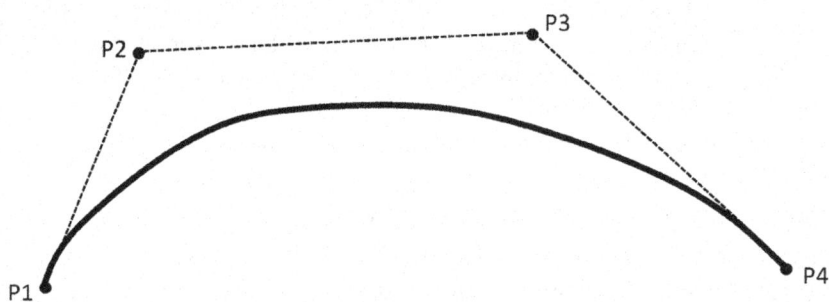

▶ **EASE**:

Indica que el efecto de animación debe empezar lento, luego volverse rápido y, al final, nuevamente lento. Es equivalente a una curva de Bézier cúbica CUBIC-BEZIER (0.25, 0.1, 0.25, 1). Es el valor por defecto.

▶ **EASE-IN**:

Indica que el efecto de animación debe empezar lento, equivalente a una curva de Bézier cúbica CUBIC-BEZIER (0, 0, 1, 1).

▶ **EASE-IN-OUT**:

Indica que el efecto de animación debe empezar y terminar lento, equivalente a una curva de Bézier cúbica CUBIC-BEZIER (0.42, 0, 0.58, 1).

▶ **EASE-OUT**:

Indica que el efecto de animación debe empezar lento, equivalente a una curva de Bézier cúbica CUBIC-BEZIER (0, 0, 1, 1).

▶ **LINEAR**:

Indica que el efecto de animación debe permanecer constante durante el tiempo que dure la animación, equivalente al valor EASE-OUT y a una curva de Bézier cúbica CUBIC-BEZIER (0, 0, 1, 1).

▶ **STEPS**:

Indica una función de pasos con dos parámetros. El primero especifica el número de intervalos mediante un valor positivo distinto de cero y, el segundo, una de las palabras clave START o END que especifican el punto donde se debe producir el cambio de intervalo.

▶ **STEP-END**:

Indica que es un único paso que se produce al final, equivalente a STEPS (1, END).

▶ **STEP-START**:

Indica que es un único paso que se produce en el comienzo, equivalente a STEPS (1, START).

Ejemplos:

```
div { animation-timing-function: linear; }
div { animation-timing-function: ease-in-out; }
div { animation-timing-function: cubic-bezier(0.20, 0.1, 0.50, 1); }
```

7.4.9 Regla keyframes

La regla @KEYFRAMES permite controlar todos y cada uno de los pasos que se producen en una secuencia de animación. Esto es útil cuando se desea que, el navegador, no controle la animación, como sucede con las transiciones en donde se gestiona la evolución de la animación de forma automática a partir de unos parámetros iniciales.

La manera de especificar el número de pasos o partes de la animación se puede establecer a través de porcentajes o, mediante las palabras reservadas FROM y TO.

```
@keyframes desplazamiento-lento-rapido {
    from { top: 0; }
    to   { top: 100px; }
}
```

Si se decide por realizar la declaración de la animación a través de porcentajes, es obligatorio que se definan los estados inicial y final, es decir, los valores 0% y 100% puesto que, de no ser así, la animación podría no realizarse. A continuación, se muestra un ejemplo de animación con tres pasos:

```
@keyframes desplazamiento-lento-rapido {
      0% { top: 0; }
     50% { top: 30px; }
    100% { top: 100px; }
}
```

Si analizamos el ejemplo anterior, veremos que, sea cual sea la velocidad y duración de la animación, durante la primera mitad de la secuencia, el objeto se moverá hacia abajo 30 píxeles, pero en la segunda mitad de la animación se desplazará 70. Esto producirá un efecto de, más lento al principio, más rápido al final.

En este punto, es importante aclarar que, únicamente las propiedades que sean definidas en el inicio y fin de la secuencia serán animadas, por lo que, si introducimos una propiedad entre medias, será ignorada. Este caso es el que se da en el siguiente ejemplo:

```
@keyframes desplazamiento-lento-rapido {
      0% { top: 0; }
     50% { right: 50px; }
    100% { top: 100px; }
}
```

Aunque se haya definido la propiedad RIGHT en el paso intermedio, la animación sólo desplazará el objeto desde la posición 0 hasta la posición 100.

7.4.10 Ejemplos resueltos

7.4.10.1 EJEMPLO COMPLETO DE TRANSICIÓN

Este ejemplo consiste en aumentar el tamaño de un elemento al situar el puntero del ratón encima.

```
<!DOCTYPE html>
<html>
    <head>
        <style>
            .box { width: 100px; height: 100px; background: #000000;
                transition: width 2s ease-in-out;
            }
            .box:hover { width: 200px; height: 100px; }
        </style>
    </head>
    <body>
        <h1>The transition Property</h1>
        <p>Posiciona el ratón encima del cuadro negro</p>
        <i class="box"></i>
    </body>
</html>
```

7.4.10.2 EJEMPLO COMPLETO DE ANIMACIÓN

Este ejemplo se basa en simular la escritura en una máquina de escribir.

```
<!DOCTYPE html>
<html>
    <head>
        <style>
            .typewriter h1 {
                color: #fff;
                font-family: arial;
                font-size: 1.4rem;
                overflow: hidden;
                border-right: .15em solid #333;
```

```
                white-space: nowrap;
                margin: 0 auto;
                letter-spacing: .2em;
                width: auto;
                display: inline-block;
                animation: typing 3.5s steps(30, end),
                            blink-caret .5s step-end infinite;
            }

            @keyframes typing { from { width: 0 } to { width: 100% } }
            @keyframes blink-caret {
                from, to { border-color: transparent }
                50%       { border-color: #333 }
            }
        </style>
    </head>
    <body>
        <div class="typewriter">
            <h1>Esto es un ejemplo de animación typewriter</h1>
        </div>
    </body>
</html>
```

7.4.10.3 EJEMPLO COMPLETO DE EFECTO Y ANIMACIÓN

Este ejemplo consiste en simular un panel de información de Renfe cercanías en donde se indica la próxima parada.

```
<!DOCTYPE html>
<html>
    <head>
        <style>
            @import url(https://fonts.googleapis.com/css?family=VT323);

            *   { box-sizing: border-box; }
            body{ background: #000; color: #fff;
                    font-family: 'VT323'; font-size: 24px;
                    line-height: 1.2; -webkit-font-smoothing: none; }
            h1  { font-size: 4rem; margin: 0; text-transform: uppercase; }
            h1 span{ float: right; }
            p       { margin-bottom: 0; color : #ff2022; font-size: 64px;
                    float: right; text-transform: uppercase; width: auto;
```

```
            position: relative; left: 100%;
            animation: move 20s steps(2000, end) infinite;
            white-space: nowrap; }
a, a:visited { border-bottom: 0.2rem solid #ffec80;
                color: #ffec80;
                text-decoration: none; }
a:active, a:focus, a:hover{
    background-color: #ffec80;
    color: #333; }


.piece { display: block; height: 100%; overflow: hidden;
            left: 0; top: 0; width: 100%; }
.noclick { pointer-events: none; }
.frame   { background-color: #181818; border-radius: 10px;
            padding: 15px; height: auto; position: absolute;
            top: 2%; left: 2%; width: 96%;
            pointer-events: none; }
.emblem1 { display: none; position: absolute; left: 50%;
            bottom: 0; font-size: 2rem; height: 3rem;
            width: 3rem; text-align: center; color: white;
            background: -webkit-linear-gradient(#fff, #555);
            -webkit-background-clip: text;
            -webkit-text-fill-color: transparent;
            text-shadow: 0 0.1rem 0rem rgba(0,0,0,0.4),
                    0 0 2rem rgba(0,0,0,0.8);
            transform: translate(-50%); }
.output1 { animation: output 10ms infinite;
            background-color: #333;
            overflow: scroll; position: absolute;
            padding: 3rem 2rem; pointer-events: auto;
            text-shadow: 0rem 0.2rem 1rem
                        lighten(var(custom-bg), 20%);
            z-index: -1; }


.scanlines { background: linear-gradient(to bottom,
            rgba(255,255,255,0), rgba(255,255,255,0) 50%,
            rgba(0,0,0,0.2) 70%, rgba(0,0,0,0.6));
            background-size: 100% 0.3rem; border-radius: 2rem;
            position: absolute; }


.glow1 { animation: glow 60s infinite;
```

```
            background: radial-gradient(circle at center,
                        rgba(27,212,89,1) 0%,
                        rgba(27,212,89,0.88) 58%,
                        rgba(21,235,92,0.57) 80%,
                        rgba(19,94,29,0.27) 93%,
                        rgba(10,23,12,0) 100%);
            opacity: 0.15; pointer-events: none;
            position: fixed; }


    @keyframes move   { from { left: 200vw } to { left: -100vw } }
    @keyframes output {   0% { opacity: 0.9; }
                         50% { opacity: 1; } }
    @keyframes glow   {   0% { opacity: 0.1; }
                         50% { opacity: 0.2; } }


    </style>
  </head>
  <body class="noisy">
    <div class="frame">
      <div class="piece output">
        <h1>Madrid N.Min <span>1min</span></h1>
        <p>Próximo tren efectuará parada en Chamartín, Ramón y
Cajal, Pitis y las Rozas</p>
        <div class="piece scanlines noclick"></div>
        <div class="piece glow noclick"></div>
      </div>
    </div>
  </body>
</html>
```

7.5 EFECTOS CON TEXTOS

7.5.1 Efectos estéticos y con movimiento

Aunque antiguamente las animaciones se creaban únicamente en JavaScript, la realidad es que hoy se evitan siempre que sea posible debido, fundamentalmente, a su alto coste en el rendimiento.

Hoy en día, prácticamente todos los efectos y animaciones se realizan a través de CSS y SVG. Eso sí, en algunas ocasiones, la ayuda de un lenguaje de guion como JavaScript, puede convertirse en un buen aliado.

7.5.2 Creación de textos mejorados y con movimiento

Para poder crear textos mejorados primero debemos hablar de la propiedad de CSS TEXT-SHADOW.

7.5.2.1 LA PROPIEDAD TEXT-SHADOW

La propiedad text-shadow permite definir sombras a cualquier contenido textual. Para poder definir una sombra mediante esta propiedad, se debe establecer un offset compuesto por tres valores, que se corresponden con una posición horizontal, una posición vertical y un radio de difuminación o desenfoque y un color.

Si el valor de la posición horizontal es positivo, la sombra avanzará en sentido hacia la derecha, por lo que, si es negativo, avanzará en sentido hacia la izquierda. Algo similar pasa con el segundo parámetro. Si el valor de la posición vertical es positivo, la sombra avanzará en sentido hacia abajo, por lo que, si es negativo, avanzará en sentido hacia arriba.

Cabe destacar que, salvo excepciones, la propiedad text-shadow no se debe utilizar porque, además de dificultar su lectura y disminuir la legibilidad, puede proporcionar una imagen corporativa "desaliñada".

Para ver mejor su funcionalidad y posibles resultados, veamos un ejemplo. Supongamos un elemento de cabecera H2 con el texto Cabecera H2.

```
<h2>Cabecera H2</h2>
```

Un posible efecto de sombra podría ser:

```
h2 {
    display: block;
    text-align: center;
    color: #000 !important;
    text-shadow: 0px 20px #d6d6d6;
}
```

Y el resultado debería ser algo como:

CABECERA H2

Aunque este efecto puede resultar llamativo, si ahora quisiéramos darle un efecto de inclinación para que parezca un reflejo, con text-shadow, no podemos hacer nada. Para ello, deberíamos utilizar el pseudo selector BEFORE o AFTER y "jugar" con los diferentes posicionamientos, además de agregarle un efecto de transformación. En concreto, podríamos hacer algo como lo siguiente:

```
h2 {
    display: block;
    text-align: center;
    color: #000 !important;
    position: relative;
}
h2::after {
    content: "Cabecera H2";
    position: absolute;
    left: 2px;
    top: 20px;
    width: 100%;
    height: 100%;
    transform: skew(15deg);
    color: #dfe1e4;
}
```

Y el resultado debería ser algo como:

CABECERA H2

Si ahora deseamos que se mueva la sombra, lo que se puede hacer es aplicar un efecto de animación a los estilos del selector H2 que acabamos de definir, para el primer caso y, al pseudo elemento BEFORE, para el segundo.

```
@keyframes move {
    0%   { transform: skew(-15deg);}
    50%  { transform: skew(15deg);}
    100% { transform: skew(-15deg);
}

/* Para el caso con text-shadow */
h2 {
    display: block;
    text-align: center;
    color: #000 !important;
    position: relative;
    animation-name: move;
    animation-timing-function: cubic-bezier(0.4, 0, 1, 0.8);
    animation-iteration-count: infinite;
    animation-duration: 3s;}
}

/* Para el caso con el pseudo elemento after */
h2::after {
    content: "Cabecera H2";
    position: absolute;
    left: 2px;
    top: 20px;
    width: 100%;
    height: 100%;
    transform: skew(15deg);
    color: #dfe1e4;
    animation-name: move;
    animation-timing-function: cubic-bezier(0.4, 0, 1, 0.8);
    animation-iteration-count: infinite;
    animation-duration: 3s;}
}
```

A continuación mostramos el código para realizar algunos efectos comunes en Internet a través de text-shadow.

7.5.2.1.1 Sombra sólida

Para conseguir este efecto se deben definir múltiples sombras con diferentes tonos idénticos, pero aumentando en cada sombra las posiciones horizontal y vertical.

```
h2.solida{
    text-shadow: -1px 1px #333, -2px 2px #333,
                 -3px 3px #333, -4px 4px #333, -5px 5px #333;
    color: #060;
}
```

El resultado debería ser algo como:

CABECERA H2

7.5.2.1.2 Efecto de fuego

Para conseguir este efecto se deben definir múltiples sombras con diferentes tonos anaranjados, amarillos y rojos claros. Dependiendo del radio y el color de fondo, el efecto podrá ser más o menos fidedigno.

```
h2.fuego{
    text-shadow: 0 3px 20px red, 0 0 20px red,
                 0 0 10px orange, 4px -5px 6px yellow,
                 -4px -10px 10px yellow, 0 -10px 30px yellow
    color: #666;
}
```

El resultado debería ser algo como:

7.5.2.1.3 Texto grabado

Para conseguir este efecto hace falta que la sombra del texto no destaque mucho sobre el fondo. En este ejemplo usaremos un fondo oscuro y un par de sombras con una tonalidad más oscura que el fondo.

```
h2.grabado {
    background-color: #414141;
    color: #ddd;
    padding: 10px;
    text-shadow: 1px 1px #555, -1px -1px #333;
}
```

El resultado debería ser algo como:

7.5.2.1.4 Texto en relieve

Al igual que para el ejemplo de efecto grabado o hundido, para conseguir este efecto hace falta que la sombra del texto no destaque mucho sobre el fondo. Las sombras serán las mismas que antes, sin embargo, lo que cambiará es la dirección de la luz.

```
h2.relieve {
    background-color: #414141;
    color: #ddd;
    padding: 10px;
    text-shadow: -1px -1px #555, 1px 1px #333;
}
```

El resultado debería ser algo como:

7.5.2.1.5 Efecto rayado

Para conseguir este efecto hace falta definir múltiples sombras con una tonalidad lo suficientemente destacable. El secreto es ir incrementando el offset en cada una de las sombras de modo que, cada vez que se define una nueva, se aumente su posición horizontal y vertical.

```
h2.multiple{
  text-shadow: 1px 1px #ccc, 2px 2px #aaa, 3px 3px #888, 4px 4px #666
}
```

El resultado debería ser algo como:

CABECERA H2

7.5.2.1.6 Efecto neón

Para conseguir este efecto lo único que hace falta es jugar con el offset del radio y utilizar colores blancos y brillantes como los de un neón o led. En general, podríamos decir que, cuantas más sombras se definan, más real parecerá.

```
h2.neon{
    background: #000;
    color: #fff;
    font-family: "Open Sans";
    font-size: 48px;
    height: 180px;
    padding-top: 55px;
    font-weight: 900;
    text-shadow: 0 0 7px #fff,
                 0 0 10px #fff,
                 0 0 20px #fff,
                 0 0 40px #ff2dff,
                 0 0 60px #ff2dff,
                 0 0 80px #ff2dff,
                 0 0 120px #ff2dff,
                 0 0 150px #ff2dff;
}
```

El resultado debería ser algo como:

Si ahora quisiéramos proporcionarle una animación a este último ejemplo, podríamos dotar al testo de un parpadeo. Este efecto generalmente requiere de una animación CSS infinita que se basa en desactivar las sombras que se han definido en puntos concretos no equidistantes. De esta forma parecerá un efecto de iluminación típico de una marquesina o anuncio publicitario.

```css
h2.neon{
    animation: parpadeo 5s infinite alternate;
    background: #000;
    color: #fff;
    font-family: "Open Sans";
    font-size: 48px;
    height: 180px;
    padding-top: 55px;
    font-weight: 900;
}
@keyframes parpadeo {
    0%, 20%, 26%, 28%, 55%, 70%, 100% {
        text-shadow: 0 0 7px #fff, 0 0 10px #fff,
                     0 0 20px #fff, 0 0 40px #ff2dff,
                     0 0 60px #ff2dff, 0 0 80px #ff2dff,
                     0 0 120px #ff2dff, 0 0 150px #ff2dff;
    } 25%, 27%, 54.5% {
        text-shadow: none;
    }
}
```

7.5.3 Adecuación de los efectos a la página web

Aunque prácticamente todos los efectos de animación se pueden definir o crear a través de CSS, en ocasiones, necesitamos valernos de un lenguaje de guion como JavaScript.

Esta necesidad surge de la necesidad de ejecutar transiciones o animaciones cuando no dependen del foco, del puntero del dispositivo señalizador y/o del elemento que lanza o activa el efecto. Por ejemplo, este es el caso de los menús Off-Canvas, en donde un elemento externo, como un botón de hamburguesa, dispara o hace que aparezca una capa desde fuera de la pantalla por la izquierda.

Para verlo más claro imaginemos que tenemos un botón situado en la parte superior izquierda de la pantalla que deseamos que muestre un menú de navegación deslizante que aparezca y desaparezca en función de si se ha pulsado o no dicho botón.

El botón podría ser:

```html
<button class="toggle-collapse">Mostrar / Ocultar Menú</button>
```

Y el menú de navegación podría ser algo como:

```html
<nav class="offcanvas">
    <h3>Menú Principal</h3>
    <ul>
        <li><a href="#">Inicio</a></li>
        <li><a href="#">Servicios</a></li>
        <li><a href="#">Contactar</a></li>
    </ul>
</nav>
```

Para que este menú no esté visible, lo que necesitamos es definir una clase CSS que lo oculte en la zona de la izquierda, fuera de la zona de visualización o ventana.

```css
<style>
    nav.offcanvas{
        position: fixed;
        top: 0;
        left: -300px;
        width: 300px;
        height: 100%;
        transition: left 0.4s ease;
```

```
        z-index: 99;
    }
</style>
```

Y para que este se vuelva visible, lo que necesitamos es definir una clase CSS que lo traslade a una parte visible de la pantalla, en nuestro caso, la posición cero de la coordenada X referenciada por la propiedad LEFT.

```
<style>
    nav.offcanvas.active{
        left: 0;
    }
</style>
```

Pero, ¿cómo hacemos para que se muestre u oculte? Sencillo, para ello utilizaremos un método de JavaScript que añadirá o eliminará la clase ACTIVE en el botón y elemento de navegación que se desea tratar.

```
<script type="text/javascript">
    document.querySelector(".toggle-collapse").onclick = function(e){
        e.target.classList.toggle("active");
        document.querySelector("nav.offcanvas").classList.
toggle("active")
    }
</script>
```

Si observamos la función, tanto al elemento de navegación NAV, como al elemento disparador BUTTON, se les añade o elimina la clase ACTIVE. La razón de añadírselo a los dos elementos es por si, más adelante, queremos realizar un tratamiento especial cuando presentan esa clase.

De hecho, lo más utilizable es que el botón cambiase el texto en función de si está activo o no. Es decir, si no está activado, que contuviese el texto "Mostrar Menú" y, si está activo, que contuviese el texto "Ocultar Menú". Para ello, sólo deberíamos añadir al final de nuestra función la siguiente condición:

```
if(e.target.classList.contains("active")){
    e.target.innerHTML = "Ocultar Menú"
} else {
    e.target.innerHTML = "Mostrar Menú"
}
```

7.6 CREACIÓN DE MAPAS

Para crear y acceder a mapas web, es decir, imágenes con áreas interactivas definidas mediante coordenadas en una página web, se pueden seguir los siguientes pasos:

7.6.1 Identificar la ubicación del archivo

Lo primero que haremos es averiguar donde está ubicado el archivo de mapa de imagen. Si ya está dentro del código de una página web, se puede encontrar esta información revisando el código fuente de la página web o consultando con el desarrollador web responsable del sitio.

7.6.2 Incrustación de etiqueta IMG

A continuación, usaremos la etiqueta <img> para incrustar la imagen en la página web. Asegúrate de que la ruta de la imagen esté correctamente especificada en el atributo src. Esto es:

```
<img src="ruta/a/imagen.jpg" alt="Descripción de la imagen">
```

7.6.3 Agregado del atributo usemap

Para asociar la imagen con el archivo de mapa de imagen, deberemos agregar el atributo usemap a la etiqueta <img> y establecer su valor en el nombre del archivo de mapa de imagen sin la extensión ".map". Esto es:

```
<img src="ruta/a/imagen.jpg"
    alt="Descripción de la imagen"
    usemap="#nombreMapa">
```

7.6.4 Crear el archivo de mapa de imagen

Una vez hecho todo lo anterior, el archivo de mapa de imagen debe tener la misma ruta y el mismo nombre que la imagen, pero con la extensión ".map". Es decir, que la imagen la hemos denominado imagen.jpg, el archivo de mapa de imagen debería denominarse imagen.map.

7.6.5 Definir las áreas interactivas

Ahora, lo que haremos es abrir el archivo de mapa de imagen en un editor de texto y definir las áreas interactivas utilizando las etiquetas <map> y <area>. Cada área debe tener atributos que especifiquen la forma (rectangular, circular o poligonal) y las coordenadas que definen el área interactiva en relación con la imagen.

```html
<map name="nombreMapa">
    <area shape="rect"
          coords="x1,y1,x2,y2"
          href="enlace.html"
          alt="Descripción del área">
    <!-- Otras áreas interactivas -->
</map>
```

7.6.6 Guardar y subir el archivo

Una vez hechos todos los cambios, deberemos guardar los cambios en el archivo de mapa de imagen y subirlo al servidor web, asegurándonos de que esté en la misma ubicación que la imagen.

Con ello, y habiendo seguido estos pasos, la imagen con áreas interactivas debería mostrarse correctamente en la página web y ser utilizable para los usuarios.

7.7 COMO ARRASTRAR Y COLOCAR IMÁGENES

Para crear la funcionalidad de arrastrar y soltar imágenes en HTML, necesitaremos combinar fragmentos de HTML, CSS y JavaScript. A continuación, se muestra un posible ejemplo:

7.7.1 Crear el marcado HTML

```html
<div id="contenedor" class="contenedor">
    <div id="arrastre" class="arrastre">
      Arrastra y suelta la imagen aquí
    </div>
    <input type="file" id="seleccionador" accept="image/*">
</div>
```

7.7.2 Estilizar con CSS

```css
.contenedor {
  width: 300px;
  height: 300px;
  border: 2px dashed #ccc;
  text-align: center;
  padding: 20px;
}

.arrastre {
  font-size: 16px;
  color: #999;
}

.arrastre:hover {
  cursor: pointer;
  color: #666;
}
```

7.7.3 Agregar el script de JavaScript

```javascript
const contenedor = document.getElementById('contenedor');
const arrastre = document.getElementById('arrastre');
const seleccionador = document.getElementById('seleccionador');

arrastre.addEventListener('dragover', (e) => {
    e.preventDefault();
});

arrastre.addEventListener('drop', (e) => {
    e.preventDefault();
    const archivo = e.dataTransfer.files[0];
    mostrarImagen(archivo);
});

seleccionador.addEventListener('change', (e) => {
    const archivo = e.target.files[0];
    mostrarImagen(archivo);
});
```

```
function mostrarImagen(archivo) {
    const lector = new FileReader();
    lector.onload = function(e) {
        const imagen = new Image();
        imagen.src = e.target.result;
        contenedor.innerHTML = '';
        contenedor.appendChild(imagen);
    }
    lector.readAsDataURL(archivo);
}
```

Con estos "sencillos" pasos, podremos crear un contenedor en el que poder arrastrar y soltar imágenes. No obstante, también podremos seleccionar imágenes a través del input de tipo file que se declara en el HTML. Luego, la imagen seleccionada se mostrará en el contenedor.

8

OPTIMIZACIÓN Y LIMITACIONES DEL DISEÑO

8.1 REPARTICIÓN DE ESPACIOS DENTRO DE UNA PÁGINA

La distribución o repartición de espacios dentro de una página web es esencial para crear un diseño equilibrado y fácil de usar. A continuación, se muestran algunas técnicas comunes para distribuir el espacio de manera efectiva:

8.1.1 Diseño basado en tablas

Las tablas son una forma de distribuir los espacios muy poco flexible y accesible, por lo que no suele ser recomendable a no ser que sea una necesidad o se corresponda con una tabla de datos común de toda la vida.

8.1.1.1 ELEMENTOS HTML DISPONIBLES

8.1.1.1.1 Elemento caption

El elemento CAPTION especifica que el contenido que se va a representar es el título de una tabla. Sólo puede definirse un elemento CAPTION por tabla y es importante que el elemento CAPTION sea el primer hijo directo del elemento TABLE.

8.1.1.1.2 Elemento table

El elemento TABLE especifica que el contenido que se va a representar es una estructura de datos tabulados en forma de filas y columnas, es decir, una tabla.

Entre los atributos que admite en su configuración, se deben destacar **BORDER**, **CELLPADDING**, **CELLSPACING** y **WIDTH**, pero todos ellos es mejor declararlos a través de sus homólogos de CSS.

Las tablas es uno de los elementos de HTML menos accesibles que, a menudo, encontramos en las páginas. Primero porque los desarrolladores no conocen todas las posibilidades de configuración y, segundo, porque si no se ve toda ella en su conjunto puede ser algo muy difícil de entender o contextualizar. Como ejemplo extremo, piénsese que, si un usuario sólo puede ver un dato en una tabla que, además, no presenta una cabecera por la circunstancia que sea, puede no saber a que se refiere dicho dato.

Por tanto, si se han de utilizar, se deben especificar las dimensiones en términos de porcentaje y establecer todas sus propiedades para que no se pierda semántica y/o accesibilidad.

La declaración de los elementos de cabecera y pie de tabla (THEAD y TFOOT) deben establecerse antes que el elemento del contenido de la tabla TBODY para que el agente de usuario pueda renderizar la información de contexto antes de recibir el detalle con todas las filas de datos, que pueden ser muchas.

Cabe destacar que, los atributos ID, HEADERS y SCOPE, no tienen ningún efecto visual, sin embargo, junto con el elemento CAPTION, son muy útiles para las tecnologías asistivas como los lectores de pantalla puesto que aclaran y fortalecen su significado.

8.1.1.1.3 Elemento colgroup

El elemento COLGROUP especifica que el contenido que se va a representar es un grupo de una o más columnas de una tabla. Suele ser útil para aplicar estilos de forma agrupada en vez de tener que repetirlos de uno en uno.

Es importante que el elemento COLGROUP sea hijo directo del elemento TABLE, que esté declarado justo después del elemento CAPTION y justo antes de los elementos THEAD, TBODY o TFOOT porque, de no ser así, puede afectar a la usabilidad web y a la accesibilidad web.

Para especificar o definir las propiedades de cada columna dentro de cada elemento COLGROUP se debe utilizar el elemento COL. Este elemento sólo permite el atributo SPAN para definir el número de columnas que debe abarcar.

```
<colgroup>
    <col style="background: whitesmoke;"></col>
    <col span="2" style="background: lavender;"></col>
</colgroup>
```

8.1.1.1.4 Elementos thead y tfoot

El elemento THEAD especifica que el contenido que se va a representar es el encabezado de una tabla. El elemento TFOOT es idéntico al elemento THEAD, con la diferencia de que el contenido que se va a representar es el pie de página de una tabla.

Cabe destacar que los elementos THEAD y TFOOT deben declararse justo después del elemento CAPTION y COLGROUP y justo antes del elemento TBODY. También es importante constatar que el elemento THEAD no se debe omitir puesto que su omisión puede perjudicar de forma notable a la usabilidad web y a la accesibilidad web de la página.

8.1.1.1.5 Elemento tbody

El elemento TBODY especifica que el contenido que se va a representar es el cuerpo de una tabla.

Cabe destacar que elemento TBODY debe declararse justo después de los elementos THEAD y TFOOT. Además, no se debe omitir puesto que su omisión puede perjudicar de forma notable a la usabilidad web y a la accesibilidad web de la página.

8.1.1.1.6 Elemento tr

El elemento TR especifica que el contenido que se va a representar es una fila perteneciente a un encabezado, cuerpo o pie de página de una tabla.

8.1.1.1.7 Elemento th

El elemento TH especifica que el contenido que se va a representar es una celda de encabezado.

Entre los atributos que admite en su configuración, se deben destacar **COLSPAN**, que especifica el número de columnas que se deben unificar, **ROWSPAN**, que especifica el número de filas que se deben unificar, **ID**, que especifica el identificador de la columna y que es necesario para utilizarlo con el atributo HEADERS del elemento TD, **HEADERS**, que especifica la lista de identificadores únicos (separados por espacios en blanco) que se corresponden con los atributos ID pertenecientes a los elementos TH y **SCOPE**, que especifica un único valor que vincula la información entre las celdas de la cabecera y las celdas de datos para indicar si una celda de encabezado es un encabezado para una columna, una fila o un grupo de columnas o un grupo de filas.

8.1.1.1.8 Elemento td

El elemento TD especifica que el contenido que se va a representar es una celda de datos.

Entre los atributos que admite en su configuración, se deben destacar **COLSPAN**, que especifica el número de columnas que se deben unificar, **ROWSPAN**, que especifica el número de filas que se deben unificar y **HEADERS**, que especifica la lista de identificadores únicos (separados por espacios en blanco) que se corresponden con los atributos ID pertenecientes a los elementos TH.

8.1.1.2 ELEMENTOS DISPONIBLES EN CSS

A continuación, se muestran las propiedades de CSS que están expresamente dedicadas a tablas.

8.1.1.2.1 Propiedades border-collapse

Especifica si se deben fusionar o separar los bordes del elemento. Entre sus posibles valores podemos encontrar **COLLAPSE**, que indica que los bordes deben fusionarse cuando sea posible y no es efectivo cuando se encuentra en conjunción con las propiedades EMPTY-CELLS y BORDER-SPACING y, **SEPARATE**, que es el valor por defecto e indica que los bordes deben mostrarse separados e independientes para cada celda o elemento.

 **NOTA**

La propiedad BORDER-COLLAPSE sólo es válida para los elementos TABLE, TH y TD.

8.1.1.2.2 Propiedad border-spacing

Especifica la distancia entre los bordes de las celdas adyacentes, siempre y cuando la propiedad BORDER-COLLAPSE esté establecida a SEPARATE. Sus posibles se deben asignar a través de un valor establecido en una de las medidas permitidas de CSS.

 **NOTA**

La propiedad BORDER-COLLAPSE sólo es válida para los elementos TABLE, TH y TD.

8.1.1.2.3 Propiedad caption-side

Especifica la posición del título de una tabla. Entre sus posibles valores podemos encontrar **BOTTOM**, que indica que el título debe estar debajo de la tabla y **TOP**, que indica que el título debe estar encima de la tabla. Es el valor por defecto.

8.1.1.2.4 Propiedad empty-cells

Especifica si se deben mostrar o no los bordes de las celdas vacías. Entre sus posibles valores podemos encontrar **HIDE**, que indica que NO se deben mostrar y **SHOW**, que es el valor por defecto e indica que se deben mostrar.

8.1.1.2.5 Propiedad table-layout

Especifica el modo en el que se tienen que diseñar celdas, filas y columnas de la tabla. Entre sus posibles valores podemos encontrar **AUTO**, que indica que el ancho de la columna debe establecerse sin romper el texto o contenido de las celdas y **FIXED**, que indica que el ancho de la tabla será gestionado por el usuario y que, las columnas, deberán ser gestionadas por el ancho de las celdas de la primera fila. Si no se estableciesen anchos en la primera fila, los anchos de las columnas se dividirán por partes iguales, independientemente de su contenido.

8.1.1.3 CREACIÓN DE TABLAS RESPONSIVE

Las tablas son, quizás, el componente menos flexible que ofrece HTML. Sin embargo, gracias a CSS y JavaScript es posible hacer que esta característica se vuelva algo menos rígida. Por ejemplo, supongamos una tabla de datos como la siguiente:

EJEMPLO DE TABLA ADAPTATIVA						
ID	Empresa	F. Movimiento	Tipo	Concepto	Importe	Estado
1	Consultores SA	30-12-2019	Ingreso	Nómina	+1268.00 €	Efectuado
2	Carrefour	01-01-2020	Recibo	Supermercado	-128.56 €	Efectuado
3	El Corte Inglés	03-01-2020	Recibo	Chaqueta hombre L-XL	-99.99 €	Pendiente
4	El Corte Inglés	03-01-2020	Recibo	Pantalón hombre M-L	-48.50 €	Pendiente

Si probásemos esta tabla en un dispositivo móvil, lo más probable es que viésemos una barra de desplazamiento horizontal y, dependiendo de la resolución del dispositivo, de los tamaños de fuente y de los estilos agregados, puede que hasta prácticamente nada de información útil.

Para solucionar este supuesto, a continuación, se muestran algunas de las técnicas para hacer que las tablas de HTML puedan verse en cualquier dispositivo sin perder legibilidad e independientemente de sus dimensiones o densidad.

8.1.1.3.1 Mediante barras de desplazamiento

Esta técnica consiste en definir normalmente la tabla y aplicarlc unas consultas de medios cuando se produce una condición determinada, como pueda ser el ancho del dispositivo.

Es la técnica más sencilla de todas, pero no la que mejor se adapta a las condiciones del dispositivo ya que, si los datos son muy largos, puede no verse casi nada de información.

La técnica consiste en ajustar el tamaño de la tabla al 100% del ancho del dispositivo, cambiar el modo de representación de la tabla a BLOCK, en vez de TABLE, y habilitar el desplazamiento horizontal en la misma.

Código CSS

```
@media screen and (max-width: 620px) {
    table { display: block; overflow-x: auto; width: 100%; }
}
```

Posible resultado:

EJEMPLO DE TABLA ADAPTATIVA						
ID	Empresa	F. Movimiento	Tipo	Concepto	Importe	Estad
1	Consultores SA	30-12-2019	Ingreso	Nómina	+1268.00 €	Efectu
2	Carrefour	01-01-2020	Recibo	Supermercado	-128.56 €	Efectu
3	El Corte Inglés	03-01-2020	Recibo	Chaqueta hombre L-XL	-99.99 €	Pendi
4	El Corte Inglés	03-01-2020	Recibo	Pantalón hombre M-L	-48.50 €	Pendi

8.1.1.3.2 Mediante consultas de medios

Al igual que sucede con la técnica de la barra de desplazamiento horizontal, esta técnica consiste en definir normalmente la tabla y aplicarle unas consultas de medios cuando se produce una condición determinada, como pueda ser el ancho del dispositivo.

Aunque esta técnica resulta ser algo más tediosa y laboriosa, es la que mejor que se adapta a las condiciones del dispositivo si no se desea recurrir a JavaScript. Por ello, es una de las más utilizadas en situaciones reales.

La técnica consiste en ajustar el tamaño de la tabla al 100% del ancho del dispositivo, ocultar los campos de cabecera, cambiar el modo de representación de las celdas y, agregar unos atributos personalizados con los nombres de las columnas para utilizarlos como identificadores de campo.

Estos identificadores de campo serán mostrados a través de pseudo-elemento BEFORE en la parte izquierda de cada celda cuando las condiciones de la consulta de medios se cumplan y, para que los valores de estos campos no pierdan legibilidad, el valor de las celdas se alineará a la derecha, todo ello, además, con la intención de aprovechar, al máximo, el espacio disponible.

Código CSS

```css
html,
body { margin: 0; padding: 0; font-family: 'Roboto', sans-serif;
       display: block; font-size: 14px;
}


table         { border: 1px solid rgba(0,0,0,0.2); border-spacing: 2px;
                margin: 10px 0; }


table caption { background: #000000; color: #fff; font-size: 1.0rem;
                font-weight: bold; line-height: 1.5; padding: 0;
                text-transform: uppercase; }

table td,
table th      { border: 1px solid rgba(0,0,0,0.2); border-spacing: 0;
                font-size: 1rem; padding: 5px; text-align: left;
                margin: 2px 0; white-space: nowrap; }

table thead th:nth-child(6),
table tbody td:nth-child(6){ text-align: right; }

@media screen and (max-width: 620px) {
    table { width: 100%; }

    thead { display: none; }

    tr td:first-child { background: #f0f0f0; font-weight: bold; }

    tbody td { display: block; text-align: right; }

    tbody td:before { content: attr(data-field); display: block;
                      float: left; font-weight: bold; padding: 0 10px 0 0;
                      text-align: left; width: auto; }
}
```

Cabe destacar que este código CSS se alimenta de un atributo personalizado DATA-FIELD que debe estar definido en cada elemento TD de la tabla y que debe ser idéntico al texto contenido dentro del elemento TH.

En lo referente a este último código de CSS, y al igual que pasaba con la técnica anterior, el cambio de comportamiento se realiza cuando la resolución llega al valor de 620 píxeles.

Posible resultado:

EJEMPLO DE TABLA ADAPTATIVA	
ID	1
Empresa	Consultores SA
F. Movimiento	30-12-2019
Tipo	Ingreso
Concepto	Nómina
Importe	+1268.00 €
Pago	Efectuado
ID	2

8.1.2 Diseño basado en cajas flexibles (Flexbox)

Las cajas flexibles no son nada más que otra de las formas de organizar la información a través de filas y columnas, pero, al contrario que las tablas, sus elementos pueden manipularse, ensancharse o encogerse para rellenar el espacio adicional y, con ello, representarse de manera correcta en dispositivos con poca resolución o de pequeño tamaño.

8.1.2.1 PRINCIPALES ELEMENTOS DISPONIBLES EN CSS

8.1.2.1.1 Propiedad align-content

Especifica como se deben distribuir los elementos verticalmente. Es una propiedad similar a ALIGN-ITEMS, pero en lugar de alinear elementos flexibles, alinea líneas flexibles. Entre sus posibles valores podemos encontrar:

CENTER: indica que las líneas de elementos deben distribuirse verticalmente por la zona media del contenedor flexible.	
FLEX-END: indica que las líneas de elementos deben distribuirse verticalmente por la zona final del contenedor flexible.	
FLEX-START: indica que las líneas de elementos deben distribuirse verticalmente por la zona inicial del contenedor flexible.	
SPACE-AROUND: indica que las líneas de elementos deben distribuirse verticalmente de forma uniforme por el contenedor flexible con espacios perceptibles en cada extremo.	
SPACE-BETWEEN: indica que las líneas de elementos deben distribuirse verticalmente de forma uniforme por los extremos del contenedor flexible.	
STRECTCH: indica que las líneas de elementos deben ajustarse verticalmente para ocupar o rellenar el espacio restante. Es el valor por defecto.	

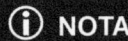

NOTA

La propiedad ALIGN-CONTENT sólo tendrá algún efecto cuando el modo de visualización (DISPLAY) sea FLEX y la propiedad FLEX-WRAP esté establecida a WRAP o a WRAP-REVERSE.

8.1.2.1.2 Propiedad align-items

Especifica la alineación predeterminada para los elementos que están dentro de un contenedor flexible. Entre sus posibles valores podemos encontrar:

BASELINE: indica que los elementos deben estar posicionados en la línea base del contenedor flexible.	1 2 3
CENTER: indica que los elementos deben estar posicionados en la parte central del contenedor flexible.	1 2 3
FLEX-END: indica que los elementos deben estar posicionados al final del contenedor flexible.	1 2 3
FLEX-START: indica que los elementos deben estar posicionados al principio del contenedor flexible.	1 2 3
STRECTCH: indica que los elementos deben ajustarse al alto del contenedor para rellenarlo. Es el valor por defecto.	1 2 3

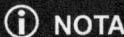

NOTA

La propiedad ALIGN- ITEMS sólo tendrá algún efecto cuando el modo de visualización (DISPLAY) sea FLEX y puede anularse a través de la propiedad ALIGN-SELF.

8.1.2.1.3 Propiedad allign-self

Especifica la alineación determinada para un elemento que está dentro de un contenedor flexible. Entre sus posibles valores podemos encontrar:

AUTO: indica que la alineación es inherente y que debe heredarse de la propiedad ALIGN-ITEMS definida en su contenedor. Es el valor por defecto.	1 2 3
BASELINE: indica que el elemento debe estar posicionado en la línea base del contenedor flexible.	2 1 3
CENTER: indica que el elemento debe estar posicionado en la parte central del contenedor flexible.	1 2 3
FLEX-END: indica que el elemento debe estar posicionado al final del contenedor flexible.	1 3 2
FLEX-START: indica que el elemento debe estar posicionado al principio del contenedor flexible.	2 1 3
STRECTCH: indica que el elemento se debe ajustar al alto del contenedor para rellenarlo.	1 2 3

ⓘ NOTA

La propiedad ALIGN- ITEMS sólo tendrá algún efecto cuando el modo de visualización (DISPLAY) sea FLEX.

8.1.2.1.4 Propiedad flex

Es una propiedad compuesta que especifica, de forma conjunta, las propiedades de crecimiento flexible, decrecimiento flexible y el ancho del elemento.

El crecimiento viene determinado por la propiedad FLEX-GROW y se establece a través de un número que indica como irá creciendo el elemento con respecto al resto de elementos flexibles.

El decrecimiento viene determinado por la propiedad FLEX-SHRINK y se establece a través de un número que indica como irá decreciendo el elemento con respecto al resto de elementos flexibles.

El ancho viene determinado por la propiedad FLEX-BASIS y se establece a través de alguna de las unidades de medida estándar de CSS.

Si se asignan los tres valores, se aplicarán en el orden anteriormente indicado, es decir, es como si se estableciese de forma independiente las variables FLEX-GROW, FLEX-SHRINK y FLEX-BASIS, en este orden.

```
li   { flex: 1 1 auto; } /* FLEX-GROW FLEX-SHRINK FLEX BASIS */
```

Si se asignan dos valores, se podrán establecer o el crecimiento y el ancho, o el crecimiento y el decrecimiento. Es decir, es como si se estableciese de forma independiente las variables FLEX-GROW y FLEX-BASIS o FLEX-GROW y FLEX-SHRINK, en este orden.

```
p    { flex: 1 100%; }   /* FLEX-GROW FLEX-BASIS */
p    { flex: 1 1; }      /* FLEX-GROW FLEX-SHRINK */
```

Si se asigna un único valor, podrá aplicarse o un crecimiento o un ancho, es decir, es como si se estableciese de forma independiente la variable FLEX-GROW o la variable FLEX-BASIS.

```
p    { flex: 1; }        /* FLEX-GROW */
p    { flex: 100%; }     /* FLEX-BASIS */
```

8.1.2.1.5 Propiedad flex-basis

Especifica el ancho inicial de un elemento flexible. Entre sus posibles valores podemos encontrar **AUTO**, que indica que el ancho es igual a la anchura predefinida del elemento flexible o, en ausencia de valor, en función de su contenido y, **[VALOR]**, que indica un valor establecido en una de las medidas permitidas de CSS.

Por ejemplo, imaginemos que tenemos un contenedor flexible con un ancho de 100 píxeles con tres elementos, en donde cada uno de ellos, tiene establecidas las propiedades FLEX-GROW y FLEX-SHRINK a 0 y la propiedad FLEX-BASIS a 33px. Esto debería producir un resultado similar al siguiente:

Ahora, si establecemos la propiedad FLEX-BASIS a 0 al segundo elemento, el resultado debería ser similar al siguiente:

Pero, si estableciésemos la propiedad FLEX-BASIS a 50px para el segundo elemento el resultado debería ser similar al siguiente:

Como se puede apreciar en la ilustración, el elemento 3 no entra en el contenedor de forma completa y se ve desbordado.

8.1.2.1.6 Propiedad flex-direction

Especifica la dirección de los elementos flexibles. Entre sus posibles valores podemos encontrar:

▸ **COLUMN**:

Indica que los elementos deben mostrarse verticalmente empezando por arriba. Un ejemplo podría ser que todos los elementos se sitúen, unos debajo de otros, desde arriba del contenedor en formación de A-B-C-D.

▸ **COLUMN-REVERSE**:

Indica que los elementos deben mostrarse verticalmente, empezando por abajo y con los elementos invertidos de orden. Un ejemplo podría ser que todos los elementos se sitúen, unos encima de otros, desde abajo del contenedor en formación de D-C-B-A.

▶ ROW:

Indica que los elementos deben mostrarse horizontalmente, empezando por la izquierda. Un ejemplo podría ser que los elementos se situasen todos seguidos y alineados a la izquierda en la parte superior del contenedor en formación de A-B-C-D. Es el valor por defecto.

▶ ROW-REVERSE:

Indica que los elementos deben mostrarse horizontalmente, empezando por la derecha y con los elementos invertidos de orden. Un ejemplo podría ser que los elementos se situasen todos seguidos y alineados a la derecha en la parte superior del contenedor en formación de D-C-B-A.

8.1.2.1.7 Propiedad flex-flow

Es una propiedad compuesta que especifica la dirección de los elementos flexibles y si deben ajustarse o no al ancho del contenedor.

El ajuste de los elementos viene determinado por la propiedad FLEX-WRAP, mientras que la dirección viene determinada por la propiedad FLEX-DIRECTION. El orden de asignación es arbitrario, es decir, se puede realizar la asignación de la propiedad a través de la dirección y el ajuste, o a la inversa.

En general, se recomienda utilizar esta, y las demás formas abreviadas, debido a que su interpretación y renderizado se realiza algo más rápido.

8.1.2.1.8 Propiedad flex-grow

Especifica la relación de crecimiento del elemento con respecto a los demás. Entre sus posibles valores podemos encontrar un valor **[NÚMERO]** y que es un valor entero que indica, por decirlo así, el factor de multiplicación con respecto a los demás. Esto es, si todos los elementos de un contenedor flexible tienen un valor asignado de 1, menos uno que tiene un valor de 3, eso querrá decir que ese elemento será tres veces mayor que el resto.

8.1.2.1.9 Propiedad flex-shrink

Especifica la relación de decrecimiento del elemento con respecto a los demás. Entre sus posibles valores podemos encontrar un valor **[NÚMERO]** y que es un valor entero que indica, por decirlo así, el factor de división con respecto a los demás. Esto es, si todos los elementos de un contenedor flexible tienen un valor asignado de 1, menos uno que tiene un valor de 3, eso querrá decir que ese elemento será tres veces menor que el resto.

8.1.2.1.10 Propiedad flex-wrap

Especifica si el elemento debe ajustarse o no al ancho del contenedor. Entre sus posibles valores podemos encontrar:

▶ **NOWRAP**:

Indica que el elemento no debe ajustarse. Es el valor por defecto.

▶ **WRAP**:

Indica que el elemento debe ajustarse si fuese necesario.

▶ **WRAP-REVERSE**:

Indica que el elemento debe ajustarse si fuese necesario, pero en orden inverso.

Por ejemplo, imaginemos que tenemos un contenedor flexible que tiene un ancho de 150 píxeles y, dentro, tiene definidos cuatro elementos de 40 por 40 píxeles cada uno. Dependiendo de como se establezca la propiedad FLEX-WRAP, debería producirse algo similar a uno de los siguientes resultados:

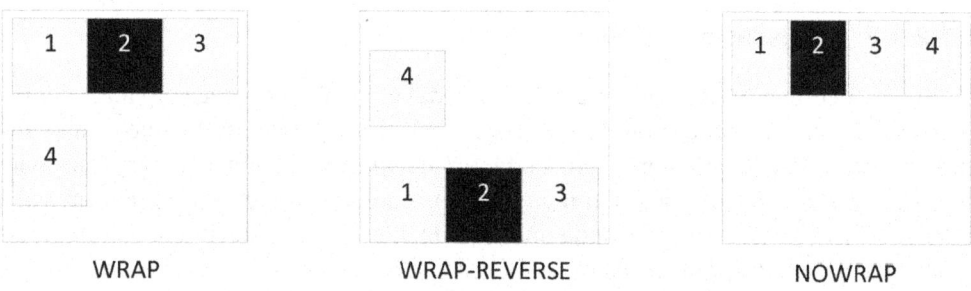

WRAP   WRAP-REVERSE   NOWRAP

8.1.2.1.11 Propiedad justify-content

Especifica la alineación horizontal para los elementos flexibles cuándo éstos no utilizan, o no cubren, todo el espacio disponible. Entre sus posibles valores podemos encontrar:

CENTER: indica que los elementos deben estar posicionados en la parte central del contenedor flexible.	
FLEX-END: indica que los elementos deben estar posicionados a la derecha del contenedor flexible.	
FLEX-START: indica que los elementos deben estar posicionados a la izquierda del contenedor flexible.	
SPACE-BETWEEN: indica que los elementos deben ajustarse de forma que los espacios adyacentes sean iguales.	
SPACE-AROUND: indica que los elementos deben ajustarse de forma que los espacios entre ellos sean iguales, a excepción del primer y último elemento, en donde los espacios, anterior al primer elemento, y posterior al último elemento, deben ser la mitad que el espacio que hay entre el resto de los elementos.	

8.1.2.1.12 Propiedad order

Especifica el orden de un elemento flexible con respecto al resto de elementos que tiene a su mismo nivel. Entre sus posibles valores podemos encontrar un valor **[NÚMERO]** que es un valor entero el cual indica el orden de aparición en la horizontal de izquierda a derecha. Por defecto, su valor es 0.

Para verlo claro, si, por ejemplo, tuviésemos un contenedor flexible con tres elementos y no estableciésemos la propiedad ORDER, los elementos aparecerían colocados según orden de aparición, es decir, **1, 2, 3**. Sin embargo, si estableciésemos al primer elemento un ORDER: 2 y al segundo un ORDER: 1, lo que veríamos es que el orden de aparición en pantalla sería **2, 1, 3**.

8.1.2.2 CREACIÓN DE FLEXBOX RESPONSIVE

La creación de una estructura tipo tabla a través de cajas flexibles puede llegar a ser una tarea bastante tediosa y con comportamientos algo indeseables, como que el ancho de las celdas no se suele ajustar al ancho del contenido. Sin embargo, responden muy bien a todo tipo de resoluciones.

Dicho esto, y para ayudar a comprender mejor todo esto de las cajas flexibles, vamos a intentar implementar el mismo conjunto de datos que usamos con las tablas.

Si nos fijamos en el resultado podremos ver que, siendo los mismos datos, el modo de presentarlos en pantalla es muy diferente. Esto es, básicamente, porque las cajas flexibles están pensadas para establecer contenidos adaptables en función del ancho y no para presentar datos como si fuesen tablas.

EJEMEPLO DE TABLA CON FLEXBOX CSS						
ID	Empresa	F. Movimiento	Tipo	Concepto	Importe	Estado
1	Consultores SA	30-12-2019	Ingreso	Nómina	+1268.00 €	Efectuado
2	Carrefour	01-01-2020	Recibo	Supermercado	-128.56 €	Efectuado
3	El Corte Inglés	03-01-2020	Recibo	Chaqueta hombre L-XL	-99.99 €	Efectuado
4	El Corte Inglés	03-01-2020	Recibo	Pantalón hombre M-L	-48.50 €	Efectuado

Para hacer esto basta con crear una estructura de datos a modo de un DIV contenedor que posea tantos DIV como filas tenga (incluyendo la cabecera y el título de la tabla) y, dentro de cada uno de estos, tantos DIV como columnas tenga cada fila. Algo como:

```
<div class="flexbox">
    <div class="caption">EJEMEPLO DE TABLA CON FLEXBOX CSS</div>

    <div class="row header">
        <div class="col">ID</div>
        <div class="col">Empresa</div>
        <div class="col">F. Movimiento</div>
        <div class="col">Tipo</div>
        <div class="col">Concepto</div>
        <div class="col">Importe</div>
        <div class="col">Estado</div>
```

```
    </div>

    <div class="row">
        <div class="col">1</div>
        <div class="col">Consultores SA</div>
        <div class="col">30-12-2019</div>
        <div class="col">Ingreso</div>
        <div class="col">Nómina</div>
        <div class="col">+1268.00 €</div>
        <div class="col">Efectuado</div>
    </div>

    <div class="row">...</div>
    ...
</div>
```

Después, sólo necesitaremos definir el sistema de cajas flexibles a las clases **.ROW** y **.COL**, y unos cuantos estilos adicionales:

···

Código CSS

```
.flexbox .caption { display: block; text-align: center; font-weight:
600;
                    background: #000; color: #fff; }
.flexbox          { border: 1px solid #ccc; }
.flexbox .row     { display: flex; width: 100%; max-width: 100%;margin:
0;}
.flexbox .col     { border: 1px solid #ccc; display: flex;
                    flex-flow: column nowrap; justify-content: flex-start;
                    align-items: flex-start; flex: 1 1 100%; margin: 1px;
                    padding: 0 5px; max-width: calc(100% / 7); }
.flexbox .header .col { font-weight: 600; }
```

8.1.3 Diseño basado en cuadrículas (Grid Layout)

El diseño basado en cuadrículas no es más que un sistema más actual para realizar diseños de estructuras bidimensionales. Sin embargo, tiene una gran diferencia y es que no requiere de contenedores diferenciables para filas y columnas ya que nos permite alinear los elementos a través de CSS, lo que ahorra en HTML y disminuye la carga del DOM (Document Object Model y representa la interfaz de programación para documentos HTML y XML), el cual se verá más adelante.

El diseño en Grid Layout se puede utilizar para obtener muy diversos resultados, pero desde una perspectiva diferente a las vistas hasta ahora. Dado que puede ser algo muy complicado y largo de explicar, aquí presentaremos lo más básico para empezar a trabajar. Si se desea más información se recomienda visitar la página de MDN Web Docs en *https://developer.mozilla.org/es/docs/Web/CSS/CSS_ Grid_Layout* o la página de CSS Tricks *https://css-tricks.com/snippets/css/complete- guide-grid/*, la cual está en inglés.

8.1.3.1 PRINCIPALES ELEMENTOS DISPONIBLES EN CSS

8.1.3.1.1 Propiedad display

Especifica que vamos a definir un contenedor de cuadrículas. Entre sus posibles valores podemos encontrar **GRID**, que indica que se va a definir un grid a nivel de bloque y **INLINE-GRID**, que indica que se va a definir un grid a nivel de línea.

8.1.3.1.2 Propiedades grid-template-rows y grid-template-columns

Especifican las filas y columnas de la cuadrícula mediante una lista de valores que definen el tamaño y espacio entre sus elementos separados por espacios. El tamaño puede ser descrito a través de una de las unidades de media de CSS o por la palabra clave **FR**, que es lo más frecuente y representa una fracción del espacio libre en la cuadrícula.

El siguiente ejemplo describiría un grid de 4 filas por 7 columnas:

```
.grid {
    display: grid;
    grid-template-columns: 1fr 1fr 1fr 1fr 1fr 1fr 1fr;
    grid-template-rows: 1fr 1fr 1fr 1fr;
    gap: 5px;
}
```

Suponiendo que tengamos un contenedor grid con 28 elementos de caja (p.e. DIV) como hijos directos. El resultado debería ser similar a:

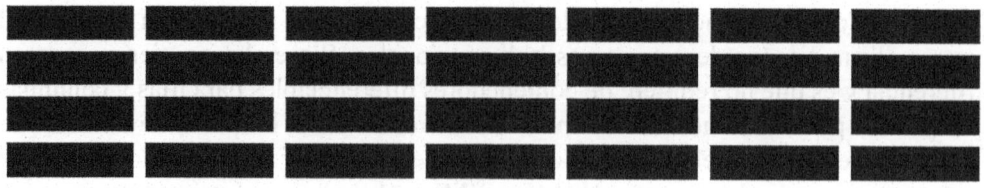

8.1.3.1.3 Propiedades grid-row-start y grid-row-end , grid-column-start, grid-column-end

Especifican la ubicación de los elementos dentro de la cuadrícula haciendo referencia a posiciones específicas.

Mientras que las propiedades **GRID-COLUMN-START** y **GRID-ROW-START** son para asignar la posición donde comienzan, **GRID-COLUMN-END** y **GRID-ROW-END** son para posición donde terminan. Para que lo veamos un poco más claro, veamos el siguiente ejemplo:

```
.large-item {
  grid-column-start: 2;
  grid-column-end: five;
  grid-row-start: row1-start;
  grid-row-end: 3;
}
```

Suponiendo que tengamos un contenedor grid con 19 elementos de caja (p.e. DIV) como hijos directos. Si a uno de estos DIV le asignamos esta clase, el resultado debería ser similar a:

8.1.3.1.4 Propiedad align-items y justify-items

Especifican como se deben distribuir los elementos horizontal y/o verticalmente. Estas propiedades son similares a sus homólogas de Flexbox ALIGN-ITEMS y JUSTIFY-CONTENT, pero en lugar de alinear elementos flexibles, alinea cuadrículas.

Entre sus posibles valores podemos encontrar **STRETCH**, que es el valor por defecto e indica que las cuadrículas se ajusten al alto disponible de la celda, **START**, que indica que los elementos se coloquen en la parte inicial de su celda, **END**, que indica que los elementos se coloquen en la parte final de su celda, **CENTER**, que indica que los elementos se coloquen en la parte central de su celda y **BASELINE**, que indica que los elementos se alineen a lo largo de la línea de base del texto.

Para que veamos un poco el comportamiento de estas propiedades lo mejor es que lo pongamos en práctica, sin embargo, a continuación, mostraremos un caso de uso particular que es cuando, ambas propiedades, están declaradas como **CENTER**.

```
.grid {
    display: grid;
    grid-template-columns: 1fr 1fr 1fr 1fr 1fr 1fr 1fr;
    grid-template-rows: 1fr 1fr 1fr 1fr;
    gap: 5px;
    align-items: center;
    justify-items: center;
}
```

El resultado debería ser similar a:

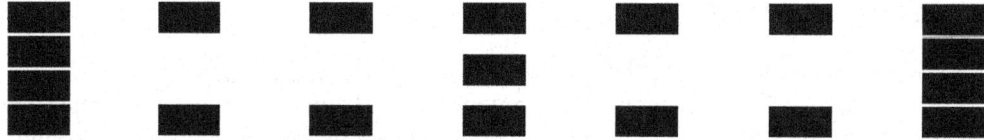

8.1.3.1.5 Función repeat y las palabras clave

La función **REPEAT** es un método elegante que nos permite ahorrar tiempo a la hora de definir el tamaño de las cuadrículas o celdas. Por ejemplo, en vez de usar la definición anterior que se mostró en las propiedades **GRID-TEMPLATE-ROWS** y **GRID-TEMPLATE-COLUMNS**, podemos escribir:

```
.grid {
    display: grid;
    grid-template-columns: repeat(7, 1fr);
    grid-template-rows: repeat(4, 1fr);
    gap: 5px;
}
```

No obstante, la potencia de esta función reside en las palabras clave que puede utilizar. Entre sus posibles palabras clave hay que destacar **AUTO-FILL**, que indica que se ajusten tantas columnas como sea posible en una fila, incluso si, éstas, están vacías, **AUTO-FIT**, que indica que las columnas se coloquen según el espacio disponible y **MINMAX**, que indica o establece el ancho mínimo y máximo para cada cuadrícula o celda.

Por ejemplo, en el caso anterior que teníamos un grid con 28 celdas, y que respondería perfectamente con el código mostrado en la parte superior de este mismo apartado, podríamos haber definido un ajuste automático con unos valores de máximo y mínimo predefinidos:

```
.grid {
    display: grid;
    grid-template-columns: repeat(auto-fill, minmax(150px, 1fr));
    grid-template-rows: minmax(max-content, 1fr);
    gap: 5px;
}
```

Sin embargo, esta regla CSS tiene un gran problema y es que sólo nos resultará válida cuando el ancho del contenedor o elemento padre sea múltiplo entero del número de columnas, en este caso 7. La razón de por qué no sería válido es porque, en cuanto el ancho del contenedor o padre sea 8 o más, las celdas que deberían formar una columna se mostrarán en diagonal.

En realidad, este es un problema que hemos causado a propósito para ver una casuística específica, pero, al definir **GRID-TEMPLATE-COLUMNS** como un **REPEAT** sencillo y poner el **GRID-TEMPLATE-ROWS** como se indica en este último ejemplo, se consigue un comportamiento bastante similar al de las tablas de HTML, todo ello, con considerable menos código CSS.

8.1.3.2 CREACIÓN DE GRID RESPONSIVE

La creación de una estructura tipo tabla a través de grids puede llegar a ser una tarea algo confusa si no se sabe muy bien lo que hacer, pero, al final resulta un método más que sencillo para formatear datos en dos dimensiones y responden muy bien a todo tipo de resoluciones.

Dicho esto, si nos fijamos en el resultado podremos ver que, siendo los mismos datos que hemos ido mostrando a lo largo de este capítulo, el modo de presentarlos en pantalla puede llegar a ser muy diferente a uno u otro modelo. Esto es, básicamente, porque las cuadrículas están pensadas para establecer contenidos adaptables en función del ancho y presentarlos como si fuesen tablas.

EJEMEPLO DE TABLA CON GRID CSS						
ID	Empresa	F. Movimiento	Tipo	Concepto	Importe	Estado
1	Consultores SA	30-12-2019	Ingreso	Nómina	+1268.00 €	Efectuado
2	Carrefour	01-01-2020	Recibo	Supermercado	-128.56 €	Efectuado
3	El Corte Inglés	03-01-2020	Recibo	Chaqueta hombre L-XL	-99.99 €	Efectuado
4	El Corte Inglés	03-01-2020	Recibo	Pantalón hombre M-L	-48.50 €	Efectuado

Para hacer esto basta con crear una estructura de datos a modo de un DIV contenedor que dentro posea dos DIV, uno para el título y otro para los datos. Dentro de este último DIV, deberemos establecer tantos DIV como filas y columnas se dispongan, es decir, deberemos establecer tantos DIV como celdas tenga el grid. Algo como:

```html
<div class="grid">
    <div class="caption">EJEMEPLO DE TABLA CON FLEXBOX CSS</div>

    <div class="row">
        <div class="col">ID</div>
        <div class="col">Empresa</div>
        <div class="col">F. Movimiento</div>
        <div class="col">Tipo</div>
        <div class="col">Concepto</div>
        <div class="col">Importe</div>
        <div class="col">Estado</div>

        <div class="col">1</div>
        <div class="col">Consultores SA</div>
        <div class="col">30-12-2019</div>
        <div class="col">Ingreso</div>
        <div class="col">Nómina</div>
        <div class="col">+1268.00 €</div>
        <div class="col">Efectuado</div>

        <div class="col">2</div>
        ...
    </div>
</div>
```

Después, sólo necesitaremos definir el sistema de grid a la clase **.ROW** y unos cuantos estilos adicionales:

Código CSS

```css
.grid .row    { display: grid; grid-template-columns: repeat(7, 1fr);
                grid-template-rows: minmax(max-content, 1fr);
                padding: 1px 1px; border: 1px solid #ccc; }
.grid .caption { display: block; text-align: center; font-weight: 600;
                background: #000; color: #fff; }
.grid .col    { border: 1px solid #ccc; margin: 1px; padding: 0 5px; }
.grid .row .col:nth-child(-n+7) { font-weight: 600; }
```

8.2 INSERCIÓN DE UN BACKGROUND

La inserción de backgrounds se suele hacer a través de CSS, un lenguaje que posee una gran variedad de propiedades para el manejo y manipulación de imágenes. A continuación, se muestran la mayor parte de ellas, si no todas.

8.2.1 Propiedades CSS disponibles

8.2.1.1 PROPIEDAD BACKGROUND-ATTACHMENT

Especifica si la imagen establecida por BACKGROUND-IMAGE debe desplazarse con el resto del documento o debe quedarse fija. Entre sus posibles valores podemos encontrar **SCROLL**, que indica como se desplazará la imagen con el documento y es el valor por defecto, **FIXED**, que especifica que la imagen debe mantenerse fija, es decir, sin responder al desplazamiento de la página o documento y **LOCAL**, que indica que la imagen debe desplazarse con el contenido del elemento al que está asociada.

8.2.1.2 PROPIEDAD BACKGROUND-CLIP

Especifica como debe extenderse el fondo, gradiente o imagen dentro del elemento actual.

Entre sus posibles valores podemos encontrar **BORDER-BOX**, que indica que el fondo debe extenderse incluyendo el borde del elemento y es el valor por defecto, **PADDING-BOX**, que indica que el fondo debe extenderse sin incluir el borde del elemento y **CONTENT-BOX**, que indica que el fondo debe extenderse hasta donde empieza el espacio útil para el contenido del elemento sin incluir el margen interno.

8.2.1.3 PROPIEDAD BACKGROUND-IMAGE

Especifica una o varias imágenes o gradientes para un elemento. Entre sus posibles valores podemos encontrar **[URL]**, que indica la dirección de la imagen que se establecerá como fondo, **NONE**, que es el valor por defecto e indica que no se aplique fondo alguno y los posibles valores de **LINEAR-GRADIENT, RADIAL-GRADIENT, REPEATING-LINEAR-GRADIENT** y **REPEATING-RADIAL-GRADIENT**, comentados anteriormente en el apartado de funciones gráficas del capítulo de Introducción al CSS.

8.2.1.4 PROPIEDAD BACKGROUND-ORIGIN

La propiedad BACKGROUND-ORIGIN funciona de forma similar a la propiedad BACKGROUND-CLIP y especifica la posición de origen de una imagen de fondo.

Entre sus posibles valores podemos encontrar **BORDER-BOX**, que indica que la imagen empezará en la esquina superior izquierda del borde, **PADDING-BOX**, que es el valor por defecto e indica que la imagen empezará en la esquina superior izquierda del límite del margen interno y **CONTENT-BOX**, que indica que la imagen empezará en la esquina superior izquierda del límite del contenido.

8.2.1.5 PROPIEDAD BACKGROUND-POSITION

Especifica la posición inicial del fondo. Entre sus posibles valores podemos encontrar **[POSICIÓN]**, que indica un valor de posicionamiento. Puede ser una combinación de palabras clave como son LEFT TOP, LEFT CENTER, LEFT BOTTOM, CENTER TOP, CENTER CENTER, CENTER BOTTOM, RIGHT TOP, RIGHT CENTER, RIGHT BOTTOM, o un valor establecido en una de las medidas permitidas de CSS.

A continuación, se muestra una ilustración con cada uno de los significados:

LEFT TOP	CENTER TOP	RIGHT TOP
LEFT CENTER	CENTER CENTER	RIGHT CENTER
LEFT BOTTOM	CENTER BOTTOM	RIGHT BOTTOM

8.2.1.6 PROPIEDAD BACKGROUND-REPEAT

Especifica si la imagen establecida como fondo debe repetirse y como debe hacerlo. Entre sus posibles valores podemos encontrar **REPEAT**, que es el valor por defecto e indica que la imagen debe repetirse tanto horizontal, como verticalmente, **REPEAT-X**, que indica que la imagen debe repetirse sólo horizontalmente, **REPEAT-Y**, que indica que la imagen debe repetirse sólo verticalmente, **NO-REPEAT**, que indica que la imagen NO debe repetirse, **SPACE**, que indica que la imagen debe repetirse tanto como sea posible, siempre y cuando, no se deforme ni se corte y **ROUND**, que indica que la imagen debe repetirse para llenar el espacio del elemento, aunque eso implique que sea deformada.

8.2.1.7 PROPIEDAD BACKGROUND-SIZE

Especifica el tamaño del fondo.

Entre sus posibles valores podemos encontrar **AUTO**, que es el valor por defecto e indica que el tamaño de la imagen debe ser igual al tamaño original, **COVER**, que indica que el tamaño de la imagen debe ajustarse para cubrir todo el contenedor o elemento, aunque eso implique que la imagen se corte por los extremos, **CONTAIN**, que indica que el tamaño de la imagen debe ajustarse para asegurarse de que sea totalmente visible. Cuando este valor se utiliza, lo normal es que se generen espacios en blanco en alguno de los extremos del elemento y **[VALOR]**, que indica un valor establecido en una de las medidas permitidas de CSS.

8.2.1.8 PROPIEDAD OBJECT-POSITION

Especifica donde se debe colocar el elemento con respecto a su elemento padre o contenedor. Entre sus posibles valores podemos encontrar:

▶ **FILL**:

Indica que el elemento será ajustado al tamaño del contenedor, aunque este deba ser deformado, si así se requiere. Es el valor por defecto.

▶ **CONTAIN**:

Indica que el elemento será ajustado con respecto al tamaño del contenedor, pero guardando la relación de aspecto para que entre todo su contenido en el espacio disponible.

▶ **COVER**:

Indica que el elemento será ajustado con respecto al tamaño del contenedor, pero guardando la relación de aspecto para llenar el espacio disponible. Este valor puede hacer que se corte información por los extremos.

▶ **NONE**:

Indica que el elemento NO será ajustado ni deformado.

▶ **[POSICIÓN]**:

Indica un valor de posicionamiento. Puede ser una combinación de palabras clave como son LEFT TOP, LEFT CENTER, LEFT BOTTOM, CENTER TOP, CENTER CENTER, CENTER BOTTOM, RIGHT TOP, RIGHT CENTER, RIGHT BOTTOM, o un valor establecido en una de las medidas permitidas de CSS.

Nota

Esta propiedad sólo es aplicable a los elementos IMG y VÍDEO.

8.2.2 Adaptación receptiva y adaptativa

Cada vez más, accedemos a los contenidos web desde muy diferentes dispositivos con distintos tamaños y resoluciones. Esto provoca que los diseñadores y desarrolladores tengan que ingeniárselas para mostrar los contenidos de forma que no pierdan información, calidad o relación de aspecto.

Hasta no hace tanto, era habitual ver las imágenes deformadas o con espacios en "blanco" alrededor, lo que provocaba sensación de mala calidad, mal gusto o una imagen corporativa descuidada. Pero entonces, apareció el concepto de diseño receptivo o adaptativo y, con él, varias técnicas de adaptación de contenidos que trataban de conseguir que las imágenes se viesen de forma adecuada.

Aunque, a primera vista, no es la misma la información dependiendo del dispositivo en el que se muestra la imagen, toda la información está disponible. Esto es posible gracias a la implementación de funcionalidades adicionales que permiten, entre otras cosas, agrandar o empequeñecer la imagen o captar cualquier punto de esta a través de un desplazamiento.

Dicho esto, las imágenes receptivas o adaptativas pueden conseguirse, fundamentalmente, a través de varios métodos o técnicas, que suelen implementarse de forma combinada. En nuestro caso, si lo que se desea es hacer que se cargue una u otra imagen a través de CSS como fondo o background y en función de la resolución, la manera más sencilla de conseguir esto es utilizar las variaciones de la propiedad BACKGROUND, en combinación con la regla @MEDIA.

Supongamos una situación en la que tenemos cuatro versiones de una misma imagen y, lo que se desea hacer es presentar la imagen como fondo de un elemento DIV, pero con la condición de que se cargue una u otra versión en función de la resolución.

Una posibilidad podría ser el siguiente código:

```
<style>
    .banner {
        background-image: url(imagen-640x360.jpg);
        border-bottom: 1px solid rgba(0,0,0,0.1);
```

```
        color: #fff;
        display: block;
        height: 100vh;
        position: relative;
        text-align: center;
        width: 100%;
    }

    @media (min-width: 800px) {
        .banner { background-image: url(imagen-1280x720.jpg); }
    }

    @media (min-width: 1400px) {
        .banner { background-image: url(imagen-1920x1080.jpg); }
    }

    @media (min-width: 2000px) {
        .banner { background-image: url(imagen-2560x1440.jpg); }
    }
</style>

<div class="banner"><div>
```

Basándonos en disciplina de Mobile First, lo que se conseguirá con esta solución es definir la imagen de menor resolución que se desea cargar y, según se vaya detectando que el dispositivo admite una mayor resolución, se irá sobrescribiendo la propiedad BACKGROUND-IMAGE para seleccionar la imagen que más se ajusta al escenario actual.

8.3 CREACIÓN DE HIPERVÍNCULOS EN REGIONES DE LA PANTALLA

La creación de hipervínculos en diferentes regiones de la pantalla es una técnica común en el diseño web para facilitar la navegación del usuario y mejorar la experiencia general. A continuación, se muestran algunas formas de crear hipervínculos en diferentes regiones de la pantalla:

8.3.1 Texto con hipervínculos

Una forma básica de crear hipervínculos es mediante texto enlazado. Puedes utilizar la etiqueta <a> de HTML para crear enlaces a otras páginas web, secciones de la misma página o recursos externos. Por ejemplo:

```
<a href="pagina.html">Enlace a otra página</a>
```

8.3.2 Imágenes con hipervínculos

Otra opción es utilizar imágenes como enlaces. Simplemente envuelve la etiqueta <img> con la etiqueta <a> y especifica la URL a la que deseas que se dirija el enlace cuando se haga clic en la imagen. Por ejemplo:

```
<a href="pagina.html">
    <img src="imagen.jpg" alt="Descripción de la imagen">
</a>
```

8.3.3 Mapas de imagen

Un enfoque más avanzado es utilizar mapas de imagen HTML, que, como hemos visto anteriormente, permiten definir áreas específicas de una imagen como enlaces separados. Para ello, deberemos crear un mapa de imagen con la etiqueta <map> y definir áreas de enlace con la etiqueta <area>.

Un ejemplo podría ser:

```
<img src="plano.png" alt="Plano de la casa" usemap="#planomap">
<map name="planomap">
    <area shape="rect"
        coords="0,0,100,100"
        href="pagina1.html"
        alt="Área 1">
    <area shape="rect"
        coords="100,0,200,100"
        href="pagina2.html"
        alt="Área 2">
</map>
```

8.3.4 CSS para estilizar hipervínculos

También es posible usar CSS para estilizar los hipervínculos y hacer que destaquen en la página. Para ello, podemos cambiar el color, la fuente, el tamaño y otros atributos de estilo y conseguir que los enlaces sean más visibles y atractivos. Por ejemplo, una posible aplicación de esto podría ser:

```
a {
        color: blue;
        text-decoration: underline;
}

a:hover {
        color: red;
}
```

Al utilizar estas técnicas, puedes crear hipervínculos en diferentes regiones de la pantalla de manera efectiva y mejorar la navegación y la usabilidad de tu sitio web.

8.4 LIMITACIONES DEL TAMAÑO DE LAS PÁGINAS

Las limitaciones del tamaño de las páginas web pueden afectar la experiencia del usuario y la eficiencia del sitio. Algunas de las limitaciones comunes incluyen:

▸ **Velocidad de carga**:

Las páginas web demasiado grandes pueden tardar mucho tiempo en cargarse, especialmente en conexiones a Internet lentas o dispositivos móviles. Si esto se produce, puede provocar una mala experiencia del usuario y a una alta tasa de abandono del sitio.

▸ **Consumo de ancho de banda**:

Las páginas web grandes consumen más ancho de banda, lo que puede aumentar los costes de alojamiento web y afectar el rendimiento del servidor. Por ello, es especialmente importante que las páginas estén optimizadas en lo que a tamaño en bytes se refiere y que los contenidos se transfieran minimizados y comprimidos.

▶ **Compatibilidad del navegador**:

Algunos navegadores pueden tener dificultades para renderizar páginas web muy grandes, lo que puede provocar problemas de rendimiento o errores de visualización. Por ello, es importante probar el sitio en una variedad de navegadores y dispositivos para garantizar una experiencia consistente.

▶ **SEO**:

Las páginas web demasiado grandes pueden afectar negativamente el rendimiento del sitio en los motores de búsqueda. De hecho, los motores de búsqueda suelen penalizar los sitios con tiempos de carga lentos o contenido excesivo, lo que puede afectar el ranking en los resultados de búsqueda.

▶ **Experiencia del usuario**:

Las páginas web grandes pueden ser abrumadoras para los usuarios y dificultar la legibilidad, navegación y búsqueda de información. Por ello, es importante mantener el contenido relevante y organizado y facilitar su legibilidad, usabilidad y accesibilidad.

Cabe destacar que, para evitar estas limitaciones, es importante optimizar el tamaño de las páginas web mediante técnicas como la compresión de imágenes, la minificación de archivos CSS y JavaScript, el uso de la paginación para dividir el contenido en páginas más pequeñas, y el uso de CDN (Content Delivery Network) para mejorar la velocidad de carga del sitio.

8.5 OPTIMIZACIÓN DEL TAMAÑO DE LOS GRÁFICOS PARA UNA MAYOR RAPIDEZ

La optimización del tamaño de los gráficos es fundamental para garantizar una mayor velocidad de carga de las páginas web. A continuación, se muestran algunas técnicas que se pueden utilizar para optimizar el tamaño de los gráficos:

▶ **Uso el formato de archivo adecuado**:

Se debe seleccionar el formato de archivo más adecuado para los gráficos. Esto es, puede que una imagen en JPEG ocupe más que en PNG o WEBP o que la imagen deba ser transparente, lo que requerirá casi seguir que sea un PNG o SVG.

▶ **Compresión de las imágenes**:

Comprimir y optimizar las imágenes permite reducir el tamaño de los archivos y mejorar los tiempos de carga de las páginas. Puede utilizar herramientas online como TinyPNG (*https://tinypng.com/*) u otros servicios de optimización de imágenes online.

▶ **Reduce la resolución**:

Otra técnica que se puede utilizar es reducir la resolución de las imágenes a la resolución necesaria para su visualización en pantalla. Recordemos que no es necesario utilizar una resolución muy elevada para las imágenes web, ya que esto aumentará innecesariamente el tamaño del archivo.

▶ **Eliminar metadatos y datos EXIF**:

Algunas imágenes pueden contener metadatos y datos EXIF que no son necesarios para su visualización en la web. Por ello, puede ser una buena idea eliminar estos datos antes de subir las imágenes a los sitios web y, así, reducir el tamaño de los archivos.

▶ **Uso sprites CSS**:

Los sprites CSS son una técnica que consiste en combinar múltiples imágenes en una sola imagen y utilizar CSS para mostrar partes específicas de la imagen en diferentes partes de la página. Esto reduce el número de solicitudes de servidor y mejora el rendimiento del sitio.

▶ **Optimiza la carga de imágenes bajo demanda**:

Una de las técnicas más utilizadas hoy en día es la carga "lazy", la cual permite cargar las imágenes sólo cuando sean necesarias. Esto evitará que se carguen todas las imágenes al mismo tiempo y mejorará significativamente los tiempos de carga de la página.

8.6 LIMITACIONES DE LA POSICIÓN DE LOS ELEMENTOS

Las limitaciones de la posición de los elementos en una página web pueden afectar la disposición y el diseño del sitio. Algunas de estas limitaciones son:

▶ **Flujo normal del documento**:

Los elementos en una página web siguen el flujo normal del documento a menos que se les apliquen estilos específicos. Esto significa que los elementos se apilan uno encima del otro en el orden en que aparecen en el HTML, a menos que se especifique lo contrario con CSS a través de la propiedad "z-index".

⚑ Posicionamiento relativo:

El posicionamiento relativo permite desplazar un elemento de su posición normal sin afectar el diseño de otros elementos. Sin embargo, los elementos con posicionamiento relativo aún ocupan espacio en el flujo normal del documento, por lo que pueden afectar el diseño de otros elementos circundantes.

⚑ Posicionamiento absoluto:

El posicionamiento absoluto elimina un elemento del flujo normal del documento y lo coloca en una ubicación específica en relación con su contenedor más cercano o con el cuerpo del documento. Esto puede ser beneficioso en algunos casos, sobre todo cuando su elemento padre tiene posicionamiento relativo, pero puede causar superposiciones y problemas de diseño si no se gestiona correctamente.

⚑ Limitaciones de espacio:

El tamaño de la ventana del navegador y la resolución de la pantalla pueden imponer limitaciones al diseño y la disposición de los elementos en una página web. Por ello, es importante tener en cuenta estas limitaciones al diseñar un sitio web de forma que se garantice que sea accesible y se renderice correctamente en todos los dispositivos y tamaños de pantalla.

⚑ Compatibilidad del navegador:

Algunos navegadores pueden interpretar el posicionamiento de los elementos de manera diferente, lo que puede llevar a discrepancias en la apariencia y el diseño del sitio. Por ello, es importante realizar pruebas en diferentes navegadores para garantizar una experiencia consistente para todos los usuarios.

⚑ Tamaño del contenido:

El contenido dinámico, como imágenes o texto generado por el usuario, puede cambiar el tamaño y la posición de los elementos en una página web. Por esta razón, es importante tener en cuenta estos cambios potenciales al diseñar y diseñar el sitio.

8.7 FORMATOS DE GRÁFICOS ADMITIDOS

Los navegadores web admiten una variedad de formatos de gráficos para mostrar imágenes y otros elementos visuales en las páginas web. Sin embargo, no todos son compatibles con todos los navegadores.

Algunos de los formatos de gráficos más comunes admitidos por los navegadores web incluyen:

- **JPEG (Joint Photographic Experts Group)**:

  JPEG es un formato de compresión de imágenes que es adecuado para fotografías y otras imágenes con gradientes de color suaves. Proporciona una buena calidad de imagen con tamaños de archivo relativamente pequeños.

- **PNG (Portable Network Graphics)**:

  PNG es un formato de imagen sin pérdida que admite transparencia alfa, lo que lo hace ideal para imágenes con partes transparentes o totalmente transparentes. Es ampliamente utilizado para logotipos, gráficos y otras imágenes con áreas transparentes.

- **GIF (Graphics Interchange Format)**:

  GIF es un formato de imagen que admite animaciones simples y transparencia. Aunque tiene una paleta de colores limitada y no es adecuado para fotografías de alta calidad, es popular para imágenes animadas y gráficos simples en la web. No obstante, es un formato en desuso ya que las animaciones se suelen hacer por CSS y la compresión de las imágenes no es muy efectiva.

- **SVG (Scalable Vector Graphics)**:

  SVG es un formato de gráfico vectorial basado en XML que es escalable y puede ser manipulado con CSS y JavaScript. Es ideal para gráficos e iconos que necesitan ser escalados sin pérdida de calidad.

- **WEBP**:

  WEBP es un formato de imagen desarrollado por Google que ofrece una compresión más eficiente que JPEG y PNG. Proporciona una alta calidad de imagen con tamaños de archivo más pequeños, lo que puede ayudar a mejorar los tiempos de carga de la página.

Estos son sólo algunos de los formatos de gráficos admitidos por los navegadores web. La elección del formato adecuado depende del tipo de imagen, los requisitos de calidad y tamaño de archivo, y las capacidades de compresión necesarias para una experiencia web óptima.

REFERENCIAS

Casado, P. E. (2020). *Diseño y Construcción de Páginas Web.* RA-MA.

Casado, P. E. (2020). *Domine JavaScript 4ª Edición.* RA-MA.

Casado, P. E. (2021). *UX Design - Hazlo fácil pensando en el usuario.* Madrid: RA-MA.

World Wide Web Consortium. (2023, Febrero). *W3C.* Retrieved from https://www.w3.org

MATERIAL ADICIONAL

El material adicional de este libro puede descargarlo en nuestro portal web: https://www.ra-ma.es.

Debe dirigirse a la ficha correspondiente a esta obra, dentro de la ficha encontrará el enlace para poder realizar la descarga.

Cuando descomprima el fichero obtendrá los archivos que complementan al libro para que pueda continuar con su aprendizaje.

INFORMACIÓN ADICIONAL Y GARANTÍA

- RA-MA EDITORIAL garantiza que estos contenidos han sido sometidos a un riguroso control de calidad.

- Los archivos están libres de virus, para comprobarlo se han utilizado las últimas versiones de los antivirus líderes en el mercado.

- RA-MA EDITORIAL no se hace responsable de cualquier pérdida, daño o costes provocados por el uso incorrecto del contenido descargable.

- Este material es gratuito y se distribuye como contenido complementario al libro que ha adquirido, por lo que queda terminantemente prohibida su venta o distribución.